4. WANDERTAG
5. WANDERTAG
6. WANDERTAG
NACH WACHBACH u. STUPPACH
NACH UISSIGHEIM u. KÜLSHEIM
NACH GRÜNSFELD u. OBERWITTIGHSN.
WANDERWEG BADEN-WÜRTTEMBERG
-MAIN-NECKAR-RHEIN-(HW3)-
KREUZWERTHEIM
WERTHEIM
WALDENHAUSEN
URPHAR
REICHOLZHEIM
BRONNBACH
NIKLASHAUSEN
GAMBURG
KÜLSHEIM
UISSIGHEIM
WERBACH
HOCHHAUSEN
JMPFINGEN
GRÜNSFELD-HAUSEN
TAUBERBISCHOFSHEIM
GRÜNSFELD
DITTIGHEIM
DISTELHAUSEN
OBERWITTIGHAUSEN
GERLACHSHEIM
LAUDA
SIMMRINGEN
MARBACH
BERNSFELDEN
BECKSTEIN
KÖNIGSHOFEN
UNTERBALBACH
OBERBALBACH
NASSAU
EDELFINGEN
BAD MERGENTHEIM
STUPPACH
JGERSHEIM
nach SCHÄFTERSHEIM
WACHBACH

Herbert Schüßler · Erlebtes Tauberland

Band 2

Herbert Schüßler

Erlebtes Tauberland

Von Bad Mergentheim bis Wertheim

Band 2

Verlag Wilfried Eppe · Bergatreute

Bildnachweis

Die untenstehenden Fotos wurden freundlicherweise von den angegebenen Personen, bzw. Institutionen zur Verfügung gestellt – soweit bekannt, wird der Fotograf jeweils erwähnt.

Archiv von G. Harro Schaeff-Schefen: Seite 23, 26, 37, 43, 47, 49, 70, 208, 209, 210
Stadt Külsheim (Fotograf Kaulartz): Seite 167, 168, 172 rechts, 173, 176
Stadt Tauberbischofsheim: Seite 126, 137 sowie das Titelbild
Fremdenverkehrsgesellschaft „Romantisches Wertheim“: Seite 206
Glasmuseum Wertheim: Seite 218
Hugo Kistner, Igersheim: Seite 36
Kapellenpflege Stuppach: Seite 17
Foto Besserer, Lauda: Seite 72, 85, 89 rechts
Foto Schuler, Weikersheim: Seite 191
Distel-Brauerei, Distelhausen: Seite 122
Landesdenkmalamt Stuttgart: Seite 125
Alle übrigen Fotos sowie die Federzeichnungen stammen vom Verfasser.

Dank

Zu danken habe ich für die freundliche Unterstützung meiner Arbeit, den meisten Stadtverwaltungen und Archiven im unteren Tauberland, Pfarrern und Museumsleitern, die bereitwillig und freundlich unsere Fragen beantworteten, der Fremdenverkehrsgesellschaft „Romantisches Wertheim“, sowie dem Landesdenkmalamt Stuttgart.
Mein ganz besonderer Dank gebührt Frau Caroline Schaeff aus Kirchberg/Jagst, die mir zur Einsicht die entsprechende Literatur aus der Bibliothek ihres verstorbenen Mannes G. Harro Schaeff-Scheefen zur Verfügung stellte, und mich darüberhinaus, bei diesem und dem vorhergehenden Band, mit Rat und Tat unterstützt hat.

Gesamtherstellung: Offsetdruck Wilfried Eppe, Bergatreute

ISBN 3-89089-003-2

CIP-Kurztitelaufnahme der Deutschen Bibliothek

Schüßler, Herbert:

Erlebtes Tauberland / Herbert Schüßler. – Bergatreute: Eppe
Bd. 2. Von Bad Mergentheim bis Wertheim. – 1985.

ISBN 3-89089-003-2

Inhaltsverzeichnis

Vorwort

Nachdem der erste Band von „Erlebtes Tauberland“ (Von der Tauberquelle bis Bad Mergentheim) eine so gute Resonanz fand, daß die erste Auflage in wenigen Wochen vergriffen war, wurde es für mich zur Selbstverständlichkeit, den zweiten Band (Von Bad Mergentheim bis Wertheim) innerhalb eines Jahres folgen zu lassen.

Aus der anfänglichen Pflicht wurde während der Arbeit eine reizvolle Freude, in die landschaftlichen und geschichtlichen Eigen- und Besonderheiten des mittleren und unteren Taubertales einzudringen. Erstaunt hat mich immer wieder, wie stark noch entlang der Tauber die stammesgeschichtlich-fränkische Eigenart von den Hohenloher Franken bis zu den Mainfranken zu beobachten ist.

Das ganze Tauberland ist hervorragend dazu geeignet, ein Urlaubsland – nicht der Superlative –, sondern eines für Kenner und Genießer zu werden: ein Urlaubsland für Menschen, die noch intakte Landschaft suchen, eine große geschichtliche Vergangenheit achten, vorhandene kunst- und kulturgeschichtliche Denkmäler in großer Zahl lieben und als edlen Tropfen den Tauberländer Wein zu schätzen wissen.

Rot am See, im Oktober 1985 — Herbert Schüßler

Nur noch selten erhält der Wartturm Besuch, obwohl man von seiner Höhe einen herrlichen Rundblick hat

Wanderung nach Wachbach und Stuppach

Als rechte Einstimmung für die zweite Hälfte unserer Taubertalwanderung von Mergentheim nach Wertheim bietet sich ein empfehlenswerter Rundgang nach Wachbach und Stuppach an.

Südlich von Mergentheim, in *Neunkirchen,* dort, wo der Althäuser Bach dem Wachbach zufließt, beginnen wir mit unserer Wanderung.

Auf dem höchsten geologischen Punkt der Umgebung, dem Eisenberg, steht östlich von Neunkirchen zwischen dem Wachbachtal und der Kaiserstraße der urige Wartturm. Dieser Turm wird wohl mit der Mergentheimer Stadtbefestigung 1330–1340 erbaut worden sein und diente der mittelalterlichen Stadt als „Fernsehturm". Von ihm aus konnte ein ständig anwesender Turmwächter feindliche Truppenbewegungen auf der Hochebene erkennen und je nachdem, ob bei Tag oder Nacht, mit Fahne oder Fackel, seine Beobachtungen in die tiefergelegene Stadt zu den anderen Türmern signalisieren. Der herrliche Rundblick über Stadt und Ebene ist seither fast der gleiche geblieben.

Unser Ausgangsort Neunkirchen soll im Mittelalter größer gewesen sein, auch soll südlich davon ein Nonnenkloster gestanden haben. Keine neun Kirchen haben dem Ort den Namen gegeben, sondern dieser leitet sich von einer ehemaligen „neuen" Kirche ab. Das heutige Gotteshaus wurde erst 1822–1823 erbaut. Grabmäler der Geyer von Giebelstadt, die hier begraben liegen, zeigen uns, wer hier um 1560 die Herrschaft inne hatte.

Die uns auf der ersten Strecke unserer Wanderung begleitenden Kiefernwälder an den Talhängen verraten einen kargen Untergrund, der aber wiederum ideal für die Verbreitung der wilden Kaninchen war.

Bald nach dem Zusammenfluß von Wachbach und Stuppach erreichen wir den interessanten, aber viel zu wenig bekannten Ort *Wachbach.*

Schon 1045 wird er als „Wachenbach" erwähnt, er gehört zu dem Reichsgut, welches Herzog Heinrich VII. zusammen mit Creglingen der Kirche zu Bamberg überließ.

Eine „Beginenklause" stifteten 1250 die Herren von Hohenlohe-Brauneck zu Wachbach, jedoch schon 1381 haben deren Insassen diese wegen Armut an den Deutsch-Orden verkauft.

Wenig erfreuliche Auswirkungen auf die Dorfgemeinschaft hatte die Zeit der Reformation in Wachbach.

Blick auf das landschaftlich schön gelegene Wachbach

Gefragt wurde damals ja keiner, es wurde von der Obrigkeit bestimmt, was man zu glauben hatte. Die beiden von der Reformation her schon gegnerischen Besitzer Wachbachs machten ihren Untertanen durch geistliche Verordnungen das Leben noch schwerer, als es ohnehin schon war.

Der Ortsadelige Stefan von Adelsheim führte 1535 die Reformation ein, doch auch der Deutschorden besaß schon seit 1480 Rechte und somit Untertanen in Wachbach, damit waren die Streitigkeiten schon vorprogrammiert.

Anscheinend ging es in den ersten 40 Jahren nach der Einführung der Reformation noch ganz gut – gemeinsam wurde die Kirche benutzt, die Toten beider Konfessionen weiterhin im Gottesacker bei der Kirche begraben. Doch dies sollte sich ändern. Zuerst durfte laut Befehl des Ortsadligen der von ihm eingesetzte, refor-

mierte Pfarrer sein seelsorgerisches Amt nicht mehr wie bisher an den katholischen Mitbürgern ausüben, danach, laut Beschluß der Gegenpartei, des Mergentheimer Statthalters von Eck, die katholischen Toten nicht mehr im Wachbacher Kirchhof beerdigt werden. Sie mußten ab sofort nach auswärts, nach Mergentheim, Apfelbach, Rengershausen oder Stuppach gefahren oder getragen werden. 1606 hat selbiger Herr von Eck seinen Untertanen befohlen, ab sofort die Kirche in Mergentheim zu besuchen. Mit der Erbauung der Stuppacher Kirche 1607 wurden die Wachbacher Katholiken dort eingepfarrt und mußten ihre Verstorbenen auf dem sogenannten „Totenwegle" von hier nach Stuppach bringen. Einige der „Schikanen" der zwei Glaubensparteien seien kurz erwähnt, es scheint, daß der Funke des Hasses zwischen den Obrigkeiten auf die Untertanen übergesprungen war. 1565, als die Kirche noch von beiden Konfessionen benutzt werden durfte, hielt ein katholischer Priester Gottesdienst für seine Gläubigen. Die Feier wurde jäh gestört, als der lutherische Pfarrer, bewaffnet mit Faustkolben und einer Feuerbüchse, alles unter seinem Gehrock versteckt, erschien, die Kanzel bestieg und nun seinerseits das Evangelium lautstark auszulegen begann. – Die Revanche kam ein Jahr darauf:
Ein katholischer Bürger aus Hachtel lieh sich vom Wachbacher Müller, ohne diesen lange zu fragen, einen Esel aus und ritt auf diesem geradewegs in die Kirche, wo der lutherische Pfarrer eben ein Paar einsegnete. Er trieb, wie es hieß, auf dem Esel in der Kirche seinen „Mutwillen", ritt hernach auf den Friedhof, wo er sich auf dem Grab der kürzlich erst verstorbenen Frau von Adelsheim „herumbalgte".

Uralter Steinkopf an einer Wachbacher Scheune; die Jahreszahl wurde vermutlich erst viel später eingehauen

Gottlob sind diese Zeiten, auch in Wachbach, vorbei. Jede Konfession besitzt eine eigene Kirche. Stolz und schön erhebt sich die 1906 erbaute katholische St. Georgskirche neben dem ehemaligen Deutschordens-Amtshaus von 1575, und hoch überragt der schlanke Kirchtum alle anderen Türme von Wachbach.
An der Straße zum Schloß steht, neben der halbverfallenen, 1824 erbauten Synagoge (im Volksmund hier „Judenschul" genannt), eine altersgraue Scheune. In halber Höhe der Längswand ist ein behauener Steinquader eingemauert mit einem „Neidkopf" und der Jahreszahl 1840. Auf keinen Fall stimmt diese mit der Entstehung des Kopfes überein, dieser ist weit älter und gehört zu den wohl noch heidnischen Steinköpfen, die man auf der Hochebene im Raum Gerabronn an Kirchen verschiedentlich antrifft. Die Jahreszahl dürfte zur Zeit des Scheunenbaues in den (von woher wohl stammenden?) Stein eingehauen worden sein.
Nicht weit davon erhebt sich das in den Jahren 1588–1592 im Renaissance-Stil von Georg Sigmund von Adelsheim erbaute Wasserschloß von Wachbach. Es befindet sich auch heute noch im Besitz der Linie und hat eine äußerst bewegte Geschichte hinter sich.
Chronischer Geldmangel dürfte die Wachbacher Herren um 1470 veranlaßt haben, mit den „Heckenreitern", den Raubrittern ihrer Nachbarschaft, von Boxberg, Schüpf, Dörzbach, Berlichingen und Eltershofen zusammenzuarbeiten. An der Spitze des Raubrittertums in Franken standen damals die Brüder Georg,

Michael und Arnold von Rosenberg, diese wiederum wurden in der Führung von Ritter Thomas von Absberg abgelöst.
Die Strafe folgte auf dem Fuße, Pfalzgraf Friedrich eroberte und zerstörte teilweise die alte Burg Wachbach am 18. Dezember 1471, nachdem er tags zuvor Dörzbach und Laibach bereits eingenommen hatte.
Heute macht das Schloß absolut keinen kriegerischen Eindruck mehr. Eine Brükke führt über den zugeschütteten Wassergraben zum schönen Eingangsportal, das von Bildhauer Michael Niclas aus Reinsbronn in schönstem Renaissance-Stil ausgeführt wurde. Über dem Gesims ist das adelsheimische Wappen und die seiner vier Gemahlinnen – Hutten, Heßberg, Reibrecht und Knebel – angebracht. die hölzerne Portaltüre dahinter, von 1592, ist mit geschnitztem Flechtwerk reich verziert.

Ich habe Glück, als ich den Schloßbauern im Wirtschaftshof antreffe. Dort im Schatten, unter dem großen Walnußbaum, steht ein wuchtiger, steinerner Tisch mit ebensolchen Bänken. Dies ist der rechte Platz, am Sonntagnachmittag die Zeitung zu lesen mit dem Neuesten aus aller Welt; für einen Bauern zwar interessant, aber eigentlich nicht wichtig; ihm, der noch inmitten und von der Natur lebt, stellt einzig und allein Gott die Arbeitsuhr und letztlich ist von seinem Segen alles abhängig.
Des Schloßbauern freundliche Einladung, mich zu ihm zu setzen, nehme ich gerne an, und während um uns im Hof Enten, Gänse und Hühner emsig ihrer Futtersuche nachgehen, erzählt er mir von früher: von dem noch erhaltenen Schloßarchiv, das die Grundlage zu einem lesenswerten Heimatbuch lieferte und von dem alten, 1544 erbauten Kelterhaus, das sich malerisch am Hang hinter dem Schloß erhebt und wohl das älteste Gebäude des Ortes ist. Er erzählt mir weiter von dem ehemaligen Kellerbediensteten des Schlosses, dem „Poltergeist“, der mit Poltern ein gutes Weinjahr anzeige, und von dem alten Fachwerkbau, der Bachschmiede, in deren Kellergewölbe bei einer früheren Grabung eine Menge menschlicher Knochen gefunden wurde, vielleicht war es das „Beinhaus“ des nahen Kirchhofes.
In Wachbach liegt auch ein Mann begraben, der in doppelter Hinsicht ein „Kollege“ Mörikes war. Es ist Pfarrer Ottmar Schönhuth, der in über 200 Schriften unendlich viel zur Heimat- und Volkskunde des Gebietes um Mergentheim beigetragen hat und heute fast vergessen ist. Öfters kamen die beiden in Wachbach, und später, als Mörike in Mergentheim lebte, auch dort zusammen. Im Frühsommer 1840 schickte Mörike von Wachbach aus einen Brief an seinen „Urfreund“ (Hartlaub) nach Wermutshausen mit der Erstfassung seines Gedichtes „Der Turmhahn“, das er, wie er erwähnte, an Schönhuths Schreibtisch zu Papier gebracht hatte.
Ausgeruht und um etliches Wissen reicher, verabschiede ich mich vom Schloßbauern, um zur alten Kirche hinaufzusteigen und mir den Ort vollends anzusehen. Äußerst originell ist die brückenartige, überdachte Verbindung zwischen

Renaissance-Eingangsportal zum ehemaligen Wachbacher Wasserschloß

Im Vordergrund die evangelische Kirche von Wachbach, links die Schloßgebäude, dahinter, am Hang, das 1544 erbaute Kelterhaus

Schulhaus und Kirchturm. „Gar nicht schlecht", denke ich, „so konnte früher der Schullehrer, der die Orgel in der Kirche zu spielen hatte, trockenen Fußes und auf kürzestem Weg zu seinem sonntäglichen Amt eilen".
Schöne Fachwerkhäuser ziehen sich am Hang die Dorfstraße entlang; von den in der Oberamtsbeschreibung von 1880 erwähnten acht Schildwirtschaften, einer Brauerei und den neun Kaufläden ist nur noch ein kleiner Teil erhalten geblieben.

Alles in allem, ein liebenswerter Ort und – wie es in schönstem Amtsdeutsch heute heißt: „Ein Ort mit guter Wohnqualität“, wovon auch die ansehnliche Neustadt zeugt.
Über das ehemalige „Totenwegle“, von der Höhe aus die Aussicht auf Mergentheim genießend, wandern wir hinüber nach Stuppach zur weltberühmten Madonna Grünewalds.
Lassen wir unsere Gedanken während der Wanderung zurückgehen in die Zeit der Erschaffung dieses Meisterwerkes. Eine farbenleuchtende Spur hat uns dieser große Meister hinterlassen, doch ein Geheimnis umgibt sein Leben und es ist fraglich, ob es je endgültig aufgeklärt werden kann.
Wohl nie werden wir die ganze Symbolik seiner Bilder ergründen können – die Erklärung liegt vielleicht darin, daß uns heute die tiefe Gläubigkeit jener Zeit fehlt, welche die Voraussetzung für die Schaffung dieser christlichen Meisterwerke war. Grünewalds größtes, bekanntestes Werk ist der mächtige Isenheimer Altar. Ursprünglich war er ein „Dreifachaltar“, der aus räumlichen und museumstechnischen Gründen auseinandergenommen wurde und nun im Museum Unterlinden in Colmar steht. In den Jahren 1512–1516 malte ihn der Künstler für die Antoniter im elsässischen Isenheim. Auch dort hat der Meister eine Madonna dargestellt, die von Engeln umgeben und im Malstil der Madonna von Stuppach verwandt ist.
Beim Isenheimer Altar zeigt sich die unglaubliche Vielfalt des Künstlers in Ausdruck und Farbe, seine einmalige Genialität.

Der Maler, Kupferstecher und Kunstschriftsteller Joachim von Sandrart (1606–1688) schreibt in seiner „Teutschen Academie der edlen Bau-, Bild- und Mahlerey-Künste“ von 1675 über Grünewald u. a.: *„daß er sich meistens zu Maynz aufgehalten und ein eingezogenes, melancholisches Leben geführt hat“.*
Der berühmte Schweizer Historiker Jakob Burckhardt erklärte in der Mitte des vorigen Jahrhunderts den gesamten Isenheimer Altar zum Werk Grünewalds, nachdem er zuvor u. a. auch Albrecht Dürer zugeschrieben wurde.
Früher verschwand der Künstler meist hinter seinem Werk, später begann man sich für den Maler zu interessieren. Man fragte sich, was das für ein Mensch gewesen sein mag, der vor über 400 Jahren Bilder von solch kühner Farbgebung und solch naturalistischer Kraßheit gemalt hatte.
Eine große Zahl Forscher und Historiker hat sich seither mit dem Leben des Künstlers befaßt, sie haben Gedankengebäude errichtet und wieder zum Einsturz gebracht. Viel wurde über die Signatur des Malers nachgesonnen, denn nur auf drei Werken findet sich die Signatur MG miteinander verbunden, in zwei Fällen ist ein N hinzugesetzt.
Der Forscher W. Karl Zülich veröffentlichte 1917 erstmals, daß dieser Grünewald in Wahrheit der Meister Matthis Gothart-Neithart aus Würzburg sei. Zwanzig Jahre später erschien seine Arbeit „Der historische Grünewald, Mathis Gothart-Neithart“. Diese Arbeit überzeugte weltweit die Fachgelehrten, daß in Wirklich-

keit der Maler Mathis aus Würzburg der Schöpfer des Isenheimer Altares sei. Nicht zuletzt gaben die Initialen MGN den Ausschlag zu dieser Feststellung.
Im Widerspruch dazu stand allerdings das mit MG signierte, sogenannte „Erlanger Selbstbildnis" von 1529, denn Mathis Gothart war nachweislich 1528 gestorben. Zülich fand eine Lösung, erkannte das Bild als gefälscht und datierte das Blatt auf 1514/1515.
Modernste Untersuchungsergebnisse der letzten zehn Jahre erkannten die Signatur allerdings als unbedingt echt und so machte der Historiker Hans Jürgen Rieckenberg 1971/1974 folgende Forschungsergebnisse bekannt: Es hat zwei Maler Mathis gegeben, den bedeutenden Mathis Grün (Grünewald) von Aschaffenburg und den weniger bedeutenden Mathis Gothart oder Neithart aus Würzburg. Beide allerdings waren als Maler für den Mainzer Erzbischof Uriel von Gemmingen und den Kardinal Albrecht von Brandenburg tätig, der in Mainz residierte.
Etwas anders sieht das Resultat der Nachforschungen von Wolf Lücking aus. Nach ihm haben sich die Lebenswege der beiden Maler nicht nur gekreuzt, Mathis Grünewald und Mathis Gothart Neithart haben zeitweilig zusammengearbeitet, vermutlich sogar am Isenheimer Altar, dessen Heiliger Sebastian wahrscheinlich ein Porträt des Würzburgers Neithart ist, von der Hand Grünewalds. Die Ähnlichkeit zwischen einem Selbstbildnis des jungen Mathis Gothart (signiert mit MN) und dem Sebastian ist auffallend.
So wird sehr stark vermutet, daß beide Maler an diesem Altar gearbeitet haben, zumal das N vom MG deutlich durch Punkte abgesetzt ist.
Ob dieser Gelehrtenstreit einmal endgültig entschieden werden kann, ist fraglich, ist im Grunde auch unwichtig, verblaßt er doch hinter den großartigen Kunstwerken, die wir ja noch haben; fast unsichtbar bleiben ihre Schöpfer im Dunkel der Vergangenheit – wie wenig und doch wie viel ist der Mensch!
Parkende Autos, nach ihren Kennzeichen nicht nur aus Deutschland kommend, weisen uns den Weg hinauf zur Kirche mit ihrem Juwel der „Stuppacher Madonna" in der eigens dafür angebauten Seitenkapelle. Während man beim Isenheimer Altar erschüttert vor dem Bild des Gekreuzigten stehen bleibt, dessen Gesicht von unsagbarer Qual unter der Dornenkrone gezeichnet und dessen geschundener Leib mit eitrigen Wunden übersät ist, strahlt das Stuppacher Kunstwerk Frieden und Schönheit aus. Es zeigt die verinnerlichte Freude der jungen Mutter an ihrem Kind inmitten des lichtdurchfluteten Gartens. Drängt sich einem beim Anblick des Isenheimer Altars der Ausspruch des Pilatus auf: „Ecce homo" – sehet, welch ein Mensch! – so möchte man hier ausrufen: „Sehet, welch eine Mutter!"
Nach der Oberamtsbeschreibung von 1880 befand sich das Marienbild noch im Hochaltar, wird dort als „meisterhaftes, gothisches Altarblatt aus der fränkischen Schule, leider etwas stark restauriert" beschrieben. Man hatte es noch nicht als grandioses Meisterwerk erkannt, erst spätere Restaurierungen förderten den Schatz zutage.
Mehrmals waren wir schon in Stuppach und haben dieses Werk bewundert. Aber

noch nie fand ich es in den Farben so leuchtend und prangend wie an diesem Mainachmittag, als das Sonnenlicht durch das seitliche Fenster voll auf das Bild fiel. Verschwunden war auch das Tonbandgerät, das früher mit „rauschender Stimme“ die Schönheit des Bildes zu erklären versuchte. Die Technik wurde glücklicherweise von einer älteren, weißhaarigen Dame abgelöst, die es äußerst einfühlsam verstand, die vor ihr sitzenden Besucher zu der Schönheit und tiefen Symbolik des Kunstwerkes hinzuführen:

Ein neuer Schöpfungstag voll Ruhe und himmlischer Harmonie zieht die Augen in seinen Bann. Ein Schöpfungstag, dem neben bereits vorhandenen Wundern der Urschöpfung nun das kostbarste beigegeben ist, das der Schöpfer noch seinem Werk zufügen konnte, seinen eigenen Sohn.
Im Zentrum des Bildes Maria, die gottgewollte neue Eva mit ihrem Kind auf den Knien, in stille, glückliche Zwiesprache mit ihm versunken – Sinnbild des ewig Mütterlichen und doch durch ihre königliche Kleidung symbolisch aus allen Müttern hervorgehoben. Mutter und Kind hat der Maler in die Schönheit eines fränkischen Sommertages hineingestellt. Lichtdurchflutet, wie aus sich selber leuchtend, scheinen das Kind, Mariens Gesicht und Hände im gleichen milchig-weißen Ton wie die fast greifbar plastisch wirkenden königlichen Lilien vor dem sanften Blau des Mantels.
Wie beim Isenheimer Altar so zeigt sich auch hier die ausdrucksstarke Symbolik der Hände, die den Granatapfel umfassen, der als Zeichen und Attribut der Märtyrer gilt. Die Liebe des Künstlers zum kleinsten Detail zeigt sich in der Feinheit der Wiedergabe von Gräsern, Blüten, Früchten und Bäumen. Elegant paßt sich der Baum in seiner Linienführung dem Körper Mariens an und weist hinauf zur Höhe. In einem Gewitterhimmel, der wieder aufreißt, um Licht und Sonne Raum zu geben, öffnet sich inmitten eines Nordlichtes der Himmel und gibt den Blick frei in die Ewigkeit zu Gottvater und seinen Engeln.
Farblich nur ein Abglanz des Bildmittelpunktes, spannt sich verbindend und versöhnend ein Regenbogen zwischen dem Kind und dem Himmel. Der Bogen selber verbindet das Irdische, das Dorf, mit dem mächtigen Gotteshaus, welches das südliche Querschiff des Straßburger Münsters zeigt. Dort eilen reichgewandete Personen dem Kirchenportal zu, weg von Mutter und Kind. Wollte der Künstler damit wohl das einmalige Angebot des Gottessohnes an die Welt und die damals schon vorhandene Ablehnung durch viele Gläubige symbolisieren?
Gleich zweimal erscheint das Zeichen der Vollendung, das Kreuz, auf der linken Bildseite, einmal im Gartentor und zum andern vor den Bienenkörben, (wohl eine Huldigung an die fleißigsten Vertreter der Tierwelt), hier von Feigenzweigen umwachsen.
Wie sich später dieses glücklich heitere Bild gewandelt hat, kennen wir ja vom Opfertod Jesu am Kreuz, erschütternd dargestellt im Isenheimer Altar. Hier wie dort wird der Künstler Grünewald zum Prediger – Bilder sagen das Wort Gottes weiter.

Das wohl schönste noch erhaltene Bild von Matthias Grünewald ist die „Stuppacher Madonna“

Unverständlich erscheint es uns heute, daß einmal Menschen aus blind verstandenem Gehorsam gegen Gott, Bilder aus unseren Kirchen verbannten und zerstörten.
Die Führerin erklärt das Bild als einen Ausschnitt aus dem „Hohenlied"; auf der gleichen Grundlage ist auch der herrliche Bildband über das Madonnenbild gehalten, der dort in Stuppach käuflich zu erwerben ist und der tief in die gemalte Symbolik einführt.
Fast verblassen gegen diese Farbensymphonie die übrigen wertvollen Gemälde, welche die Kapelle noch birgt. Ein Frühwerk Grünewalds um 1500 sehen wir in dem Altarflügel, der durch eine großherzige Stiftung nach Stuppach gelangte. Er zeigt den Erzengel Gabriel und auf der Rückseite Papst Urban I., den Patron der Winzer.
Von Tizian stammt das Bild des kreuztragenden Christus, außerdem sind noch zwei Tafelbilder von 1460 eines oberschwäbischen Malers zu sehen.
Eine bewegte Odyssee hat die Stuppacher Madonna hinter sich, bis sie 1809 nach Stuppach kam. Es heißt, daß das Bild eine Zeitlang sogar als Ofenschirm gedient habe. Der Münchener Historiker Rieckenberg hält es für sicher, daß das Kunstwerk um 1520 für den Deutschen Marien-Orden gemalt und vom Komtur Walter von Cronberg 1526 ins Ordensschloß Mergentheim mitgenommen wurde.
Von Grünewald, wie auch von seinem großen Zeitgenossen Riemenschneider, dessen bedeutende Werke im Taubertal ihre Heimat haben, ist uns überliefert, daß, obwohl ihre Auftraggeber Adel und Kirche waren, doch ihre Sympathien der Bauernbewegung, dem Leid des einfachen Volkes galten und sie sich gegen Willkür und Unterdrückung von Seiten der Herrschenden wandten. Nach dem verlorenen Bauernkrieg fielen beide in Ungnade.
Zum Abschied von Stuppach sollte man noch einen Blick in den Kirchenraum der 1507 erbauten Kirche werfen, die gute Plastiken aus verschiedenen Stilepochen birgt, u. a. einen Petrus aus der Riemenschneiderschule.

Beglückt nach dieser Wallfahrt des Auges, des Geistes und des Herzens wandern wir das Stuppachtal hinunter zum Ausgangspunkt der Wanderung, nach Neunkirchen.

VIERTER TAG

Von Bad Mergentheim bis Gerlachsheim

Das erste, spärliche Licht des jungen Morgens, unseres vierten Wandertages, dringt durchs Fenster und läßt uns frisch gestärkt erwachen.
Welch ein Wunder, wir können es kaum glauben, in Bad Mergentheim scheint nicht nur das Mineralwasser wundertätig zu sein, sondern auch die Luft! Die bleierne Müdigkeit in den Füßen, die uns während der ersten drei Tage unserer Taubertalwanderung so schwer zu schaffen machte, ist wie weggeblasen, und das Schönste ist, meine sechs Blasen an den Füßen verhalten sich so, als wären sie überhaupt nicht vorhanden.
Weit öffnen wir das Fenster und blicken auf die noch schlafende Stadt unter uns, die im ersten, noch recht fahlen Licht inmitten der Talhänge und Wälder liegt. Tief atmen wir die frische Luft des neuen Tages ein und erleben bewußt die Gegenwart, das Jetzt. Unter uns liegt die Sadt, steingewordene Geschichte über Jahrhunderte, vom Fleiß und der Phantasie ihrer Bürger geformt und weiter in ständiger Veränderung begriffen, denn schon bis heute abend hat sich bestimmt wieder irgend etwas an ihrem Gesicht verändert.
Wir lassen die Gedanken an der recht lückenhaften Überlieferung der Geschichte zurückwandern bis zum Ältesten, was uns, zwar nicht durch schriftliche Aufzeichnungen aber doch durch archäologische Ausgrabungen und Zufallsfunde, überliefert wurde. Die ältesten Funde, die hier um Bad Mergentheim gemacht wurden, reichen bis in die letzte Eiszeit vor 20000 – 50000 Jahren zurück. Wir müssen uns dabei das Taubertal ohne die verändernde Hand des Menschen vorstellen. Auch waren damals gewiß, wenn überhaupt, solch heiße Sommertage, wie wir sie auf dieser Wanderung erlebten, äußerst selten. Weite Teile Mitteleuropas waren in jener Zeit unter mächtigen, meterdicken Eispanzern gefangen. Von Norden her reichte die größte, geschlossene Eisdecke bis etwa Braunschweig und von Süden, den Alpen her, bis zur Donau und nach Oberschwaben. Der eisfreie Raum dazwischen war mit Flechten, Gras und niedrigem Busch- und Strauchwerk bewachsene Tundra und Steppe, über die kalter Wind strich und Stürme gelöstes, feines Staubmaterial von den Gletscherausläufern über Hunderte von Kilometern trugen und abluden. (Letztlich haben unsere Bauern ihre heutigen, fruchtbaren Lößlehmböden auf den Höhen dieser Zeit zu verdanken.) Und genau aus dieser unwirtlichen Urzeit stammen die ersten Funde: Knochenreste von Mammut, Ur-Elefant, Wollhaarigem Nashorn und vom Wildpferd. Durch

nicht vorstellbare Naturkatastrophen kamen sie ums Leben, wurden unter meterdicken Ablagerungen begraben, um nun wieder bei Grabungsarbeiten als prähistorische Rarität ans Licht zu kommen. Ob es schon damals Menschen hier gegeben hat – sie müßten zu den Neandertalern gehört haben – wissen wir nicht, von ihnen fehlt noch jede Spur, aber ein menschlicher Arm- oder Fußknochen ist im Vergleich zu dem eines Mammuts oder Pferdes ja auch viel dünner und kleiner und schon daher dürfte er schneller zu Erde werden.

Erst im 4. und 3. Jahrtausend vor Chr. Geburt lassen sich Menschen im ganzen Tauberraum, speziell auf den Höhen, aber auch hier in Bad Mergentheim, nachweisen. Man rechnet sie zu den donauländischen Rassen, die auf ihren Wanderungen die Anfänge des Ackerbaues mitbrachten und die nach den Verzierungsmustern ihrer Tongefäße schlicht als „Stichbandkeramiker" bezeichnet werden. Typisch ist auch die Bestattungsform in Hockerlage und Grabbeigaben in Form von Silix-Werkzeugen und Tongefäßen – diese Menschen waren also beileibe keine Wilden mehr, glaubten sie doch schon an ein Weiterleben nach dem Tode.
Das Hauptsiedlungsgebiet hier in Bad Mergentheim war wohl damals rechts und unterhalb von uns die Innere Au am Fuße des Kitzberges und des Eisenberges, doch auch im Erlenbachtal hat man eine Siedlung mit fünf Feuerstellen ausgegraben. Neben der typischen Keramik kam dort eine steinerne Getreidemühle zutage, ähnlich denen, die bei Sechselbach gefunden wurden.
Im Jahre 1913 kam beim Bau des Kurhauses Hohenlohe eine aus etwa 19 Wohnstellen bestehende Siedlung aus der Zeit um 1200 v. Chr., der Bronzezeit, zutage. Die Fundstelle lieferte neben bautechnischen Erkenntnissen eine Menge Tonscherben, Knochen von Haustieren, wie Pferden, Rindern, Schafen, Schweinen und Hunden, sowie von Rehen und Bibern.
Aus neuester Zeit berichtet der Katalog „Archäologische Ausgrabungen von Baden-Württemberg von 1983" von Notgrabungen im Gewann Mittlere Au, an dem wir am Abend des 3. Wandertages vorbeigekommen sind. Funde aus mehreren Epochen wurden hier auf einer gegen die Tauber vorgeschobenen niedrigen Flußterrasse gemacht. Zu untersuchen war ein Areal im Zentrum der bis dahin bekannten Siedlungsfläche der Jungsteinzeit, Urnenfelder- und Latènezeit. Spärlich sind hier die Funde aus der Jungsteinzeit, reichlicher die der späteren Urnenfelder- und der Hallstattzeit zu nennen. Neben zumeist kreisrunden Abfallgruben und Pfostenlöchern, die zu den typischen langrechteckigen Holzhäusern gehörten, fand man Keramikscherben, aus denen sich eine kontinuierliche Siedlungsentwicklung ableiten läßt. Metallfunde waren äußerst selten. Hervorzuheben sind die Reste zweier Grubenhäuser, in denen sich Bruchstücke extrem dickwandiger Keramik, sog. „Briquetage" fanden, durch starke Hitzeeinwirkung violett bis orangerot verfärbt, vermutlich Reste von Hohlkörpern, in denen Salz durch Erhitzen getrocknet und geformt wurde, also ein wichtiger Hinweis auf die in Bad Mergentheim seit langem vermutete und gesuchte spätkeltische Salzproduktion.
Daß die Salz- bzw. Heilquelle in der Bronzezeit (ca. 2000 – 900 v. Chr.) schon be-

kannt war, wurde bei der im Jahre 1828 erfolgten Erbohrung und Fassung der kurz vorher entdeckten Quelle bewiesen, denn dabei stieß man in drei bis vier Meter Tiefe auf eine mit Holzkohle und Resten von roh gebranntem Tongeschirr sowie mit Tierknochen durchsetzte Schicht.

In dem damaligen Bericht heißt es:

In einer Tiefe von 10 – 12 Fuß kamen die Arbeiter auf eine merkwürdige, gegen dritthalb Fuß mächtige Erdschichte, die mit vielen Holzkohlen, fingerdicken und dünneren, schlecht gearbeiteten und gebrannten, teils aber auch feineren, besser gearbeiteten und gebrannten und geschmackvoll verzierten, nicht glasierten Scherben von runden und eckigen Tongefäßen, ganzen und zerbrochenen Knochen und Zähnen verschiedener Säugetiere, Geweihen von Rothirschen und Rehen gemengt war. Unter dieser Schicht befand sich, dem Anschein nach vormals Sumpfboden, welcher vieles fossiles Holz, Föhrenzapfen, Wurzeln und Blätter von Wasserpflanzen usw. und eine Menge von Land- und Wasserchonchylien (Muscheln und Schnecken) *enthielt.*

Aus der Römerzeit fehlen jegliche Spuren, jedoch weiß man, daß die Alemannen den römischen Limes in den Jahren 254 bis 260 durchbrachen und unser Gebiet in Besitz nahmen. Sie waren kein einheitlicher germanischer Volksverband, sondern ein Stammesverband. Den aus der Mark Brandenburg nach Südwesten abgewanderten Semnonen, dem führenden Volk der Sueven – den späteren Schwaben – hatten sich bei ihrer Wanderung kleinere Stämme und Volkssplitter angeschlossen, daher die Bezeichnung Alemannen = alle Männer (bzw. Menschen). Von der ersten Besiedlungswelle wissen wir nichts Genaues, erst am Anfang des 5. Jahrhunderts nahmen die Alemannen das Taubertal wieder in Besitz. Am „Krappenrain", unterhalb des Eisenberges, wurde in dem großen Reihengräberfeld ein Grab gefunden, in dem eine junge Alemannin aus dieser Zeit bestattet wurde. Später wurde das Gräberfeld ebenfalls von den nachfolgenden Franken benutzt, dadurch sind alemannische Funde recht selten. An die alemannische Landnahme und Besiedlung erinnern uns heute noch Orte mit der Endung -ingen, wie Edelfingen oder Röttingen.
Aber nicht lange konnte dieser Stamm hier herrschen. Zwischen dem 3. und dem Ende des 5. Jahrhunderts hatte sich in den Rheinlanden aus verschiedenen germanischen Völkerschaften der Stamm der Franken herausgebildet und wurde durch die Siege König Chlodwigs zu dem führenden germanischen Stamm in Mitteleuropa. Die nördlichen alemannischen Gaue fielen an die siegreichen Franken, über das eroberte Gebiet verfügte der Frankenkönig. Die spätere südliche Grenze des Bistums Würzburgs, zu dem auch Bad Mergentheim bis ins 19. Jahrhundert kirchlich gehörte, bildete auch damals in etwa die Grenze, die um 500 zwischen Schwaben (Alemannen) und Franken festgelegt wurde. Auf die siedlungsgeschichtliche Bedeutung des fruchtbaren mittleren und unteren Taubergebiets zur Merowingerzeit weisen die 12 fränkischen, auf -heim endenden Orte hin.

Recht kühl ist es uns inzwischen bei unserem Tausende von Jahren zurückreichenden geistigen Ausflug in die Vor- und Frühgeschichte des mittleren Taubertales geworden, denn wir stehen immer noch unter dem weitgeöffneten Fenster. Die ersten Sonnenstrahlen des neuen Tages erreichen von Burg Neuhaus her gerade die Höhen des uns gegenüberliegenden Ketterberges, während die Stadt selbst noch ruhig in der Dämmerung schläft.
Unwillkürlich fällt mir ein, was Karl-Julius Weber in seiner „Reise durch das Könireich Württemberg" in seinem 20. Wanderbrief über Mergentheim 1826 schreibt:

Mergentheim, einst von den Hohenlohern dem Deutschen Orden geschenkt, liegt allerliebst in der Mitte dreier Täler, weiland die Residenz des Hoch- und Deutschmeisters. Es ist eines der freundlichsten Landstädtchen Württembergs mit 2400 Seelen, wie gemacht zur Residenz eines apanagierten Prinzen des Hauses (gemeint ist Prinz Paul), *dessen Anwesenheit den kleinen Hof und die Dikasterien ersetzen könnte – jetzt aber verlassen und öde.*

Wie vieles hat sich hier seitdem verändert.

Inzwischen ist in den Bäumen und Gärten um uns ein vielstimmiges Vogelkonzert erwacht, alle loben den Schöpfer für den beginnenden Tag, obwohl für sie die Gefahr in Form einer getigerten Katze unter uns schon durch den Garten schleicht.
Der immer stärker werdende Lichtglanz im Osten ermuntert uns zum eiligen Ankleiden. Wir packen unsere Rucksäcke und verlassen, so leise es geht, das gastliche Haus, um die Stadt beim Erwachen ihrer Bewohner zu erleben – denn nur dann, ohne die Menschenmengen und deren fahrbare Untersätze erschließt sich die Psyche ihrer steingewordenen Geschichte dem Besucher fast ganz.
Mit unserer freundlichen Wirtin haben wir unseren frühen Aufbruch am Abend vorher schon geklärt, unsere Übernachtung bereits bezahlt und uns verabschiedet, und so sieht uns der junge, noch angenehm kühle Morgen frisch den Hang hinabschreiten, in froher Erwartung und Spannung den Erlebnissen des ersten Tages der zweiten Hälfte unserer Wanderung entlang der Tauber entgegensehend.
Das Frühstück haben wir uns gespart, wir wollen, wenn möglich, unseren Magen mit einem Glas heilkräftigem Mineralwasser aus dem wundertätigen Brunnen traktieren, pardon, natürlich laben und uns in irgendeiner Bäckerei frische, noch warme Laugenbrezeln kaufen.

Rechts von uns, über der Kaiserstraße, liegt der Friedhof der Stadt, der 1541 auf Anordnung des Hoch- und Deutschmeisters Walter von Cronberg, als die Pest in Mergentheim wütete, aus der Stadt herausverlegt wurde, wo er sich damals um die St. Johanneskirche ausbreitete. Inmitten des heutigen Friedhofs steht die St. Michaelskapelle. In ihrer eigenartigen, sechskantigen Grundform ist sie ein Bauwesen, das den Übergang von der romanischen zur gotischen Bauform zeigt, im

Blick über die Dächer von Bad Mergentheim auf das Deutschordens-Schloß und die Türme der Schloßkirche

Inneren aber eine Ausgestaltung neueren Datums hat. Errichtet wurde die Kapelle in den ersten Jahren des 17. Jahrhunderts unter der finanziellen Mithilfe des Statthalters Freiherr von Eck. Hinter der Kapelle ist die Lieblingstochter Mörikes, Marie, beerdigt, die es im Alter wieder nach Bad Mergentheim zog. Als ich vor einem Jahr ihr Grab besuchte, erzählten mir zwei nette, alte Damen, daß es von Mergentheims Jugend immer liebevoll gepflegt wird.

Etwas weiter, an der Straße, die nach Igersheim führt, steht rechts die gemütvolle Baugruppe des Kapuzinerklosters, das seine Entstehung dem Deutschmeister Johann Kaspar Stadion verdankt. Mitten im 30jährigen Krieg, um 1627, wurde es errichtet, sehenswert ist das stimmungsvolle Kircheninnere, hervorzuheben ist hier das Marmorgrabmal von Johann Kaspar Stadion.

Flott bergab marschierend erreichen wir den Mittleren und Oberen Graben, eine sonst stark befahrene Umgehungsstraße der Stadt. Wie der Name schon sagt, verlief hier die fast gänzlich verschwundene mittelalterliche Stadtbefestigung, die aus Mauern, Toren und Gräben bestand und sich weiter über die Untere Grabenstraße bis zum Schloß fortsetzte.
Nur schwer kann man sich heute vorstellen, daß Mergentheim einst zu den turmreichsten Kleinstädten Süddeutschlands gehörte. Auf einem alten Kupferstich von 1644 ist die ehemalige Anlage noch zu sehen, neben den vier Tortürmen reihten sich nicht weniger als sechzehn viereckige Türme um die Stadt.
Bereits im Jahre 1330 begann man mit der Schaffung der Befestigungsanlagen. Nach einem Jahrzehnt harter Arbeit erhielt der Ort von Kaiser Ludwig im Jahre 1340 das Stadtrecht verliehen.
In den Jahren 1540 bis 1544 wurde eine äußere 9 m hohe Verstärkungsmauer errichtet, doch schon 1788 begann man mit den Abbrucharbeiten; man benutzte den Verteidigungsring als willkommenen Steinbruch, um mit den schon behauenen Steinen Neubauten aufzurichten. Der ehemals mächtige Mauerschutz der Stadt war gegenüber den neuen Feuerwaffen nutzlos geworden, außerdem engte er die Entwicklung der Stadt ein, das technische Zeitalter schickte seine ersten Boten über den Horizont, drei Jahre vorher, 1785, lief schon die erste deutsche Dampfmaschine in Preußen.
Die Stadttortürme wurden zwischen 1806 und 1932 abgebrochen, zuletzt das Untere oder Edelfinger Tor.

Hinter der St. Michaelskapelle befindet sich das Grab von Mörikes Lieblingstochter Marie

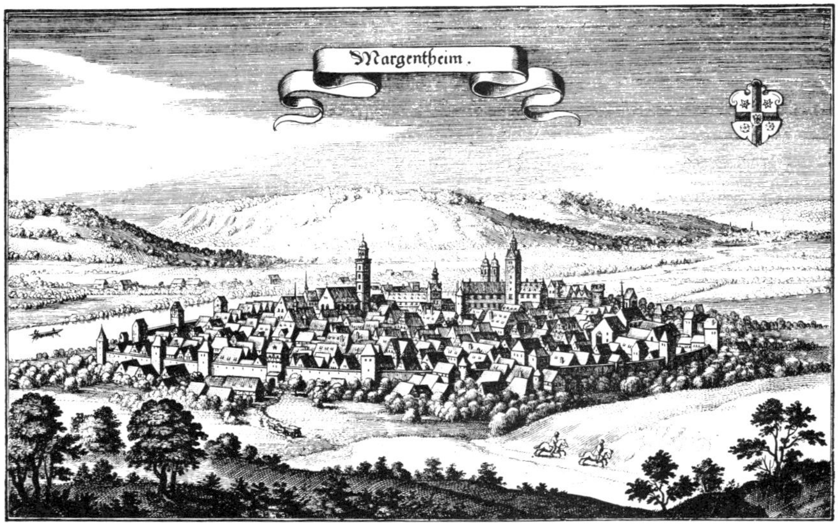

Auf diesem Merian-Stich ist die ehemals mit Mauern und Türmen versehene Verteidigungsanlage gut erkennbar

Vereinzelt jagen schon einige Autos über die Grabenstraße – um diese Zeit hält keiner die 50 km ein – aber in den langen Abständen zwischen den Fahrzeugen ist es kein Problem, die Straße zu überqueren, um dem Stadtinnern zuzuwandern. Auf unserem Rundgang wollen wir heute aus Zeitgründen keine Kirchen und Museen besuchen, dies können wir dabei im Geiste erledigen, kennen wir doch diese Kostbarkeiten der Stadt aus vielen Besuchen zu allen Jahreszeiten.
Gleich rechts an der Schulgasse liegt fast versteckt die Marienkirche, kein hochaufragender Turm, sondern nur ein schlanker Dachreiter ziert den Chor. Sie wird auch nach dem danebenliegenden Dominikanerkloster die Dominikanerkirche genannt. An ihrer Stelle soll zuvor eine kleine, vielbesuchte Wallfahrtskapelle gestanden haben mit einem Vesperbild der Schmerzhaften Mutter Gottes mit dem Leichnam Jesu auf dem Schoß. Große Wohltäter der Dominikaner waren nach alten Urkunden die Herren von Hohenlohe und ihre Frauen. Der Kirchenbau dürfte in den Jahren zwischen 1312 und 1341 erfolgt sein, in diesem Jahr wurde bereits dort ein Stifter beigesetzt.
Das Innere zeichnet sich durch einen gotischen Chor mit Kreuzgewölbe und interessanten Schlußsteinreliefs aus. Fresken aus verschiedenen Jahrhunderten machten und machen den Glauben für die Besucher bildhaft und anschaulich.
Nur zwei Kunstwerke der reichen Ausstattung möchte ich besonders hervorheben: Da ist einmal der rechte mit der Jahreszahl 1510 datierte Seitenaltar, den Tod Mariens zeigend, der der unterfränkischen Schule um Tilman Riemenschneider zugerechnet wird, und zum andern das im Chor aufgestellte Erzdenkmal des Hoch- und Deutschmeisters Walter von Cronberg, der 1543 gestorben ist und in der Gruft der Schloßkirche begraben liegt, wo einst auch dieses Denkmal stand. Noch zu seinen Lebzeiten (er kannte also schon sein Grabmal) wurde dieses 1539 in der Werkstatt Peter Vischers und dessen Sohn Hannes in Nürnberg angefertigt, das Sterbedatum wurde nachträglich aus dem stehengelassenen Schriftblock herausgearbeitet. Wenn uns schon die künstlerisch und handwerklich großartigen Arbeiten der damaligen Holzschnitzer in Erstaunen versetzen, so ist man geradezu verblüfft darüber, wie Meister Vischer mit den doch noch recht einfachen Werkzeugen das harte Erz so hervorragend bearbeitete. Handwerkliche Meisterschaft und künstlerisches Genie war bei diesen Großen ideal gepaart.

Vor uns weitet sich der obere Marktplatz, der Hans-Heinrich-Ehrler-Platz, an dessen Ende – wie ein gestrandetes Schiff – das staffelgiebelige Rathaus, den Zugang zum unteren Marktplatz zu versperren scheint. Nur links und rechts bleiben schmale Gassen zwischen den Häuserfronten offen. Im Mittelalter nahm die Wette, oder die Schwemme, wie sie bei uns im Hohenlohischen auch genannt wurde, fast den ganzen oberen Marktplatz ein. Sie diente als Tränke und im Sommer wurden dort nach getaner Arbeit die Pferde gewaschen. Neben dem abendlichen Treffpunkt der Jugend war die Wette auch das Wasserreservoir bei Bränden in der Stadt, der Zufluß des Wachbachs konnte jederzeit erhöht werden. Ähnlich einem ungarischen Ziehbrunnen war hier auch der sogenannte „Galgen“ aufgestellt mit

Seitenaltar aus der Marienkirche.
Um 1510 entstanden, wird er der Schule um Riemenschneider zugerechnet und zeigt im Mittelteil den Tod Mariens

einem käfigartigen Korb an der einen Seite. Hatte ein Bäcker sein Brot zu leicht gebacken, so sperrte man ihn in den Korb und tunkte ihn, je nachdem, um wieviel er das Gewicht unterschritten hatte, so oft zur Strafe in die sicher nicht sehr saubere Brühe. Eine gewiß drastische, aber auch wirkungsvolle Strafe mittelalterlicher Rechtssprechung, deren Hauptabschreckung in der Schande bestand.
Heute steht inmitten des oberen Marktplatzes der Marienbrunnen. In gotischem Stil wurde er aus rotem Sandstein gehauen und 1855 hier errichtet. Seine schlanke Säule hebt die Madonna mit dem Kind über das tägliche Treiben empor. Noch ist es hier ruhig, aber innerhalb weniger Stunden fließt wieder der Verkehr über den Platz, um den Brunnen wird sich alles mit parkenden Autos füllen.
Ein Haus auf der linken Seite interessiert uns besonders, ist es doch in Franken ungewöhlich, ein Stadthaus mit „Lüftlmalerei" zu sehen – der Giebel ist mit bunten Bildern aus dem Leben der Wachszieher und Bienenzüchter bemalt. Die Inschrift lautet: *„Carl Ehrler, Wachszieher"*. Dies ist das Haus, in dem am 7. Juli 1872 einer der bedeutendsten Söhne Mergentheims, der Dichter Hans Heinrich Ehrler geboren wurde, nach ihm wurde auch der Platz zu seinem Gedenken benannt. Aus seinen Werken, Erzählungen und Gedichten spricht eine starke Bindung, ja Liebe zu seiner Vaterstadt.
Ich selber kenne nicht sehr viele seiner Werke, das Schönste aber von dem, was ich gelesen habe, ist sein Buch „Reise in die Heimat". Äußerst feinsinnig und einfühlsam, aber doch voller Stolz auf seine Geburtsstadt, wandert er in Gedanken zurück in seine Heimat, zu ihren Straßen, Plätzen und Menschen, und läßt das Leben und Treiben einer Kleinstadt vor der Jahrhundertwende vor unserem geistigen Auge entstehen. Heimatliebe und echte Gläubigkeit sind die zwei Schienen, die ihn durch sein Leben führten, immer wieder kann man sie entdecken, wie in dem folgenden Gedicht:

In eine Heimat werden die Menschen geboren,
In eine Heimat sterben sie gläubig hinein.
Und das Dazwischen? Ist es verloren?
Es ist die Reise vom Schein in das Sein.

Treffend wurde einmal Ehrlers Schaffen in einer Beurteilung in Velhagen und Klasings Monatsheften beschrieben. Dort heißt es:

Nur das Feinste und Zarteste, Innigste und Heimlichste ist diesem Dichter Grund genug davon zu sprechen. Er tut es in einem Deutsch, das an Schönheit, an künstlerischer Auslese und an Überraschungen mit seltenen Kleinodien des Wortschatzes ziemlich einsam dasteht.

Man muß sich wohl Gedanken machen, wo wir in Dichtung und Literatur am Ende des 20. Jahrhunderts stehen, nachdem die oben gelobten Tugenden gründlich auf den Kopf gestellt wurden.

Wir schlendern rechts am Rathaus vorbei, bis sich der Marktplatz voll unseren Blicken öffnet. Noch ganz im gedämpften Morgenlicht liegen Pflaster, Brunnen und das Rund der Häuser, während die Sonnenstrahlen bereits den 50 m hohen Turm der Johanneskirche erreicht haben. Wie schön müßte die Aussicht von seinem Umgang aus sein! Der in seinen Fundamenten sehr alte Turm war früher niedriger, hatte aber bereits 1495 eine Uhr. Im Jahre 1593 wurde er um rund 20 m erhöht und auch mit dem durchbrochenen Kranz versehen. Die an der Turmkappe der Südseite angebrachten drei Wappen erinnern an die damaligen Gönner des Gotteshauses, die Großen jener Zeit, an Hochmeister Maximilian von Österreich, Hochmeister Westernach und Bischof Echter von Würzburg. Wie es heißt, wurden die Kosten teilweise aus dem Vermögen verbrannter Hexen bestritten, die damalige Zeit gehört wohl zu den dunkelsten Kapiteln des Christentums.

Die Mergentheimer Schwalben, die ihre Kreise um den Turm und hoch über dem Marktplatz unter der durchsichtig lichtblauen Kuppel des Himmels ziehen, stört dies nicht, sie freuen sich am neuen Tag.
Selbst aus dieser Entfernung hört man das Plätschern und Glucksen des Marktbrunnens und das Gurren der Tauben, die zum Trinken dort versammelt sind. Zwei besonders schöne Exemplare, die links und rechts auf den Schultern des geharnischten Brunnenstandbildes Wolfgang Schutzbars, genannt Milchling, sitzen, scheinen ihm die neuesten Begebenheiten der Nacht ins Ohr zu gurren, ihm, dem Mergentheim neben dem Rathaus auch die erste funktionierende Wasserversorgung zu verdanken hat.
Aus der Burgstraße taucht im Tiefflug lärmend und tschilpend ein Geschwader Spatzen auf, den Spitzenreiter verfolgend, der ein Stück Wecken im Schnabel hat. Sie ziehen eine elegante Schleife um den Marktbrunnen und verschwinden wieder in Richtung Schloß.
Hinter uns nähern sich Schritte, ein alter Herr mit einem Pudel an der Leine macht seinen Morgenspaziergang. Als er beim Vorbeigehen die vor uns auf dem Pflaster stehenden Rucksäcke bemerkt, stutzt er, mustert kurz die Glasscheiben der Schaufenster rechts von mir, ob sie noch ganz sind, während sein Hund diesen Moment nutzt, das Bein hebt und den dort stehenden Blumenkübel gießt. Die Stadtgärtner freuen sich bei der Trockenheit gewiß über diese Hilfe.
Um das ganze Marktplatzrund besser einsehen zu können, gehen wir zum Brunnen, stellen unsere Rucksäcke aufs Pflaster und schwingen uns auf den Brunnenrand. Recht kühl ist sowohl der Stein wie auch die feinen Wasserspritzer, die sofort durchs Hemd dringen, aber Hitze haben wir noch den ganzen Tag zu erwarten.
Zweierlei hat Gesicht und Charakter der Stadt entscheidend geprägt, einmal der Deutschritterorden, der mit seinen aus allen Stilepochen stammenden Verwaltungsgebäuden und Beamtenhäusern die Kulisse der Innenstadt stellt und zum andern der Aufstieg zur bekannten Badestadt mit dem eigenen Flair, zu dem auch die modernen Geschäfte und Lokale im Erdgeschoß dieser historischen Bauten gehören.

Marktbrunnen von Bad Mergentheim mit dem Standbild Wolfgang Schutzbars, genannt „Milchling“ – er war ein großer Förderer und Wohltäter der Stadt

Noch einmal müssen wir unsere Gedanken in der Geschichte zurückwandern lassen, um die Zusammenhänge, die Psyche der Stadt, zu verstehen:
Bis zur Zeit um 700 ist von hier nichts Genaues bekannt. Man nimmt an, daß infolge der Schwäche der Zentralgewalt die Königsbeamten Recht und Königsgut an sich rissen und so zu selbständigen Grundherren wurden – Franken wurde Adelsland. In der ersten Hälfte des 8. Jahrhunderts wurde dieser Raum wieder unmittelbar der Krone unterstellt. Unter Karl Martell wurde Königsgut und Adelsbesitz zu den sogenannten „Gauen" zusammengefaßt. Er schuf unter anderem die Königsprovinz Ostfranken, zu der wir Hohenloher gehörten. Im Jahre 742 wurde die Gründung des Bistums Würzburg von Papst Zacharias bestätigt und mit Gütern reich ausgestattet.
Der erste Graf des Taubergaues war Andulf, dieser, ein tüchtiger Helfer Kaiser Karls des Großen, wird in einer Kaiserurkunde von 807 als Graf im Taubergau genannt. Den damaligen Grafenhof vermutet man an der Stelle des Johanniterhofes mit seiner südlichen Umgebung, der damals wenigstens zeitweise Amtssitz von Andulf war.
Urkundlich wird Mergentheim als „Mergintaim" erstmals 1058 genannt.
Den größten Besitz in Stadt und Umgebung hatten in der 2. Hälfte des 12. Jahrhunderts die Herren von Hohenlohe, doch schon vorher wird in einer Hirsauer Urkunde von 1103 von einem Ebo und Goswinus von Mergentheim berichtet, von Vertretern eines Ortsadels, deren Linie wohl bald ausgestorben ist. Als weitere Herren der Stadt werden die Edelherren von Lauda erwähnt. Ein gewisser Heinrich von Lauda trug 1169 ein Drittel der Mergentheimer Kapelle dem Bistum zu Lehen auf.
In der Stauferzeit 1207 übereignete Albert von Hohenlohe, der an Barbarossas Kreuzzug teilgenommen hatte, die Kirche seines Dorfes Mergentheim an den Johanniterorden, zwölf Jahre später, im Jahre 1219, trat sein Neffe Andreas von Hohenlohe in den Orden ein. Neben anderem Besitz, den seine Brüder Gottfried und Konrad an ihn abtraten, werden auch zwei Burgen zu Mergentheim erwähnt. Es ist anzunehmen, daß eine der Burgen die „Veste" ist, aus der sich dann später das Deutschordensschloß entwickelt hat.
Eine für uns heutige Menschen unvorstellbar religiöse Zeit war das hohe Mittelalter. Große Ritterheere zogen ins Heilige Land, um es von den Ungläubigen zu befreien, sie nahmen unsagbare Strapazen und Gefahren auf sich, viele Adelsfamilien verarmten und erloschen.
Als Höhepunkt schon religiöser Besessenheit könnte man den Kinderkreuzzug von 1212 bezeichnen, an dem Tausende von Knaben und Mädchen teilnahmen, viele starben an Krankheiten schon in Europa, andere kamen auf den Sklavenmarkt von Alexandria. Noch gab zu dieser Zeit der Johanniterorden in Mergentheim den Ton an, der älteste geistliche Ritterorden, dessen Anfänge um 1070 liegen, dessen Ordensverfassung 1112 geprägt wurde und der seinen Sitz der Reihe nach in Cypern, Rhodos, Malta (Malteserritter) hatte. Da der Johanniterorden mehr international war, wurde er bei uns in Deutschland weniger mit Schenkun-

gen bedacht als der Deutschorden, in den nur Edelleute deutscher Nation aufgenommen wurden, die ab 1406 vier adelige Ahnen nachzuweisen hatten – auch damals war man schon sehr auf Nationalität und Abstammung bedacht.
Seit 1200 gründete der Orden Niederlassungen (Kommenden) auch auf deutschem Boden, wie in Halle/Saale, Reichenbach in Hessen (1207), Regensburg und Aichach (1210) und 1219 in Mergentheim. Um 1300 zählte man rund 300 Kommenden oder Komtureien, die sich von Schweden bis Sizilien und vom Atlantischen Ozean bis zur Düna verteilten, dies war das Verdienst des Hochmeisters Hermann von Salza, der von 1210 bis 1239 den Orden leitete. Der Besitz, der besonders im 13. Jahrhundert rasch angewachsen war, wurde in Balleien bzw. Ordensprovinzen eingeteilt, von denen eine auch Franken war.
Als die Marienburg in die Hände der Polen fiel, wurde 1457 nach Königsberg übergesiedelt und nach Verlust des Ordenslandes 1526 Mergentheim Residenz des Hochmeisters. Nun setzte der erste nennenswerte Aufschwung der Stadt, auch in baugeschichtlicher Hinsicht, ein.
Entwicklungsgeschichtlich dürfte schon vorher im Jahre 1244 die Wahl Heinrichs von Hohenlohe zum Deutschmeister des Ordens bedeutsam gewesen sein, da er seinen Wohnsitz meist im Ordenshaus in Mergentheim nahm. 1248 berief er dort ein Ordenskapitel ein. Im Jahre 1249 starb er hier in Mergentheim und wurde in der Ordensgruft beigesetzt. 1252 wurde der Neubau des Schlosses und der Schloßkapelle begonnen und 1289 beendet.
Gegen Ende des Jahrhunderts berichtet die Chronik vom Besuch höchster adeliger Herren in Mergentheim. Die Anziehungskraft der Stadt beweisen auch die

An der Innenseite des Schloßportals eingemauerte Tafel mit den Namen der erlauchten Gäste, die hier schon weilten

Berichte über die Kapitelversammlungen des Deutschordens in den Jahren 1409, 1438, 1444 und 1492. Im 14. und 15. Jahrhundert fanden außerdem noch zahlreiche Städtetage, Fürstentage und sogar ein Reichstag (1387) statt, bei dem allerdings nur der Reichsstand der Fürsten sich versammelte.

Zu Anfang des 15. Jahrhunderts, im Jahre 1410, traf es den Orden schwer, als er bei der Schlacht zu Tannenberg eine Niederlage erlitt und der polnisch-litauischen Macht erlag, doch für Mergentheim scheint die Niederlage wenigstens finanziell nicht zu groß gewesen zu sein, denn schon ein Jahr danach erwarb der hiesige Komtur die Burg Neuhaus.

Langsam flackerte nun in ganz Europa, zuerst noch recht sporadisch, das Feuer des Widerstands gegen Feudalherrschaft und Leibeigenschaft auf.

Zuerst wissen wir von einem großen Bauernaufstand von 1357, dem „Jacquerie" in Nordfrankreich, der vom Adel blutig unterdrückt wurde. 1380 kursierte in England der agrarrevolutionäre Spruch: „Als Adam grub und Eva spann, wo war denn da der Edelmann?" 1381 kam es dann in England unter Wat Tyler zu dem großen Bauernaufstand, der auch auf London übergriff, auch dieser Aufstand wurde blutig unterdrückt, doch mit dem Erfolg, daß sich die Abhängigkeit der Bauern gegenüber den Grundbesitzern verminderte.

Appenzell erkämpfte sich 1405 seine Freiheit gegenüber dem Kloster St. Gallen.

In unserem fränkischen Raum schlägt 1476 der Würzburger Bischof Rudolf von Scherenberg die erste Bauernerhebung nieder und läßt den „Pfeifer von Niklashausen" in Würzburg verbrennen. (Tilman Riemenschneider hat das im Würzburger Dom stehende Grabmal des Fürstbischofs zwischen 1496 und 1499 geschaffen; betrachtet man das faltenreiche, durch die Bischofsmütze fast erdrückte Gesicht, würde man ihm eine derartige Tat nicht zutrauen – es sei denn, es ging ihm einzig um die Erhaltung der weltlichen Macht.)

Der erste Bauernaufstand unter dem Zeichen des „Bundschuh" war 1493 im Elsaß, ein weiterer Aufstand war 1502 unter Josz Fritz in Speyer, weitere unter dem Symbol des „Bundschuh" folgten in den Jahren 1513 und 1517. Die Bauern erhofften sich Befreiung von ihren fast unerträglichen Belastungen durch ein starkes, zentralisiertes Kaisertum. 1513 erhoben sich die Bauern im Breisgau, 1514 schlug Ulrich von Württemberg die Erhebung des Bauern-Bundes „Armer Konrad" nieder, doch gleichzeitig blüht das Geschäft mit dem großen Geld, das Haus Fugger bringt im gleichen Jahr den Ablaßhandel in seine Hände.

1517 wird von einem Bauernaufstand am Oberrhein berichtet, der seine sozialen Forderungen religiös begründet. Im gleichen Jahr hatte Luther seinen Ablaßstreit mit Tetzel. Mit Luthers Anschlag der 95 Thesen an die Schloßkirche von Wittenberg beginnt die Reformation in Deutschland.

Aber nicht nur Unruhe brachte diese spannungsreiche Zeit im Übergang von der Gotik zur Renaissance, große Künstlernamen tauchten auf, wie Cranach, Dürer, Raffael, Veit Stoß, Riemenschneider, Tizian, Holbein d. Ä., Leonardo da Vinci und Peter Vischer d. J.

1512 erschütterte Kopernikus das alte Weltbild mit seiner „Commentariolus"; die

Beherrscht wird der Marktplatz von dem staffelgiebeligen Rathaus und den schönen Fachwerkhäusern – Ausdruck bürgerlichen Stolzes

Grundlage seines neuen Weltbildes war: Die Erde dreht sich mit den anderen Planeten um die Sonne.
Auch das bisher bekannte Erdenbild hatte sich geändert, nachdem Columbus auf seiner vierten Reise 1502 das mittelamerikanische Festland entdeckt hatte. 1520 fand Magellan auf seiner Weltumsegelung die nach ihm benannte Straße zwischen Südamerika und Feuerland.

Kunst und Wissenschaft waren dabei, die jahrhundertealten starren Dogmen der Kirche abzuschütteln, ihre Unfehlbarkeit zu bezweifeln. Wen wundert es da eigentlich, wenn die besitzlose Klasse, das Heer der kleinen Leute, neben ihrem wachen Geist auch allen Mut, auch den der Verzweiflung, zusammennahmen und ein wenig Freiheit suchten!

Ermuntert durch Reden und Schriften Martin Luthers, auf den 1523 der Nürnberger Hans Sachs das Gedicht „Die Wittenbergisch Nachtigall“ geschrieben hatte, lohte das Feuer der Freiheitsliebe in den Jahren 1524 bis 1525 nochmals zerstörerisch auf. In Thüringen wurden die Bauern von Thomas Münzer, in Tirol von Michael Gaismaier angeführt, bei uns in Franken von dem Ritter Florian Geyer. Im Tauberraum gipfelte der Aufstand unter dem Zeichen des Bundschuh in der Schlacht am Turmberg in Königshofen und endete in einer schweren Niederlage gegen das Heer des Schwäbischen Bundes. – Der Traum der Freiheit war für lange Zeit ausgeträumt! Es galt wieder das alte Gesetz: „Hier Herr – dort Knecht!“
Mergentheim kam glimpflich davon und wegen der Zerstörung des Deutschmeistersitzes, der Burg Hornegg bei Gundelsheim a. N., wurde es 1525 zur Residenz des Hochmeisters.
Am 8. April 1525 legte der Hochmeister Albrecht von Brandenburg den Ordensmantel ab, öffnete Preußen der Reformation und wurde weltlicher Fürst.
Der neue und erste in Mergentheim regierende Hoch- und Deutschmeister war Walter von Cronberg (1526 – 1543). Seine für die Bürger der Stadt wichtigste Entscheidung war die Aufhebung der Leibeigenschaft 1537. Er starb 1543 und wurde in der Ordensgruft beigesetzt, wie bereits erwähnt, steht sein Grabmal in der Marienkirche.
Sein Nachfolger wurde 1543 Wolfgang Schutzbar, zu dessen Füßen wir auf dem Brunnenrand sitzen. Eigentlich wollte er seine Wahl nicht annehmen, da er sich den Stürmen der Zeit nicht gewachsen fühlte. Nach Verlust des Ordenslandes in Preußen drohte nun auch Livland verloren zu gehen. Innerhalb des Reiches wehrten sich nicht nur protestantische Fürsten in ihren Ländern gegen die Niederlassung des Ordens, auch katholische Fürsten beanspruchten Besitz und Rechte des Ordens. Als sich die protestantischen Fürsten unter Moritz von Sachsen zum Schmalkaldischen Bund zusammenschlossen, wurde die Lage für Kaiser und Orden gefährlich. Doch Schutzbar hielt treu zu Kirche und Reich.
Nach der Geschichtsschreibung war er ein sehr kriegerischer Ordensmann. Schon als Landkomtur hatte er dem Kaiser im Kampf gegen die Türken geholfen, ein Aufgebot des Ordens im Krieg Karls V. gegen den französischen König geführt und unterstützte nun erfolgreich den Kaiser im Schmalkaldischen Krieg gegen die protestantischen Fürsten als Oberster Feldhauptmann mit 1500 Reitern. Bereits im ersten Kriegsjahr 1546 war Mergentheim von kaiserlichen und bündischen Truppen arg mitgenommen worden, schlimmer wurde es noch im weiteren Verlauf der Auseinandersetzung. 1552 erschien das feindliche Heer vor den Mauern, nachdem es bereits Igersheim und Markelsheim total ausgeplündert und Burg Neuhaus erstürmt und zerstört hatte. Nach sechstägiger Beschießung mußte sich die Stadt übergeben, das Residenzschloß wurde völlig ausgeraubt. Auf 130 großen Wagen fuhr man das gesamte wertvolle Inventar weg. Noch härter traf Schutzbar der Verlust Livlands, das 1526 den Polen zufiel.
Erfolgreich war er hingegen innerhalb der Stadt, nicht zuletzt, als er 1554 die jahrzehntelangen, nicht immer in christlichem Sinn geführten Auseinandersetzun-

Nach Norden schließt das „Haus-Zwillingspaar" von 1778 das Marktplatzrund ab – dahinter hochaufragend der Turm der Stadtpfarrkirche St. Johannes

gen mit dem Johanniterorden zu einem Abschluß brachte. Für 3000 Gulden erwarb er deren gesamte Güter in Mergentheim und konnte somit den Besitzstand seines Ordens erweitern.

Wolfgang Schutzbar starb 1566, ein Chronist sagt:

Er hatte einen schweren Durchgang durchs Leben gehabt, hatte manch' harten Kampf zu bestehen sowohl mit den Fürsten wie auch mit seinen eigenen Ordensbrüdern. Wo er aber kämpfte, galt es immer, die ihm heilige Pflichtsache seines Ordens, dessen Rechte und Freiheiten, dessen Erhaltung in guter Sitte, Ordnung und Gesetz, dessen Achtung und Ehre vor der Welt würdig zu vertreten.

Gedenktafel für Eduard Mörike an einem Eckhaus des Marktplatzes

Immer noch imposant, doch heute nur noch Fassade einstiger Macht und Größe – das Deutschordens-Schloß von Bad Mergentheim

Als wir von unseren Gedanken und Gesprächen aus dieser längst verflossenen Zeit nun wieder ins Jetzt zurückkehren und zu dem steinernen Standbild „Milchlings" über uns hinaufblicken, ist mir, als ob ein tiefsinniges Lächeln über sein steinernes Gesicht husche, so als wolle er sagen: „Was ist schon dieses bißchen Menschengeschichte, die man so ernst nimmt, gegen die Ewigkeit?" Ich kann mich allerdings auch getäuscht haben, vielleicht war es nur der Schatten eines Taubenflügels, der darüber glitt?

Eigentlich wollten wir ja vom Brunnen aus die Baulichkeiten des Marktplatzes betrachten, ehe uns die Seele der Stadt in ihre Geschichte zurückholte, aber dazu reicht's ja noch, alles um uns ist gegenständlich und faßbar vorhanden.

Beginnen wir mit dem bekanntesten Bauwerk Schutzbars, dem staffelgiebeligen Rathaus, in dem heute die Geschichte der Großen Kreisstadt Bad Mergentheim entschieden wird. Leuchtend rot zieht sich der Geranienstreifen über der durchbrochenen Altane des Rathauses hin, zu der einst eine Freitreppe emporführte (vielleicht ähnlich wie beim Rathaus von Aub). Eingerahmt wird es links und rechts von stolzen Beamten- und Bürgerhäusern aus der Zeit der Renaissance bis zur Zopfzeit mit Walmdächern, Staffel- und Volutengiebeln und kunstvollen, bei jedem Stockwerk auskragendem Fachwerk. In der Sonne blitzen die schmiedeeisernen Ausleger, darunter sehen wir stilgemäß gestaltete Portale und Türen, als Zierde reicher Wappenschmuck darüber und nicht selten das schwarze Kreuz auf weißem Grund.

Links von uns am Eckhaus zur Burgstraße kündet eine dort angebrachte Gedenktafel davon, daß Eduard Mörike hier mit seiner Schwester gewohnt hat und in der Tochter des Hauses, Gretchen Speeth, seine spätere Frau gefunden hat.

Den Blick durch die Burgstraße begrenzt am unteren Ende die Fassade des Ordensschlosses, das wiederum vom Bläserturm und dem Turm der Schloßkirche überragt wird.

Nach Norden hin umschließt das Häuserrund des Marktplatzes das um 1778 erbaute, frühklassizistische „Haus-Zwillingspaar", das miteinander durch ein Bogenportal verbunden ist.

Wir wandern hinüber zur Stadtpfarrkirche St. Johannes, einer dreischiffigen Pfeilerbasilika; der Chor zeigt ein Kreuzrippengewölbe, das von ornamentierten Kapitellen getragen wird. 1250 bis 1270 wurde die Kirche von den Johannitern erbaut und später erweitert. Die älteste Ausschmückung sehen wir in den Fresken des 13. und 14. Jahrhunderts, die ornamentale Bemalung in den Seitenschiffen stammt von 1593. Zur Ausstattung gehören neben gotischen und barocken Figuren ein Vesperbild von 1430 sowie eine sehenswerte Kreuzigungsgruppe.

Am liebsten ist mir schon immer der freie Platz zwischen Stadtpfarrkirche und Spital, der gegen Osten von der strengen Westfront der 1740 erbauten barocken Martinskapelle abgeschlossen wird. Mit seinen Bäumen und Grünanlagen, in denen alte Markungssteine mit dem Johanniterkreuz neben den Ruhebänken stehen, hat mir diese Oase der Ruhe immer besonders gefallen. Das Innere der dem alten Frankenheiligen Martin geweihten Kapelle überrascht durch die zier-

liche Rokokoausstattung: Marmorverkleidung, fein geschnitztes, altersbraunes Gestühl, die hellen Wände mit zierlichen Blumenkränzlein verziert, darüber ein Deckengemälde von Giuseppe Gru aus Verona, das die Heilung des Lahmen zeigt. An der linken Seite sieht man Bilder des Mergentheimer Meisters Matthäus Zehender von 1684; ein weiteres Werk von ihm, das er ursprünglich für die Dominikanerkirche geschaffen hatte und das die Salbung in Bethanien darstellt, befindet sich in der Schloßkirche.
Was mich aber in der Martinskapelle bei meinem ersten Besuch am meisten überraschte und auch seither immer aufs neue erfreute, ist eine ungemein lebendig gestaltete Gans, die stolz neben dem Hl. Martin im Altar steht. Es ist der einzige Altar, den ich kenne, in dem ein Tier nicht als Symbol, sondern nur um seiner selbst willen Aufstellung gefunden hat. Natürlich war früher die Gänsehaltung in mehrerer Hinsicht recht lohnend, wie der hinter dem Spital liegende Gänsmarkt aussagt, aber auch an der Tauber sind die Gänse, auf älteren Fotos noch ganze Armadas, in der Zwischenzeit verschwunden. Auf der ganzen Tauberwanderung haben wir kaum ein Dutzend gesehen.
Die Fundamente der Martinskapelle sind sehr alt, man vermutet, daß sie auf das Jahr 1000 zurückreichen, somit dürfte sie als Reichskirche zum Königs- oder Grafenhof gehört haben, sie war wohl die erste Kirche Mergentheims.
Unser Weg führt uns nun ums Spital zum „Gänsmarkt". Der Blick zurück zum Spital, zum davorstehenden, dem alten Frankenheiligen Kilian geweihten Brunnen und den gegen den hochaufragenden Turm der Johanneskirche gestaffelten Ziegeldächern gehört gewiß mit zu den stimmungsvollsten der Stadt.
Schon um 1190 soll an derselben Stelle von den Johannitern ein Spital zur Aufnahme kranker Kreuzfahrer errichtet worden sein. Im Laufe der Zeit wurde es mehrfach erweitert und mit reichen Schenkungen versehen, auch aus dem eingezogenen Vermögen verbrannter „Hexen".
Blickfang des wuchtigen Baukörpers ist das Barockwappen über dem weiten Eingangstor. Ganz im Sinne des Barock hat der Künstler in der Ausführung dieser Wappenzier geschwelgt. Über einem Neidkopf, der die herausgestreckte Zunge dem Beschauer zeigt, befindet sich ein Prunkwappen des Deutschordens, zwei Engelsköpfchen leiten über zum Gipfel des Kunstwerkes, der brotausteilenden Hl. Elisabeth.

Inzwischen scheint Mergentheim voll erwacht zu sein, der morgendliche Verkehr bringt Leben in die Stadt. Wir lenken unsere Schritte zum „Pfarrgang", einem erhalten gebliebenen Stückchen Mittelalter. Dort freuen wir uns an einem feinen Rokokohaus, bewundern ein Empireportal mit einladendem Treppenaufgang und sind ganz entzückt über ein sich hinter einer Steinbalustrade ausbreitendes Blumengärtlein. Auf der Mauer steht eine aus Stein gehauene, feingegliederte Muttergottes. Über das Grün der Bäume und das Rotbraun der alten Dächer blikken die Türme des Schlosses herein, fürwahr ein echter Malerwinkel, dieser Pfarrgang.

Altar des Hl. Martin

Im Hof des Spitals steht die 1740 erbaute, barocke Martinskapelle

Das Spital vom „Gänsmarkt“ aus mit dem Kiliansbrunnen

Wir kommen geradewegs zum Schloß. Die wuchtige Fassade liegt noch im Schatten, der auf die Waagerechte ausgerichtete Schloßbau wird zwar durch den hohen Bläserturm und den spitzhütigen Rundturm unterbrochen, trotzdem wirkt das Bauwerk im Gesamteindruck streng und abweisend. Dagegen ist der während des 30jährigen Krieges erstellte turmartige Torbau, dessen Zugangsbrücke von steinernen Schilderhäuschen – ähnlich denen von Kirchberg/Jagst – flankiert wird, eine wahre Augenfreude. Neben und über dem Portal, durch Säulen und Simse in Stockwerke gegliedert, sehen wir reichen Wappen- und Figurenschmuck. Vier Giebel umgeben die das Bauwerk abschließende Kuppel, auf der ein laternenartiges Türmchen sitzt.
Nach Überschreiten des ehemaligen Wassergrabens gelangen wir durch den Torbogen in den äußeren Schloßhof, der durch seine Größe überrascht. Während rechts der ältere Teil des Schlosses liegt, sehen wir links von uns den Archivbau (1566–1572), im Winkel dazu in langer Flucht die ehemalige Trapponei und Tresslerei von 1780, am unteren Ende des Hofes schließt das Priesterseminar (1713) und das Amtsgebäude, verbunden durch den Unteren Torturm vom 15. Jahrhundert, den Schloßhof ab.

Da wir uns ja vorgenommen haben, als Morgentrunk von dem heilkräftigen Mergentheimer Wasser zu kosten, schlendern wir durch die Allee fast 200jähriger Platanen, vorbei an dem Fischbrunnen, in dem früher die Tauberfische vor dem Verzehr als Fastenspeise gewässert wurden, auf den unteren Torturm zu. Dabei sehen wir mit Erschrecken, daß die Blätter der riesigen Platanen, aber auch die der wohl vorsorglich daneben gepflanzten jungen Bäume, von einer schwarz und welk machenden Krankheit befallen sind; verursacht dies der extrem heiße und trockene Sommer, oder setzt auch hier schon das gefürchtete Baumsterben ein?
Nachdem wir den Schloßhof verlassen haben, nimmt uns der morgendliche Kurpark auf. Noch plätschert die Brunnenfontäne nur für sich, schleudert ihre Tropfenkaskaden den Sonnenstrahlen entgegen, um dann schließlich als diamantener, in allen Regenbogenfarben leuchtender Schleierdom wieder ins Becken einzutauchen. Das Rauschen wird überlagert vom morgendlichen Konzert der gefiederten Bewohner des Parks, vom Geschnatter der Enten, die an und im Kanal eifrig mit Gefiederpflege und Nahrungssuche beschäftigt sind. In dieser frühen Morgenstunde gehört der Kurpark uns fast allein, nur eine Mutter mit ihrem schwerbehinderten, fast erwachsenen Sohn und ein Herr mittleren Alters, der sich trotz seiner zwei Stöcke nur mühsam über die Wege schleppt, begegnen uns. Diese Menschen scheuen sich wohl, dann in den Park zu gehen, wenn die tägliche Eitelkeit darin promeniert und bevorzugen deshalb wie wir die Frühe des Morgens.

Auch vor der Wandelhalle, dem Brunnentempel, wird noch nicht „lustgewandelt“, und prompt ist noch die Tür verschlossen, wir kommen um unseren „Heil-Morgentrunk“.

Wir erblicken das steinerne Standbild des Entdeckers der Heilquelle, des Schäfers Franz Gehring vom Johanniterhof. Ihm hat die Stadt ihren Aufstieg zum Weltbad zu verdanken. Am 13. Oktober 1826 hütete er seine Schafe bei ungewöhnlich niedrigem Wasserstand der Tauber auf der rechten Talseite. Dabei beobachtete er, wie sich seine Tiere um eine Stelle drängten, an der rostbraunes Wasser aus der Erde trat, und es gierig tranken. Er versuchte es selbst, bemerkte den bitteren, salzigen Geschmack und meldete es sofort dem Stadtschultheißen Anton Kober. Damit hatte der Schäfer die seit Jahrtausenden vergessene und verschüttete Heilquelle wieder entdeckt.

Am selben Tag noch wurde das Wasser vom Oberamtsarzt untersucht und man begann kurz darauf mit Grabungen, die aber bei jedem Hochwasser der Tauber wieder zugeschwemmt wurden. Mit der dritten Grabung rückte man aus dem Überflutungsgebiet heraus an den Fuß des Arkauberges, grub zunächst und bohrte dann noch 22 m tief, mit dem Erfolg, daß gutes Mineralwasser mit eigenem Druck bis fast an die Oberfläche stieg.

Durch die württembergische Regierung wurde die Eröffnung einer neuen Heilquelle genehmigt, und im Beisein von Kronprinz Karl wurden am 23. Juni 1829 die Grundsteine für das Brunnenhaus der „Karlsquelle“ und für ein Badehaus gelegt.

Wohl war das Heilwasser excellent, doch fehlten dem Bad noch die nötigen Einrichtungen, der Zustrom von Badebesuchern und der wirtschaftliche Erfolg blieben deshalb aus. Im Jahre 1834 wurde das Bad an den Mühlenbesitzer Friedrich Kuhn verkauft, der ein bescheidenes Badehotel errichtete. Die finanzielle Belastung war jedoch für ihn zu groß und so wurde es 1852 von einem Konsortium übernommen. Rege Bautätigkeit und verstärkte Werbung setzten ein, der berühmte Chemiker Justus von Liebig wurde mit einer neuen chemischen Analyse beauftragt. Als jedoch zwei der Teilhaber gestorben waren, sicher nicht am Heilwasser sondern am Ärger, wurde es nach einer Ausschreibung an einen Amerikaner, den Arzt Dr. Herschel verkauft. Es ging aber in den Jahren zwischen 1885 und 1897 immer weiter bergab, 1895 wurden nur noch 65 Gäste gezählt. Unter einer, mit Beteiligung der Stadt 1897 gegründeten Gesellschaft konnte die Besucherzahl wieder auf etwa 700 erhöht werden.

Erst als sich Idee und Kapital – der Stadtschultheiß Klotzbücher und der Stuttgarter Bankier Schwarz – des Bades annahmen und am 1. Januar 1906 eine Aktiengesellschaft gründeten, ging's bergauf. 1924 wurde die Wilhelmsquelle neu gefaßt, die zweite Karlsquelle erbohrt und in der Albertquelle ein wertvolles, hochkonzentriertes Heilwasser gefunden. Mergentheim besaß damit eine Fülle therapeutischer Möglichkeiten. Mit dem Ansteigen der Besucherzahlen wuchsen auch die Bautätigkeiten an Badeanlagen, Sanatorien, Kuranstalten, Hotels und Pensionen, an deren Baustilen sich recht gut die Zeit ihrer jeweiligen Erbauung ablesen läßt.

Bad Mergentheim mauserte sich zum Badeort mit international gutem Ruf, heute zählt man hier jährlich zigtausend Bade- und Kurgäste.

Standbild des Entdeckers der Heilquelle, des Schäfers Franz Gehring, der zu Lebzeiten keinen Dank dafür ernten durfte

Zu den schönsten Ansichten Bad Mergentheims gehört die bauliche Harmonie des „Pfarrgangs“

Deutlich zeigen die Türme der Schloßkirche die Handschrift des genialen Baumeisters Balthasar Neumann

Ein kritisches Wort sei mir in punkto Mergentheimer Neubauten erlaubt. Betrachtet man das sich der Umgebung harmonisch einfügende „Sanatorium Hohenlohe“ und hält dagegen das erst vor wenigen Jahren erbaute „Parkhotel“, so muß man sich doch fragen, ob denn jede fränkische Stadt ein architektonisches „Kuckucksei“ braucht und ob man unbedingt einen Architekten aus einem Nachbarland holen mußte, gibt es denn davon in unserem „Musterländle“ keine fähigen mehr? Hier geht es mir wie dem Mergentheimer, der vor dem neuen Parkhotel damals das Zitat prägte: „Wer noch keine Gallensteine hat, der kann sie angesichts dieser verrückten Architektur kriegen!“
Doch wir stehen immer noch vor dem Brunnentempel und schauen hinüber zum Denkmal des Entdeckers, zum Auslöser dieser wirtschaftlich segensreichen Entwicklung. Einen Dank hat der einfache Schäfer Gehring zu seinen Lebzeiten für diese Tat nicht erleben dürfen, zwar wurden anfangs wohlklingende Versprechungen gemacht, aber es heißt, er sei verbittert und in tiefster Armut gestorben.

An der „Theke“ der Mineralwasserausgabe steht der sinnige Spruch:

Wer müd' vom Leben oder krank,
Dem ist zu helfen, Gott sei Dank,
Wenn er sich kann vergunnen,
Den Mergentheimer Brunnen!

Als geistigen Vater dieser Zeilen weist der darunter stehende Name Eduard Mörike aus. Jedoch Carlheinz Gräter, ein excellenter Mörike-Kenner, vermutet, daß dieser Spruch eher in weinseliger Laune in den Köpfen einer Stammtischrunde geboren wurde, und zwar 1926 zur 100-Jahrfeier der Quellentdeckung, und dann erfolgreich ins Festprogramm geschmuggelt wurde.

Eigentlich wollten wir vom Kurpark hinüber zur kleinen, gotischen Wolfgangskapelle, die an der Flußseite ein Riesengemälde des Christophorus zeigt und deren Portalbogen links und rechts durch Steinköpfe des Stifters und des Baumeisters gestützt wird. Bei ihr führt die älteste Brücke der Stadt, die Wolfgangsbrücke, über die Tauber. Im Jahre 1340 erbaut – flußaufwärts sind die Pfeiler zu mächtigen Eisbrechern verstärkt – wird sie von dem in auskragender Nische stehenden Brückenheiligen behütet.
Von dort aus wollten wir auf der rechten Seite der Tauber talab am Ketterberg entlang wandern, aber die Hitze der letzten drei Wandertage läßt uns, wenn möglich, einen schattigeren Weg wählen, in diesem Fall den Albvereins-Weg am linken Talrand.

Zurück zum Schloßhof, dort bewundern wir vom unteren Torbogen aus die Silhouette des Schlosses, das Zwillingsturmpaar der Schloßkirche, das die Handschrift Balthasar Neumanns trägt, und den schlanken Bläserturm.
Dabei fällt uns ein Ereignis ein, das auch der Herrschaft des Deutschordens in Mergentheim ein Ende setzte.

Am 24. April 1809 bestimmte Napoleon in einem kurzen Tagesbefehl lakonisch: „Das Gebiet von Mergentheim, mit den an das Großmeistertum geknüpften Rechten, Domänen, Revenuen, deren im 12. Artikel des Preßburger Friedens erwähnt ist, wird mit der Krone Württembergs vereinigt." Vier Tage vorher war Mergentheim schon von den Truppen des dicken Württemberger Königs Friedrich besetzt worden.

H. H. Ehrler hat diese Tat so bezeichnet: „Der Korse drehte unseren Vätern die Köpfe auf dem Rumpf herum, die Gesichter nach Stuttgart richtend, geographisch und stammesgeschichtlich eine Gewalttat."

Daß es zu der sogenannten „Mergentheimer Revolution" kam, ist wohl auf die Ungeschicklichkeit der Württembergischen Krone zurückzuführen. Anfänglich verlief auch alles friedlich. Im Mai des gleichen Jahres wurden alle Deutschordenswappen abgenommen, soweit sie nicht aus Stein waren, auch der Eingang zum Schloß wurde nicht verschont. Das Wappen, das jetzt am Eingangstor zu sehen ist, zeigt das kurfürstlich-württembergische Wappen.

Im verhängnisvollen Monat Juni wurde nicht nur die Aushebung der Pferde angeordnet, es erging der folgenschwere Befehl, aus dem ganzen Fürstentum Mergentheim „45 der schönsten und größten jungen Mannschaft zu Rekruten auszuheben". Ordensuntertanen hatten bisher keinen Militärdienst zu leisten!

Zudem wurde als Tag der Huldigung an den neuen Landesherrn recht ungeschickt der 13. Juni gewählt, genau an diesem Tag feierte man sonst mit großem Jubel den Namenstag des beliebten Hochmeisters Anton Viktor. Entsprechend kläglich fiel die Huldigung aus. Die rund 2000 Bürger, die auf dem Marktplatz auf Befehl sich versammelt hatten, dachten nicht daran, auch nicht nach wiederholter Aufforderung, die Huldigungsformel, die ihnen der Regierungskommissionär von Mauder vorsprach, nachzusprechen. Wie es heißt, murmelten nur einige Magistratspersonen der Form halber mit. Fünf Tage später, als ein Kirchengebet für das Königshaus gesprochen wurde, erfaßte plötzlich alle Anwesenden ein gräßlicher Hustenanfall, der, wie es heißt, in „förmliches Lärmen" ausartete.

Während die Rekrutenaushebung in Mergentheim noch ohne Schwierigkeiten verlief, gingen die württembergischen Beauftragten in Wachbach und Igersheim sehr tölpelhaft vor. Die jungen Männer sollten in Igersheim nachts aus den Betten geholt werden, sie erfuhren davon und konnten flüchten. Dazu war man auf dem Lande der Meinung, die Österreicher seien im Anmarsch, um sie zu befreien.

In Wachbach sollte bei Tag unter starkem Militäraufgebot ausgehoben werden. Doch hier unterschätzten die neuen Herren die Franken. Aus der ganzen Umgebung waren die Bauern mit ihren Waffen herbeigeeilt und zwangen die württembergischen Soldaten, ihre Waffen niederzulegen. Gegen den Willen der Verwaltung zogen die Rebellen mit ihren Gefangenen in die Stadt und übten, wie es heißt, für einige Tage eine Schreckensherrschaft aus, wie in den übelsten Tagen des Bauernkrieges.

Dem Eingreifen des Stadtschultheißen und zweier noch anwesender Ordensritter, nebst einiger beherzter Bürger, gelang es, die württembergischen Beamten

Bei der Wolfgangskapelle spannt sich die uralte Wolfgangsbrücke über die Tauber

vor Mißhandlungen und Schwererem zu bewahren, allerdings dankte es König Friedrich schlecht.
An dem „Ewig denkwürdigen 29. Juni, dem Fest Peter und Paul“ erschienen unerwartet 2600 Mann mit 4 Geschützen vor der Stadt. Da die Tore aus Versehen nicht rechtzeitig geöffnet wurden, wurde gestürmt. Es wird berichtet, daß sich die „Befreier“ in der Stadt „plündernd und raubend wie ein wilder Haufen“ benommen haben.
Am 30. Juni wurde sogleich mit dem Kriegsgericht begonnen, nachdem die Ruhe einigermaßen wieder hergestellt war. Fünf Bauern wurden auf dem Schießwasen erschossen, ein Markelsheimer am Galgenberg erhängt, etliche zu langen Freiheitsstrafen auf den Hohenasperg geschickt. Hab und Gut derer, die flüchten konnten, wurde versteigert, der Erlös wanderte in die Staatskasse.
Was die königlichen Truppen bei der Erstürmung nicht schon im Schloß geplündert hatten, wurde nun auf allerhöchsten Befehl weggeschleppt, selbst Intarsienböden, Lampen und kostbare Tapeten wurden abmontiert.

Prunkwappen über dem Eingangsportal zum alten Schloßhof

22 sechsspännige Wagen karrten die 40000bändige Ordensbibliothek gen Stuttgart. Als sich die Möglichkeit abzeichnete, daß Mergentheim zu Baden geschlagen werden könnte, wurden vorhandene Getreidevorräte verkauft, Wälder abgeholzt, das Kirchensilber eingeschmolzen. Noch nicht einmal vor den Metallsärgen der Ordensritter in der Gruft unter der Schloßkirche machte man halt, sie wurden beraubt und die Särge eingeschmolzen. Wie es heißt, wurde der königliche Thronbaldachin in Ludwigsburg aus den brokatenen Priestergewändern des Deutschordens genäht.
In der Folgezeit fand man sich in Mergentheim mit seinem neuen Herrn ab und bereitete ihm sogar einen freundlichen Empfang, als König Friedrich im Mai 1812 zu einem mehrtägigen Besuch bei seinen „Peter und Paulslümmeln" weilte.
Es ist schon eine Ironie der Geschichte, daß unser heutiger Ministerpräsident Lothar Späth – wie es unser verehrter Hohenloher Autor Manfred Wankmüller, kurz „mw" genannt, einmal treffend formulierte – „sei Sach' in Mergentheim g'lernt hat", und zwar auf dem Landratsamt, als Mergentheim noch Kreisstadt war.

Wir wollen noch einen Blick in den Schloßhof der alten „Veste" werfen. Über dem Eingangsportal fasziniert mich immer wieder das dort angebrachte Prunkwappen, weniger wegen der Heraldik des Wappens der Hochmeister aus dem Hause

Als die schönste Renaissance-Wendeltreppe Frankens gilt die 1574 von Berwart geschaffene im alten Schloß

Österreich, als vielmehr wegen der ernsten und traurigen, stolzen Wappentiere hinter ihren übergestülpten Spangenhelmen. Genauso wie ihnen muß es wohl den Großen der Geschichte zumute sein, die für uns Außenstehende im goldenen Käfig sitzen, oft aber als Menschen mit dem von ihnen Verlangten überfordert und im Grunde ihrer Seele, soweit sie noch eine haben, tieftraurig sind.
Haben die stolzen Tiere eben nicht böse geknurrt? Nein, es war nur der Magen meines Wanderfreundes Ottmar, und mein eigener stimmt gleich mit ein, wir haben ja immer noch kein Frühstück! Trotzdem betreten wir den engen, steingrauen Innenhof, der noch so ganz die ritterliche und doch mönchisch-asketische Haltung in den Anfängen des Ordens widerspiegelt. Zwei einander gegenüberstehende Brunnenbecken, von denen auf Säulen die Rittergestalten des frommen Hochmeisters von Stadion und seines Statthalters, des Komturs Eck herabblicken, sind fast der einzige bildhafte Schmuck des Innenhofes. Gleich links vom Tor bogt sich das Eingangsportal der barocken Schloßkirche, heute die evangelische Kirche, in den Ostflügel ein, meisterhaft von dem Ellinger Baumeister Roth gelöst, der hier Renaissance und Barock vereinte. Das Innere des hohen, weiten Kirchenraumes wirkt trotz des von N. Stuber 1734 geschaffenen Kolossalgemäldes an der Decke, das die Verherrlichung des Kreuzes darstellt, trotz der Seitenaltäre von Pittoni und des Hochaltarblattes von Zehender, auf uns äußerst nüchtern.

Unter dem Chor befindet sich die Gruft der Hoch- und Deutschmeister des Ordens.
Sehr gut gefällt uns die Wendeltreppe des Stuttgarters Blasius Berwart von 1574 an der nördlichen Innenseite des Hofes, die einst zur Wohnung des Hochmeisters führte. Sechs feinkannelierte, dünne Säulen formen eine fast schwerelose Spindel, um die sich die Treppenschnecke windet, die Unterseite ist mit feinen Blattornamenten verziert, oben im Abschluß lacht die Sonne. Diese Treppe gilt als die meisterhafteste Wendeltreppe der Renaissance in Franken.
Die südliche Wendeltreppe hat ebenfalls eine schöne Spindel, wirkt aber durch ein Netzgewölbe nicht so elegant, sie führt hinauf zum Deutschordensmuseum, das wir schon des öfteren besucht und dabei immer wieder Neues entdeckt haben. Besonders an verregneten Sonntagnachmittagen, wenn man sonst mit der ganzen Familie nichts Rechtes anzufangen weiß, haben sich diese Besuche bestens bewährt.
Ob man sich nun speziell für die Geschichte des Ordens interessiert, für die Roben, die Orden, die Nachbildung der Marienburg, die herrlichen Intarsienmöbel, die zum Teil ebenfalls das Ordenskreuz tragen, für die funkelnden Kristallüster oder den reichen Kirchenschatz, in Ruhe läßt sich alles betrachten und bestaunen. Dabei bewegt man sich ständig unter den Blicken der Ordensritter, die teils streng, teils milde, reichgekleidet und goldgerahmt von den Wänden schauen – nur noch ein Abbild einstiger Macht und Herrlichkeit, ihre große Zeit ist vorbei. Mir selber ist der bürgerliche Teil des Museums lieber, ihm fehlt der höfisch steife Stil. Hier fasziniert mich immer wieder das Frauenporträt des großen Biedermeier-Malers Georg Ferdinand Waldmüller, der ein Zeitgenosse von Ludwig Richter, Schwind und Spitzweg war. Weniger berühmt ist die große Stadtansicht des Mergentheimer Malers J. Eberhard. Anscheinend mußte dieser sich ein Zubrot auf Wanderungen in die weitere Umgebung Mergentheims verdienen, habe ich doch von ihm vor Jahren ein kleines Aquarell meines Heimatortes auf dem Dachboden eines alten Hauses gefunden, das abgebrochen werden sollte. Sehr bekannt ist das Haushaltsbüchlein Eduard Mörikes, das neben einer spärlichen Haarlocke des Dichters in einer Glasvitrine liegt.
Aber auch Plastiken aus dem Umkreis Riemenschneiders hat das Museum anzubieten. Vitrinen mit fränkischer Kleinplastik und mit farbenfrohen Trachten, bunt bemalte Bauernschränke sowie eine barocke Apothekeneinrichtung sind zu sehen. Ein seltener Originaldruck des Sendschreibens Luthers an die Herren des Deutschordens ist noch vorhanden.

Den Flair alter Deutschordens-Herrlichkeit strahlen noch die Räume im gleichnamigen Museum aus

Die meiste Zeit verbringt meine Familie – aber das liegt naturgegeben daran, daß sie in der Überzahl aus weiblichen Wesen besteht – in den Räumen, die eine Unzahl herrlichster Puppenstuben, Puppenküchen und Kinderkaufläden enthält. Dabei ist es sogar schon vorgekommen, daß wir zwar höflich, aber doch entschieden vom Museumsleiter von dort hinauskomplimentiert wurden, weil er endlich abschließen wollte.

Wir verlassen das Schloß und seine Geschichte und wandern über die Schloßbrücke in die Stadt. Gegenüber der Schloßeinfahrt erhebt sich der Fachwerkbau des Johanniterhofes. Am Breuningschen Haus trägt eine Gedenktafel den Zweizeiler:

Olympiern wird die Parze nicht verderblich –
Wer göttlich schafft, ist Göttern gleich unsterblich.

Der junge Beethoven, 1791 Bratschist in der Kapelle des Hochmeisters Maximilian Franz, hat hier in erlauchtem Kreise als Solist am Klavier gespielt. Karl Ludwig Junker, Kaplan von Kirchberg und Musikschriftsteller, schreibt in einer damals hochgeschätzten Musikzeitschrift darüber und nennt Beethoven den „ersten Klaviervirtuosen Deutschlands".
Durch die nun voller Leben pulsierende Burgstraße mit ihren eleganten, teils flanierenden, teils eilenden Menschen, wandern wir hinauf zum Marktplatz, erregen in unserem Wanderzivil mit den Bussardfedern auf den Hüten mehr Aufsehen als die schönen Damen, kaufen uns unterwegs doch noch unsere Laugenbrezeln und ein Stück Wurst dazu und verabschieden uns im Vorübergehen von dem über dem Brunnen stehenden „Milchling".
Weiter wandern wir die Mühlwehrstraße hinunter, vorbei an dem schönsten Renaissance-Haus der Stadt, dem mächtigen „Geisterhaus", von dem die Sage geht, daß derjenige, der in den heiligen zwölf Nächten das obere Bodengeschoß betritt, von unsichtbarer Hand eine kräftige Ohrfeige erhält. Der letzte, von dem dies berichtet wird, war ein Mergentheimer Maurer, der es ganz gewiß wissen wollte.
Über den „Unteren Graben" verlassen wir Mergentheims Altstadt, wandern durch die weiten Außenbezirke, die die wirtschaftliche Kraft der Stadt beherbergen, den bewaldeten Höhen zu, die uns in den nächsten Stunden in ihren Schatten aufnehmen sollen.
Auf unserem Weg zur Schmierhüttensteige, dort, wo sich die Straße nach Dainbach hinaufzieht, ist in einer Straßenausbuchtung ein kleiner Wohnwagen abgestellt. Als wir ihn passieren, sehen wir, daß er Sintis gehört. Wie die Orgelpfeifen stehen putzmuntere, hübsche, schwarzgelockte Kinder in einer Reihe aufgestellt und warten ohne sichtliche Begeisterung darauf, daß sie von ihrer Mutter – einer echten Schönheit – die mit aufgekrempelten Ärmeln hinter einer Waschschüssel steht, gewaschen werden. Während wir noch dem friedlichen Idyll zusehen, erscheint der nicht weniger gutaussehende Familienvater mit seinem Auto und wird mit lautem Hallo begrüßt; die große Tüte voller Brezeln wird ihm förmlich aus den Händen gerissen.

Wenn ich an meine frühe Kindheit zurückdenke, so ist das Zusammenleben mit diesen Minderheiten unserer Gesellschaft doch um vieles menschlicher geworden. Wenn damals, Ende der 40er Jahre, Zigeuner – und das waren ja nur die wenigen glücklichen, die den Gaskammern entkommen waren – in unserem Ort ihre Planwagen am „Büchsenloch“ abstellten, wurden sie allseits mit blankem Mißtrauen betrachtet. Ich sehe heute noch die Zigeunerwagen mit dem herausragenden Ofenrohr, die außen angehängten Habseligkeiten und die mageren Pferdchen davor, die Frauen und Männer graugesichtig, mager und verhärmt, die Kinder struppig und meist in viel zu große Lumpenkleider gehüllt. Auf wieviel offene Ablehnung sind sie doch gestoßen, wenn Frauen und Kinder bettelnd, die Männer fragend, ob nicht ein Kessel oder ein Schirm zu flicken wäre, von Haus zu Haus zogen. Das Verhalten der Erwachsenen war gewiß nicht christlich, sonst hätten sie von ihrem Überfluß – im Vergleich zu den Zigeunern war er auf dem Land trotz der damalig harten Zeit vorhanden – mit diesen Ärmsten geteilt.

Zuerst noch an abgeernteten Feldern entlang steigt der Fuhrweg langsam an, wird steiler und kostet schon die ersten Tropfen Schweiß des Tages, außerdem verlangt die ausgewaschene Fahrrinne, daß wir jeden Fuß richtig setzen, gerade bei den schweren Rucksäcken, die wir mitzuschleppen haben.
Bevor der Weg in den kühlen Blätterdom des Waldes eintaucht, machen wir eine kurze Verschnaufpause, nehmen dabei bewußt unsere nächste Umgebung erst richtig wahr. Wegrand und heckenüberwachsene Böschung, die zum Tal hin abfällt, sind noch ein Stückchen freier, unverfälschter Natur. Hinter uns steigt der Hangwald steil auf, den Weg begrenzen freiliegende Felsschichten, von Wasser und Frost aufgeblättert. In den Rinnen und Schrunden des Muschelkalkes haben sich bizarr die Wurzeln der Bäume neben allerlei sattgrün glänzenden Pflanzen und Gräsern festgekrallt.
Farbenfreudig ist die der Sonne, dem Tal, zugeneigte Wegseite. Zwischen meterhohem, wildem Kümmel und blühenden Distelstauden leuchten die blauen Sterne der Wegwarte und eng am Boden die goldenen Blüten des Johanniskrautes. Vor unseren Füßen kreuzt den Weg die Heerstraße der Roten Waldameisen, auf der, wie wir sehen, schon große Transportprobleme bewältigt werden.
Die Farbenpracht der Blüten wird von einer Unzahl Fliegen und Hummeln umschwirrt, dazwischen gaukeln Schmetterlingsjuwelen, wie Kaisermantel, Kleiner Fuchs und solche, deren Namen wir nicht kennen. Über allem erklingt vielstimmiges Vogelgezwitscher aus dem Heckenstreifen und dem Blätterdach über uns, alles wird jedoch von dem hellen monotonen Ton unzähliger Grillen und Zikaden übertönt, die mit Begeisterung ihre Flügel streichen.
Ein letzter Blick zurück auf die uns liebgewordene Stadt, ihre Dächer und Türme; bis zu uns herauf hört man, wie die ganze Stadt nun vor Geschäftigkeit nur so brummt, – doch heute morgen hat sie uns ein gutes Stück ihrer Seele erschlossen.

Wir müssen weiter. Die an Gotikbauten erinnernden, aufragenden, sich oben schließenden Baumpfeiler eines wunderbaren Buchen- und Eichenwaldes nehmen uns auf.
Angenehm wandert es sich auf dem schmalen Weg entlang der Talkante, ein leichter Luftzug weht vom Tal her den Hang herauf, tief atmen wir die Waldluft ein.

Ruine der ehemaligen Theobaldskapelle – einsam und hoch über Edelfingen gelegen

Die Sonne, die inzwischen fast den Zenit erreicht haben dürfte, stört uns in dem grünen Dämmerlicht nicht, sie bleibt weitgehend ausgeschlossen. Nur hin und wieder bestrahlt sie kleine Lichtungen und malt ansonsten zierliche goldene Kringel und Flecken auf den ausgetrockneten Waldboden.
Bei dem Wegweiser zur Theobaldskapelle schwenken wir nach rechts ab, um die Ruine zu besichtigen.
Noch nie waren wir bei der Ruine, wir kennen nur alte Fotos von ihr. Als wir aus dem Wald heraustreten, sehen wir, daß die letzten Jahrzehnte auch hier einiges verändert haben, wo sich damals noch weite Wiesenhänge um die Ruine ausdehnten, wurde kräftig aufgeforstet, heute reicht der junge Lärchenwald bis zur Ruine, der Raum um die ehemalige Kapelle ist enger geworden.
Fast gar nichts ist von der einstigen Wallfahrtskapelle bekannt, außer dem kurzen Kommentar in der Oberamtsbeschreibung von Mergentheim von 1880. Dort wird aus dem Jahre 1684 berichtet: „Man geht – vergeblich – damit um, die St. Theobaldskapelle bei Edelfingen wieder herzustellen."
Erhalten von ihr ist noch fast der ganze westliche Giebel, überwiegend aus Feldsteinen gemauert, der sich frei zum Himmel reckt, ähnlich der „Anhäuser Mauer" bei Gröningen, deren Geschichte allerdings bekannt ist und an der noch Grabdenkmäler der Bebenburger eingelassen sind – beide, Geschichte und Denkmäler, fehlen hier bei dieser Ruine ganz. Die noch vorhandenen spärlichen Grundmauern des Schiffes holt sich die Natur nach und nach zurück.
Wir beschließen, in dieser Weltabgeschiedenheit unsere Mittagsrast einzulegen und suchen uns einen schattigen Platz. Aber die im Dunkel der Geschichte verborgene Lage der Kapelle beschäftigt uns weiter. Hat etwa der Name des Gewanns „Heineburg", auf der sie sich erhebt, etwas auszusagen – lautete er in ältesten Zeiten vielleicht „Heidenburg"? Befinden wir uns an einem Platz, der den Ureinwohnern des Tales vor der Christianisierung heilig war?
Aus der überlieferten heidnischen Geisteswelt wissen wir, daß unsere Altvorderen sowohl der Erde als auch dem Himmel sehr nahe sein wollten. So könnte es durchaus möglich sein, daß an dieser bevorzugten Stelle einst eine „Donarseiche" gestanden haben könnte. Die Bodenbeschaffenheit des mittleren Tauberlandes bietet ja auch heute noch ideale Bedingungen für Eichen, wie es die stolzen Exemplare bewiesen haben, an denen wir bereits vorbeiwanderten. Sie könnte bei der Missionierung des Taubertales gefällt und an ihrer Stelle eine Kapelle errichtet worden sein, um auf diese Weise so nach und nach die „Wallfahrt" in christliche Bahnen zu lenken. Wir können nur Vermutungen darüber anstellen – wieder einmal zeigt es sich, daß, selbst hier all unser Wissen nur Stückwerk ist.
Bei diesen Überlegungen haben wir fast vergessen, die schöne Aussicht zu genießen. Talab reicht der Blick bis weit über Königshofen hinaus, talauf bis zu unserem Ausgangspunkt Bad Mergentheim.

Auf halbem Weg nach Königshofen grüßen Dächer und Kirchturm von *Unterbalbach* herüber, das sich an den Talhang schmiegt. Immer wieder begegnet man in

Bleibende Mahnung für kommende Generationen – der Judenfriedhof von Unterbalbach mit seinen Inschriften

dem Ort an und vor den Häusern Madonnen und Bildstöcken. Die noch recht junge Kirche hat in ihrem Innern für mich recht interessante Kreuzwegstationen, die vermutlich vor ca. 100 Jahren nach Stichen Martin Schongauers aus Westerwälder Ton geformt und gut bemalt wurden. Interessant deshalb, weil ein Freund vor Jahren einen noch größeren Teil verblüffend ähnlicher Bildtafeln auf einem Münchner Flohmarkt von einem Tanzlehrer billig kaufen konnte und wir seither auch zwei Tafeln unser eigen nennen können.

Im Mittelalter war Unterbalbach im Besitz von Hohenlohe und vom Deutschorden. Das Geschlecht derer von Stützel aus Mergentheim soll hier zwei Schlößchen besessen haben, von denen ich aber bei meinen früheren Besuchen nichts entdecken konnte. Von dem zum Mergentheimer Ortsadel gehörenden Ritter Martin Stützel wird aus der gärenden Zeit vor dem Bauernkrieg von 1518 berichtet. Der Ritter hatte mit Bürgern der Stadt Streit.

Als letzter urkundlich bezeugter Priester des Johanniterordens lebte damals ein Bernhard Bubenleben, der sich später im Bauernkrieg als Hetzer und Volksaufwiegler einen unrühmlichen Namen machte. Er hielt an die Bürger aufrührerische Reden, bis sich der Pöbel zusammenrottete, Stützels Haus stürmte – er selbst war nicht anwesend – es plünderte und Stützels Frau mißhandelte. Von der Schwäche der damaligen Regierenden spricht die Tatsache, daß Bubenleben weiter in Amt und Würden blieb und später noch viel größeres Unheil anrichten konnte.

Ein großes, kulturgeschichtliches Denkmal, wenn auch mit der bitteren Erinnerung an die dunkelste Zeit unserer Geschichte verbunden, ist der rechts an der Straße nach Oberbalbach gelegene große Judenfriedhof.

Zur Mitte des 16. Jahrhunderts war die Zahl der Juden im Ordensgebiet Mergentheim so angewachsen, daß sie sich nach einer eigenen Begräbnisstätte umsehen mußten, die Benutzung christlicher Friedhöfe wurde ihnen verweigert.

Von dem schon erwähnten Ritter Stützel konnten sie diesen Platz erwerben, bei den Juden heißt der Friedhof der „Gute Ort". Die ca. 200 m lange Mauer entlang der Straße wurde 1898 errichtet; dem beherzten Eingreifen Mergentheimer Bürger ist es zu verdanken, daß der Friedhof auch im „Tausendjährigen Reich" nicht zerstört wurde.

Ungemein beeindruckend ist ein Gang durch die Reihen der sich am Hang entlangziehenden Grabsteine. Streng und altersgrau bleiben uns die alten Grabsteine durch ihre hebräische Inschrift verschlossen, die neueren, oft von Verwandten der Verstorbenen aus USA, Südafrika, England usw. errichteten, sprechen unsere Sprache und rühren uns im Innersten an. Liest man die Jahreszahlen ihres Todes, 1939, 1941, 1943, 1944 braucht man meist gar nicht erst die Sterbeorte, die KZ und Lager lesen, um zu wissen, wie und durch wen sie umgekommen sind. Das dort errichtete Mahnmal trägt die Inschrift: „Nur Gott kennt ihre letzte Ruhestätte".

Unterhalb von uns duckt sich *Edelfingen,* das sich eng an den gegenüberliegenden Talrand schmiegt. Auch hier hat sich der Ort in den letzten 20 Jahren stark durch Neubauten ausgeweitet.

Nur einige Daten aus der Geschichte des Ortes, die den ständigen Herrschaftswechsel und die Unruhen belegen sollen, unter denen auch hier die Menschen, wie überall, zu leiden hatten. 1207 und 1219 wird ein Rüdegerus de Uotelfinger urkundlich erstmals erwähnt, vermutlich ein Vertreter des Ortsadels, 1379 verkauft Gottfried von Hohenlohe an Weiprecht Martin *„Gilten, Gericht, Leute und Güter zu Edelfingen um 1224 Pfd. St. A."* – im Jahre 1388 verkauft der Johanniterorden in Mergentheim an den Deutschorden Güter und Gilten in Edelfingen,

Straßenpartie und Kirche von Edelfingen

1414 verkauft Peter von Finsterlohe, gesessen zu Laudenbach, um 60 Florin an den Deutschorden Güter und Gilten zu Edelfingen.
Am 5. März 1526 müssen „Schultheiß, Bürgermeister, Gericht und ganze Gemein von Edelfingen dem Deutschordenskomtur aufs neue Treu und Gehorsam schwören".
Im Jahre 1628 versucht der Bischof von Würzburg, Edelfingen zur katholischen Konfession zurückzuführen, bestellt Dominikaner als Pfarrer, bis Hohenlohe um 1643 wieder einen evangelischen Pfarrer einsetzen kann.
Edelfingen kam nicht wie das umliegende Gebiet 1809 nach dem Willen des großen Korsen an Württemberg, sondern erst 1846, da das Adelsheimische Achtel zunächst an das Großherzogtum Baden geschlagen wurde, der übrige Adel kam durch einen „Staatsvertrag zur Beseitigung der Mißstände" vollends nach Württemberg. Früher war der Ort mit Mauer, Graben und Toren gesichert. Die sehr alte Kirche wurde 1872 neu erbaut und erweitert, nachdem der Turm eingestürzt war. Der Ort ist sehenswert, besonders die winkligen Gassen um den Kirchplatz und die schöne Aussicht hinüber zu den Weinbergen, die Edelfingen den guten Namen unter Weinkennern eingebracht haben.
Vom Weinbau berichtet auch die Oberamtsbeschreibung von Mergentheim (1880). Dort heißt es:

Der Weinbau ist ausgedehnt und bildet die Lieblingsbeschäftigung der Edelfinger. Der hiesige Wein zeichnet sich aus durch Feinheit und Lieblichkeit, aufs Lager taugt er nicht, weil er zu fett ist, derselbe wird ins In- und Ausland verführt."

Mit einem letzten Rundblick auf Kapellenruine, Tal und die jenseitigen Höhen verabschieden wir uns; die Schatten sind inzwischen ein ganzes Stück gewandert und auch wir nehmen den Weiterweg unter die Füße.
Um unser Tagesprogramm einhalten zu können – ein Blick auf die Uhr zeigt uns, daß wir bisher ganz schön getrödelt haben – legen wir unseren „Sturmschritt" ein, der nach der „Fuß-Wunderheilung" von Mergentheim heute ja wieder möglich ist. Wir möchten hinüber ins Umpfertal und das letzte Stück bis Königshofen hinunterwandern. Auf unserer Karte kundschaften wir einen Weg aus, der uns geradewegs nach Westen führt. Zuerst folgen wir einem geschotterten Fahrweg, später nimmt uns eine geteerte Straße auf, die wir sonst zum Wandern eigentlich meiden. Nach Erreichen des Talrandes senkt sich die Straße und gibt den Blick frei auf Sachsenflur und ein gutes Stück des malerischen Umpfertales. (Das Umpfertal hinaufzuwandern und dabei das Seitental, den Schüpfer Grund, zu besuchen, ist eine besondere Wanderung wert.)

Unterschüpf hat ein Wasserschloß und einen Marktbrunnen von 1561. Die Dorfkirche, bei der je ein Kirchenschiff der Gotik und der Renaissance rechtwinklig aufeinanderstoßen, birgt eine Barockorgel, gebaut von dem Wachbacher Adam Ehrlich. Sie wird im Klang mit der berühmten Amorbacher Orgel verglichen.

Die Kirche von *Oberschüpf* überrascht mit einem Freskenzyklus der Hirsauer Schule. Sehenswert ist auch das 1619 erbaute Fischhaus mit reicher symbolischer Fachwerkschnitzerei.
Der Aussichtspavillon bei *Schweigern* bietet einen einmaligen Blick ins Umpfertal.

Boxberg liegt unterhalb der Ruinen des Raubritternestes der Herren von Rosenberg. 1381 wurden Schloß und Städtchen von den Rosenbergern dem Johanniterorden für 18 000 Goldgulden abgekauft. Der Schwarzkünstler Dr. Faust soll bei einem Besuch auf dem Schloß vor den Augen seiner Saufkumpane einen Regenbogen herangeholt, mit der Hand gegriffen und noch weitere unerklärliche Kunststücke gezeigt haben.

Jenseits der Umpfer lädt in *Wölchingen* eine mächtige kreuzförmige Pfeilerbasilika zum Besuch ein.

Doch unser Weg führt talab zur Tauber, hinein nach *Sachsenflur.* Kurz vor dem Dorfausgang steht schon halbverfallen und arg mitgenommen das Schlößchen derer von Stetten. Hier kam 1760 Rudolf Zumsteeg zur Welt, ein Jugendfreund Schillers auf der Karlsschule und späterer württembergischer Hofkapellmeister. Nach Überqueren der Bahnlinie mit dem original erhaltenen Bahnhöfchen, verlassen wir die Straße, betreten den sich am Hang hinziehenden, überwachsenen, alten Weinberg und haben wieder ein Rückzugsgebiet der Natur vor uns. Der Weg selber bildet eine ausgesprochene Trockenrasenflora mit der ganzen Vielfalt der niedrigen, kleinblütigen Pflanzen und den dazugehörenden Insekten und Kleinfaltern. Die Böschung der Bergseite ist größtenteils von einem dornenreichen Brombeergeflecht überzogen, deren glänzende, blauschwarze Früchte uns köstlich schmecken. Dazwischen wachsen büschelweise wilde Knoblauchstauden.

Unter dem Schatten eines alten, knorrigen Apfelbaumes rasten wir, lassen uns ins Gras fallen und betrachten die schöne Aussicht vor uns: das breite Mündungstal der Umpfer, die hier der Tauber zufließt. Über dem Tal liegt *Königshofen,* dahinter erhebt sich, schon weit hinauf mit neuen Häusern bebaut, der Schicksalsberg des Bauernaufstandes in Franken, der Turmberg. Weit müssen wir in Gedanken zurückeilen, um das Geschehen verstehen zu können, zurück bis zu den Anfängen der Reformation, ja noch weiter in die Zeit davor.
Nicht in Deutschland finden wir die Anfänge der Reformation des christlichen Glaubens, sondern in England.
1984 jährte es sich zum 600. Mal, daß in England John Wycliff gestorben ist, lange bevor Luther geboren wurde. Als katholischer Priester und Hochschullehrer hat er angefangen, die Bibel zur Richtschnur seines Denkens und Handelns zu machen, was ihm dabei an neuen Erkenntnissen zuteil wurde, hat er mit unbeug-

samen Mut verkündigt. „Weil das ewige Wort Gottes fehlt, ist der Acker der Kirchen verwüstet", sagte er und zog daraus die Folgerung: „Gottes Wort muß wieder lebendig werden". Darum begann er mit Freunden, die Bibel ins Englische zu übersetzen, damit sie sich im Leben des Volkes als Gottes Kraft erweisen könne. Daß Wycliff einunddreißig Jahre nach seinem Tode zusammen mit Johannes Hus vom Konzil zu Konstanz zum Ketzer erklärt und seine Gebeine nachträglich ihrem Grab entrissen und verbrannt wurden, konnte die Reformation nicht mehr aufhalten. Ihr Vorbote war er gewesen.

Der Bauernkrieg entstand nicht aus der unmittelbaren Verbindung mit den religiösen Bewegungen des 16. Jahrhunderts. Bauernunruhen hatte es schon 100 Jahre vorher gegeben, in ganz Europa, namentlich im südlichen Deutschland, wo die Bauern besonders unter Veränderungen litten. Während sie im übrigen Europa auf nationaler Ebene stattgefunden hatten, waren sie in Deutschland nur auf einzelne Herrschaftsbezirke begrenzt. In jedem dieser Territorien waren die Fürsten bemüht, mit Hilfe einer Bürokratie von besoldeten Beamten die Verwaltung perfekter zu machen. Die Kosten wurden durch erhöhte Grundsteuern aufgebracht; das meiste der Rechnung bezahlte der Bauer.
Eine weitere Änderung, verknüpft mit dem Aufblühen des städtischen Handels nach den Kreuzzügen, war die Ablösung der Naturalwirtschaft durch die Geldwirtschaft. Die erhöhte Nachfrage nach Gold und Silber steigerte deren Wert, die Bauern, für die zuerst die Zahlung einer festen Summe in Naturalien vorteilhafter war als die Abgabe eines Hundertsatzes in Gold, fanden sich durch eine Deflation benachteiligt. Diejenigen, die ihre Abgaben nicht aufbringen konnten, sanken vom freien Bauern zu Pächtern, von Pächtern zu Hörigen hinunter. So verlangten sie am Anfang ihres Aufstandes nicht eine Abschaffung der Hörigkeit, sondern nur keine weitere Ausdehnung der Frondienste, daß Holz, Wasser und Weide frei sein sollten wie ehedem, die Abgaben ermäßigt und daß das alte deutsche Recht wieder in Kraft treten sollte. Bittschriften der Bauern wurden zumeist patriarchisch, ohne die erhoffte Wirkung, abgetan.
Die Forderungen wechselten, da nicht alle Bauern gleichmäßig von Land zu Land verarmt waren. Am Rhein nordwärts waren Bauern zugleich Stadtbürger, da die Handwerker auch gleichzeitig Bauern waren. Dort wurde der Kampf fast ganz städtisch, man rief nach einer demokratischen Besetzung der Stadträte.
Viele dieser Strömungen verschmolzen am Oberrhein zu einer einzigen Bewegung. Ihr Sinnbild war der Bundschuh, der noch im großen Bauernkrieg 1525 das Zeichen der Aufständischen war. Der Name kam vom Lederschuh des Bauern, „Bund" nannte man den langen Riemen, mit dem er geschnürt wurde.
Die Absichten des „Bundschuh" richteten sich in erster Linie weniger auf wirtschaftliche, mehr auf politische Ziele, alles Regiment sollte beseitigt werden, außer dem des Kaisers und des Papstes, die Bewegung vor 1525 war oft antiklerikal gewesen, aber nicht antikatholisch.
Eine so religiös gesinnte Bewegung konnte nicht umhin, sich von der Reforma-

tion beeinflussen zu lassen. Luthers „Freiheit eines Christenmenschen“ war zwar rein religiös gedacht, konnte aber sehr leicht eine soziale Wendung erhalten.
Ein weiterer Faktor kam dazu. So religiös die damalige Zeit war, so sehr war sie auch mit der Astrologie verwachsen. Im Jahre 1524 waren alle Planeten im Zeichen des Fisches. Schon zwanzig Jahre früher wurden für dieses Jahr große Störungen angekündigt. Als die Zeit herannahte, wurde die Voraussage dringend, nicht weniger als 51 Flugschriften zu diesem Thema erschienen 1523.
Die Hoffnung der Bauern, der Kaiser würde einen Reichstag einberufen, um die Beschwerden abzustellen, erfüllte sich nicht, „der große Fisch entfesselte die Wasser“.
Luther wurde als Freund der Bauern betrachtet, dies zeichnet sich auch in den „Zwölf Artikeln“ ab, in denen sie ihre Forderungen niederlegten. Diese Artikel setzen ein mit Worten, die an Luther selbst erinnern.

Dem christlichen Leser Friede und Gnade Gottes durch Christus. – Das Evangelium ist nicht eine Sache von Aufruhr und Zerstörung.“

Die Hauptartikel verkörpern das alte Bauernprogramm des gemeinsamen Angers, Waldes und Wassers. Dem Bauern sollte freistehen zu jagen, zu fischen und sein Feld vor dem Wild zu beschützen. Unter Aufsicht sollte er Holz für Feuerung und Hausbau schlagen dürfen. Abgeschafft werden sollten die „Todesfälle“, bei denen Witwen und Waisen durch Wegnahme des besten Rockes, bzw. der besten Kuh weiter verarmten. Der einzige Artikel, der über die alten Forderungen hinausging, war der Ruf nach völliger Abschaffung der Hörigkeit.
Luther veröffentlichte ein Gutachten zu den „Zwölf Artikeln“; der evangelische Klang gefiel ihm, aber in der Anrede an die Bauern mißbilligte er die meisten ihrer Forderungen. An die Fürsten richtete Luther dagegen einen Aufruf, in dem er weit mehr die Bauernforderungen guthieß, als den Bauern selbst gegenüber. Die Wünsche der Bauern auf Abstellung ihrer Beschwerden seien billig und gerecht, die Fürsten hätten sich diese Wirren selbst zu verdanken, sie hätten nichts getan, als sich in „Prachtentfaltung“ zu ergötzen, und das „mit Schinden und Schaben ihrer Untertanen“, die rechte Lösung sei der alte Weg des Vergleichs.
Luthers Voraussage, daß „daraus nichts kommen werde als Mord und Blutvergießen“, erfüllte sich leider nur zu sehr. Er hatte seit langem erklärt, daß er den privaten Bürger in Waffen nicht unterstützen werde, wie gerecht auch die Sache sei, er konnte sich keine geordnete Revolution vorstellen.
Dem Bauernkrieg fehlte der enge Zusammenschluß der englischen Puritanerrevolution. Er hatte kein festes Programm, die Anführer waren manchmal Bauern, manchmal Schreiber, manchmal sogar Ritter.
Als der Krieg endete, waren in Franken 270 Burgen und 52 Klöster zerstört, in Thüringen waren es 70 Klöster.
Hätte es anders laufen können? Gab es eine andere Führerpersönlichkeit? Die einzige strategische Person wäre der Kaiser gewesen, aber der hatte versagt. Nur ein einziger wäre hinreichend bekannt gewesen und genoß in ganz Deutschland

Vertrauen – Martin Luther – und der lehnte ab, das Schwert zu nehmen und die Bauern zu führen. Für ihn als Theologen wäre es ein Verrat an seinem Amt gewesen, er hatte nicht die päpstliche Theokratie zerstört, um an ihrer Stelle eine neue Herrschaft von Heiligen und Bauern aufzurichten. Für ihn war die gottgewollte Obrigkeit dazu da, Frieden zu halten. Die Rolle eines Ziska an der Spitze der Hussitenhorden war nichts für Luther.
Ganz anders geartet war da Thomas Münzer, ohne den ein Bauernkrieg in Sachsen kaum entstanden wäre. Hart griff Münzer Luther an. Er rief:

„Luther sagt, die armen Leute haben genug an ihrem Glauben. Sieht er nicht, daß Wucher und Steuer die Annahme des Glaubens hindern? Er behauptet, das Wort Gottes reiche aus. Bemerkt er nicht, daß Menschen, bei denen jeder Augenblick mit dem Erwerb des Lebensunterhaltes verbraucht wird, keine Zeit haben, das Wort Gottes lesen zu lernen?... Die Fürsten bringen mit Wucher das Volk zum Weißbluten und rechnen als ihr Eigen den Fisch im Fluß, den Vogel in der Luft und das Gras auf dem Felde und Dr. Lügner sagt ‚Amen'. Welchen Mut hat er, der Dr. Leisetritt, der neue Papst von Wittenberg, Dr. Sanftleben, der sich sonnende Heuchler? Er sagt, es dürfe keinen Aufstand geben, da das Schwert von Gott dem Herrscher übergeben sei, aber die Macht des Schwertes gehört der ganzen Gemeinde. In den guten alten Tagen stand das Volk dabei, wenn Gericht gehalten wurde, damit der Regent nicht die Gerechtigkeit verkehre, aber die Regenten haben die Gerechtigkeit verkehrt. Sie werden von ihren Stühlen herabgeworfen werden. Die Vögel des Himmels sammeln sich, ihre Leiber zu fressen."

Das ganze Land geriet in Bewegung, Friedrich der Weise aber war müde und dem Tode nahe. In einem Brief an seinen Bruder Johann schrieb er:

„Vielleicht ist den Bauern gerechte Ursache für ihre Erhebung durch das Hindern des Wortes Gottes gegeben, vielfach ist dem armen Volk von den Herrschern Unrecht geschehen und nun sucht Gott seinen Zorn über uns heim."

Luther versuchte, die Flut einzudämmen, indem er mitten unter die Bauern ging und ihnen Vorhaltungen machte – er erntete Hohn und Spott. Da schrieb er die Flugschrift nieder: „Wider die mörderischen und räuberischen Rotten der Bauern", doch das Unglück war nicht mehr aufzuhalten.
Möglicherweise wäre die Geschichte auch anders verlaufen, wenn von katholisch-kirchlicher Seite Papst Hadrian VI., der Fremde aus dem Norden, nicht frühzeitig gestorben wäre. 1459 zu Utrecht geboren, entstammte er einfachen Verhältnissen, hieß mit bürgerlichem Namen Adrian Dedel, studierte an der Universität Löwen Philosophie und Theologie. Mit 37 Jahren wurde er Kanzler dieser Universität und mit 47 Jahren zum Erzieher Karls, des künftigen deutschen Kaisers, berufen. Seine christliche Grundsatztreue machte auf Ferdinand von Spanien einen solchen Eindruck, daß er ihn zum Bischof ernannte. Nach dem Tode des Monarchen unterstützte Adrian den jungen König Karl I. von Spanien, den wir seit 1519, als er von den Kurfürsten des Reiches zum deutschen Kaiser gewählt

wurde, als König Karl V. kennen. Von ihm wurde Adrian 1520 zum Regenten von Kastillien ernannt, Papst Leo X. erhob ihn zum Kardinal. Er blieb immer ein überzeugter Christ und lebte sehr einfach. Nach dem Tode des Medici-Papstes wählte ihn das Konklave, möglicherweise durch kaiserliche Empfehlung, zum Papst Hadrian VI.
Bei den Römern stieß er sofort auf Ablehnung; Glanz und Gepränge des bisherigen päpstlichen Hofes waren ihm zutiefst zuwider. Sehr schnell begann der neue Papst zu reformieren, entließ z. B. von den hundert Reitknechten, die die päpstlichen Pferde versorgten, alle bis auf vier, beschränkte sich auf zwei niederländische Diener und setzte die täglichen Ausgaben für seinen Haushalt auf einen Dukaten fest. Er wollte die Kirche unbedingt von ihrem hohen Gehabe und ihrer Prunksucht herunterholen. Den Verkauf kirchlicher Ämter unterband er sofort, er fand es besser, sein Brot mit ehrlicher Hände Arbeit zu verdienen, als die hohen Kurienämter feilzubieten. Jegliche Art von „Vetterleswirtschaft", Verwandtenbegünstigung, Bestechlichkeit und Veruntreuung ließ er ohne Stand und Ansehen der Person streng ahnden. Doch genügten 13 Monate seines Pontifikats nicht, die angehäuften Mißstände zu beseitigen, die Kirche wieder zu ihrem eigentlichen Auftrag zu bringen. Er hatte in einen Bienenkorb voll süßen Honigs gestochen. Ablehnung, Widerspruch und Widerstand, ein Attentat auf sein Leben, Eigenmächtigkeit und Verrat seines obersten Ministers gerade in der schwierigen Außenpolitik blieben ihm nicht erspart. Gekränkt und krank starb er am 14. September 1523; sein Hab und Gut vermachte er den Armen. In seinem Testament verfügte er, daß er in aller Einfachheit und Stille begraben werden solle. Er paßte nicht in die Zeit der Päpste vor und nach ihm, er war ein Heiliger zwischen ihnen.

Doch nun zurück zum Bauernaufstand hier in Franken. Am 13. April 1525 war den Bauern die erste hohenlohische Amtsstadt Öhringen zugefallen. Am 11. April mußten die gräflichen Brüder Georg und Albrecht von Neuenstein ihre Tore öffnen und den Bauern auf die „Zwölf Artikel" schwören, sich bis zur Aufrichtung der Reformation mit dem Haufen zu verbinden. Einen Tag danach wandte sich der „Helle Haufen" ins Weinsberger Tal, die Deutschordensstadt öffnete ihre Tore; der nächste Ort war das württembergische Weinsberg. Die Besatzung des Schlosses Weibertreu befehligte der forsche Graf Ludwig von Helfenstein, der mit einer unehelichen Tochter Kaiser Maximilians verheiratet war. Kurz vorher hatte er aus Stuttgart siebzig Reiter herangeholt und unterwegs alle streifenden Bauern niederstechen lassen. Als ihn die Bauern am 14. April zum Eintritt in ihre Bruderschaft aufforderten, begann er ein Doppelspiel: Einerseits verhandelte er, verlangte andererseits aus Stuttgart weitere Verstärkung, während seine Reiter unterdessen weiter über die Nachhut der Bauern herfielen. Dieses Verhalten brachte die Bauern auf. Als sich dann noch die Nachricht von dem Gemetzel des „Bauernjörg" bei Wurzach in Oberschwaben verbreitete, schrieen die Odenwälder und Neckartäler Bauern nach Rache. Am Ostersonntagmorgen, dem 16. April, begann der Sturm auf Weinsberg. Zuerst fiel das nur von acht Mann verteidigte Schloß. Bei dem kleinen Tor an der Kirche erzwangen die Bauern einen Einlaß in die Stadt. Pfarrer Johann Herolt beginnt seinen Bericht darüber mit dem Satz:

„Da war Lucifer mit all' seinen Engeln ledig, tobten und wüteten nit anders."

Der Graf und die Edelleute wurden gefangen genommen. Pfarrer Herolt schreibt weiter *„. . . führten nachfolgend den edlen und wohlgeborenen Herrn Ludwig Grafen von Helfenstein etc., derzeit Amtmann daselbst und mit ihm 13 vom Adel, unter welchen waren zween Sturmfeder, Rudolf von Eltershofen und Pleickhardt Ruchzingen auf einen Acker gegen Heilbronn. Da machten sie einen Kreis und jagten die Wohlgeborenen und Edlen durch die Spieße mit ihren Knechten, auf vierundzwanzig Personen. Der Graf erbot, er wollt ihnen eine Tonne Geld geben, sie sollten ihn leben lassen, aber da half nichts denn sterben. Da dies der Graf sah, stund er stockstill, bis sie ihn erstachen. Rudolf von Eltershofen ist kreuzweis in Ring gegangen und hat sich williglich in den Tod ergeben. Also haben sie diese wider alle Kriegsordnung durch die Spieß gejagt, darnach nackend ausgezogen und liegen lassen".*

Dieses Gemetzel, das unter dem Namen „Bluttat von Weinsberg" bekannt wurde, soll Jäcklin Rohrbach ausgeheckt haben. Schauplatz war eine Wiese vor dem unteren Tor. (Dieses Verbrechen hat bis heute die Sache der Bauern befleckt, als sei es immer die Regel gewesen.)
Als nächste Stadt fiel Heilbronn an die Bauern. In Gundelsheim wurde Kriegsrat gehalten. Mit Mühe gelang es Hilper durchzusetzen, man solle Götz von Berlichingen zum Feldhauptmann wählen. Am 27. April nahm er mehr gezwungen als freiwillig das Kommando auf vier Wochen an.
Das nächste große Ziel war Würzburg, gegen das sich das fränkische Bauernheer vereint mit dem „Hellen Haufen" wandte, dessen Marienburg aber nicht gestürmt werden konnte. Um das Bauernheer schloß sich die Zange, von Süden zog der Schwäbische Bund herauf (die Rüstung des Bundes war von den Fuggern finanziert worden), von Norden rückten die sächsischen Fürsten mit dem Henneberger heran.
Am 27. Mai besetzte der von Würzburg aufgebrochene Odenwälder Haufen mit 7000 Mann Neckarsulm, setzte sich aber mit dem größten Teil wieder ab, um dem Truchseß von Waldburg, dem Feldherrn des Schwäbischen Fürstenheeres, der mit 8000 Fußknechten und 2500 Reitern sengend und mordend von Heilbronn gen Würzburg zog, den Weg zu versperren.
Beim Bauernheer waren nur noch 2000 Mann, die übrigen hatten sich abgesetzt, nachdem Götz von Berlichingen als ihr Feldhauptmann bei Adolzfurt heimlich den Haufen verlassen hatte, – seine versprochenen vier Wochen waren um. In Königshofen erhielten die Bauern starken Zuzug von den Taubertäler Bauern, die sich in Grünsfeld gesammelt hatten, man schätzte nun die Gesamtzahl auf 8000 Mann.

Blick auf den Turmberg bei Königshofen von der Seite, wo am 2. Juni 1525 der Angriff der bündischen Reiterei auf das Bauernheer begann

Zuerst hatte man das Bündische Heer links der Tauber zwischen Lauda und Königshofen erwarten wollen, sich dann aber für den Turmberg entschieden, der über dem Tal vor uns liegt.

Es war vier Uhr nachmittags – ein Blick auf die Uhr zeigt uns die gleiche Zeit – am 2. Juni 1525, die Bauern waren gerade mit Abkochen beschäftigt, als sich von Sachsenflur her, im Tal unter uns, Staubwolken erhoben, Pferdegeschnaub und Waffengeklirr zu hören war, das Bündische Heer war im Anmarsch. So früh hatte man nicht damit gerechnet, hastig und überstürzt wurde am Turmberg Stellung bezogen. Die Schlachtordnung der Bauern sah vor, in der ersten Linie die 47 Geschütze zu postieren, im Rücken des Hauptheeres eine feste Wagenburg aus ca. 300 Wagen zu errichten. Abgesehen von der strategisch besseren Position sahen

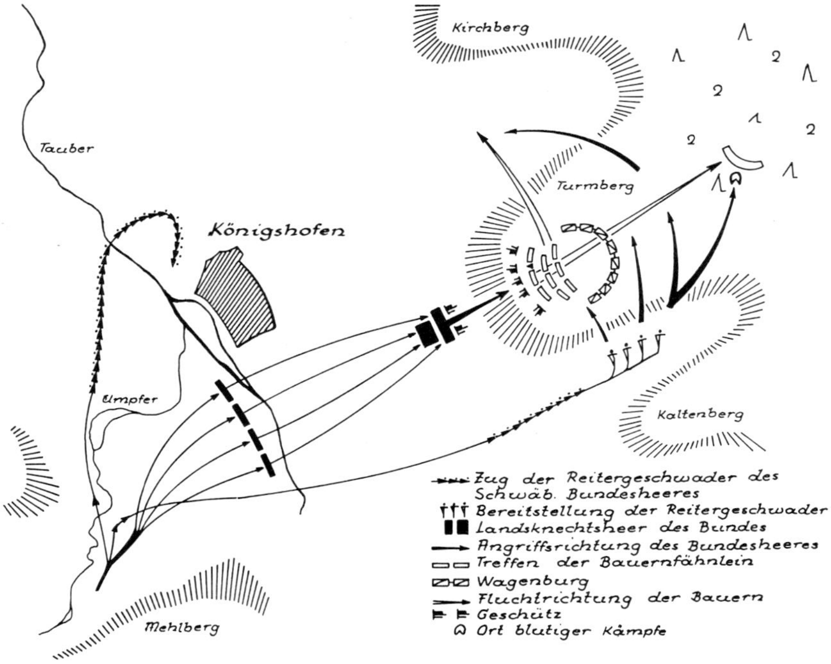

Schlachtplan am 2. Juni 1525 (entnommen der Festschrift „Königshöfer Messe – 450 Jahre")

sich die Bauern einem an Stärke und Ausrüstung weit überlegenen Heer gegenüber.
Außer Reichweite der Geschütze bezog das Bündische Heer zunächst Aufstellung auf dem Mehlberg, der uns gegenüber liegt. Eine Vorhut von Reitern unter dem kurpfälzischen Marschall Wilhelm von Habern wurde auf den Weg geschickt, überquerte die Tauber unterhalb von Königshofen, scheiterte aber unter dem Kanonendonner der Bauern. Ein zweiter Versuch oberhalb von Königshofen gelang schließlich; unter Führung des Marschalls und des Frowin von Hutten erreichten ca. 600 Reiter, trotz starken Beschusses und unter großen Verlusten, das andere Tauberufer. Dort wurden sie an eine Stelle herangeführt, die im toten Winkel der Kanonen lag, um dort abzuwarten, bis das Hauptheer diese Seite erreicht hatte. Die dabei erlittenen relativ geringen Verluste waren auf die schlechte Bedienung der Geschütze zurückzuführen.
Nun begann von der Flanke her (vom Kaltenberg) der Angriff der bündischen Reiterei auf die bäuerliche Stellung, gleichzeitig rückten die Fußtruppen mit ihren Geschützen frontal gegen den Turmberg vor. Bei den Geschützen der Bauern kam es zur Panik, ein Teil der Büchsenmeister floh, die anderen schossen wegen mangelnder Ausbildung zu weit. Die mit Geschrei von der Seite heranpreschende Reiterei tat ein Übriges und stürzte das Bauernheer in wilden Schrecken.

Lorenz Fries, der aus Mergentheim stammende Geschichtsschreiber der Würzburger Bischöfe und Augenzeuge der Schlacht schreibt:

„. . . erkannten die Bauernanführer, wie Georg Metzler und Wendel Hilper, die Lage sehr schnell, hieben den Wagenpferden die Stränge durch, saßen auf und entrannen fast alle dem folgenden Gemetzel. Auch die Büchsenmeister sollen dem Beispiel gefolgt sein, so daß auch die Kanonen völlig ausfielen."

Der Hauptangriff traf auf ein führerloses Bauernheer, das in Richtung „Schlachtholz" floh. Der bündischen Reiterei gelang es, einem großen Teil den Weg abzuschneiden, nur etwa 3000 Bauern erreichten den Wald. Vier- bis fünftausend versuchten über das freie Feld in Richtung Marbach zu entkommen, hatten aber nicht die geringste Chance und wurden von der Reiterei erbarmungslos niedergestochen und niedergetrampelt.
Nun waren die Bauern im „Schlachtholz" an der Reihe. Das Gehölz wurde von der Reiterei umstellt, das Fußvolk der Bündischen verrichtete den Auftrag des Mordens, auch an den Bauern, die sich ergeben wollten. Etwa 600 Bauern wehrten sich erbittert in einem hastig errichteten Verhau, am Abend lebten noch 300 von ihnen. Nach Zusicherung ihres Lebens durch den Obersten des Fußvolks Graf Wilhelm von Fürstenberg ergaben sie sich, wurden nach Königshofen hinabgeführt und in die Kirche gesperrt. Dort wurden sie „geschätzt" und der größte Teil nach Erstellung der Schatzung freigelassen.
Nach Lorenz Fries waren es 4000 Bauern, die für ihre große Idee gestorben waren, nach einem Bericht Hans Friedells sind *„in zwei stunden bei 8000 pauren auf derselben mal, got genad ihnen, todt blieben."*
Von den 300 wehrfähigen Bürger Königshofens waren nur 15 übriggeblieben. Der heldenhaften Wehr der Bauern zollten sogar die Sieger Respekt.

In dem Bericht Friedells heißt es:
„Es sagen die knecht und reuter, dass sie sich so manlich und redelich gewehrt haben, das noch nihe kein hauf in Schwaben getan, ime reisigen gezeug vil schadens getan."

In einer Chronik im Wertheimer Staatsarchiv wird berichtet, daß nach dem Sieg die Fürsten, Hauptleute und alles Kriegsvolk auf die Wallstatt zog und der Sieg mit Pauken und Trompeten gefeiert wurde. Allerdings bot sich dort dem Pfalzgrafen Ludwig, dem Herzog Heinrich von Neuburg, dem Bischof Konrad von Würzburg und Bischof Reinhard von Trier ein erschütterndes Bild *„darob sünderlich der Pfalzgraf ein groß mitleiden gehabt, geweinet wie die Kinder"*.

Da die Geschichte von den Siegern geschrieben und dadurch meist beschönigt wird, gibt ein anderer Bericht darüber zu denken. Dort heißt es, daß die Fürsten sich selbst an der Verfolgung der Flüchtigen beteiligt haben und weiter *„es deuchte ihnen wie eine schweinehatz"*. Rund 500 Bauern, die sich tot gestellt hatten, seien auf Befehl des Pfalzgrafen erstochen worden. Am selben Abend wurden in Königshofen noch vier Bauern hingerichtet.

Ein Haller Chronist schreibt, es seien *„uff diesen tag vil wittwen und waysen an der Tauber und Ottenwaldt gemacht worden."*
Doch dieser militärische Sieg genügte den Fürsten nicht, sie gingen sofort daran, die Tauberländer und Odenwälder auch noch moralisch und wirtschaftlich ausbluten zu lassen. Den Bauern wurden Brandschatzungssteuern auferlegt, sie mußten Kriegs- und Strafgelder zahlen, Marktrechte wurden annulliert usw. Allein der Würzburger Bischof verlangte innerhalb von zwei Jahren von seinen Untertanen 220 000 Gulden Strafgelder – die Menschen mußten buchstäblich zu Kreuze kriechen.
Daß der verlorene Aufstand der Bauern Martin Luther Jahre später noch stark beschäftigte und bedrückte, kann man aus seinem 1533 erschienenen „Tischreden" entnehmen. Dort heißt es:

„Prediger sind die allergrößten Totschläger, denn sie ermahnen die Obrigkeit, daß sie entschlossen ihres Amtes walte und die Schädlinge bestrafe. Ich habe im Aufruhr alle Bauern erschlagen; all ihr Blut ist auf meinem Hals. Aber ich schiebe es auf den Herrgott; der hat mir befohlen, solches zu reden."

Der Kupferstecher Matthias Merian, der in Wertheim ein Haus hatte, schrieb über die Jahre nach der Schlacht, daß die Not der Leute im Taubertal so groß gewesen sei, daß sie nicht nur Gras, Rinde und Erde gegessen hätten, sondern auch das Fleisch ihrer gestorbenen Kinder.
Als ich vor vier Jahren an einem Spätsommernachmittag einmal allein auf dem Turmberg und über das ehemalige Schlachtfeld wanderte, war mir, als ob heute noch eine tiefe Trauer über das begangene Unrecht auf der Landschaft liege – vielleicht kam mein Gefühl aber auch nur daher, weil ich die Geschichte kannte. Bei meinem Abstieg vom Turmberg unterhielt ich mich noch mit netten jungen Menschen, die dort an ihrem Haus bauten und im Garten arbeiteten, sie wußten alle nichts oder fast gar nichts über die Geschichte des Bodens, auf dem sie leben. Vorbei sind die Zeiten, als die Königshofener, wenn sie zur Feldarbeit in Richtung Sailtheim gingen, an dem dort vermuteten Massengrab kurz verweilten und ein Vaterunser für die armen Seelen beteten.
Noch mehrmals hat Königshofen seine strategisch wichtige Lage teuer bezahlen müssen, sei es im 30jährigen Krieg und im Zweiten Weltkrieg, als der Turmberg wieder heiß umkämpft wurde und 300 Amerikaner und 60 deutsche Soldaten dort ihr Leben ließen.
War auch der Krieg zu keiner Zeit in seinem Irrsinn begreifbar, so war er doch im Mittelalter wenigstens noch „greifbar". Wenn der Feind kam, konnte man entweder noch fliehen, sich verschanzen oder verstecken, die eigene menschliche Kraft befähigte einen, sich zu wehren. Ging alles schief, konnte man noch immer auf das menschliche Erbarmen des Gegners hoffen. Mit welcher Arroganz hat unsere heutige Waffentechnik diese große menschliche Tugend durch Bomben, Raketen und bald wohl auch durch Strahlenwaffen aus dem Weltraum wegrationalisiert. Der Verantwortliche, der tief in einem Bunker auf den Auslöseknopf drückt, hat

Alter Steinturm auf dem Schicksalsberg der Bauernbewegung, dem Turmberg bei Königshofen

Harte Arbeit, fränkische „Schlitzöhrigkeit“ und Lebensfreude haben dieses Gesicht eines Tauberländer Weinbauern gezeichnet

keine Beziehung mehr zu seiner Untat, hört nicht das Schreien, sieht nicht den Tod von möglicherweise Millionen von Menschen, identifiziert sich nicht mit dem von ihm ausgelösten Massenmord – alles ist für ihn weit weg und unsichtbar.

Und der Rüstungswahnsinn geht weiter. Franz Alt schreibt in seinem Buch „Frieden ist möglich", das zu lesen man ca. vier Stunden braucht, daß in genau diesen vier Stunden *„in der Welt etwa 500 Millionen Mark für Rüstung ausgegeben werden, zugleich verhungern 7000 Kinder. Wenn die Entwicklung so weitergeht wie in den letzten 20 Jahren, werden sich diese Zahlen noch verdoppeln. Die Welt ist ein atomares Pulverfaß. Für jeden Menschen liegen mehrere Tonnen Sprengstoff bereit. Es gibt pro Kopf mehr Sprengstoff als Nahrungsmittel. Das kann tödlich enden."*

Jedem noch christlich denkenden Menschen kann nur dringend empfohlen werden, dieses Buch zu lesen, einmal auf vier Stunden Fernsehen zu verzichten. Pflichtlektüre sollte es für alle unsere Politiker sein, von denen man ja oft nur den Eindruck hat, sie halten große Reden nur noch um des Redens willen.

Die Freiheitsliebe der Franken, ihr feines Gespür für Recht, ist keineswegs gebrochen. Seit Jahren feiert das Symbol des „Bundschuh" im Tauberland als Zeichen friedlichen Widerstands wieder Urständ.

In Boxberg, am Oberlauf der Umpfer, kämpfen Bauern gegen den Plan eines Autogiganten, „erlebt man das Extrem, wie Recht und Gesetz mißachtet werden, um die Interessen eines Großunternehmens zu fördern", so ein Freiburger Jurist. 614 Hektar, zum Teil bestes Ackerland des „Madonnenländchens" sollen in eine Teststrecke umgewandelt werden mit einer Längsachse von 4,5 km und einer Breite von 1,5 km. Für den Kurs soll so viel Beton auf das Ackerland gegossen werden, wie sonst für eine 200 km lange Bundesstraße nötig ist. Ins Panorama des bäuerlichen Main-Tauber-Kreises würde dies wie die Faust aufs Auge passen, einer der letzten intakten ländlichen Rückzugsräume würde hier dem Zugriff der Industrie mit seinem Lärm und Gestank geopfert – denn Natur kann man nur einmal ruinieren! Ist es nicht fast wie ehedem: Hier Obrigkeit mit Verwaltung – dort Bauer und Bürger? Bei so viel kurzsichtiger Fortschrittsgläubigkeit könnte man fast annehmen, daß Dr. Faust damals bei seinem Besuch einige seiner illusionären Geister in den Amtsstuben zurückgelassen hat.

Aber auch im übrigen Hohenlohe zeigt es sich, daß man sich gegen Behördenunsinn durchaus zu wehren traut und kann. Wie z. B. im Raum Rot am See–Gerabronn, wo vor Jahren ein völlig ungeeigneter Steinbruch mit 2 Millionen cbm schwermetallhaltigem Neckarschlamm aufgefüllt werden sollte, wozu noch rund 100 km Anfahrt zu bewältigen gewesen wären.

Oder etwa in Gammesfeld, wo eine kleine Bank, die ganz im Sinne Raiffeisens seit Jahrzehnten hervorragende Geschäftsergebnisse für ihre Kunden erwirtschaftet hat, geschlossen werden soll, nur weil sie gegen die recht neue Vorschrift „verstößt", keinen zweiten hauptberuflichen Geschäftsführer einzustellen, der bei Großbanken durchaus seine Berechtigung haben mag, aber hier völlig unnötig ist und nur ein großer Kostenfaktor wäre.

Um unseren Wanderplan einzuhalten, müssen wir weiter. Der Weg kreuzt die Straße, die nach *Beckstein,* einem klassischen Weinbauerndorf des Tauberlandes führt. In einem sich nach Süden öffnenden Kessel liegt der schmucke Ort, die ideale Lage für ausgezeichnete Weine. Die sonnendurchglühten Muschelkalkhänge liefern den edlen „Becksteiner". Als wir uns auf einer früheren Wanderung einmal den kürzesten Weg von Beckstein nach Lauda in der prallen Mittagsonne durch die Weinberge hinaufplagten, konnten wir verstehen, daß es mitunter heißt, die Sonne würde die Rebe zur Reife „kochen" – auch wir waren fast gargekocht, als wir die Höhe erreicht hatten.
Die Winzergenossenschaft, die bereits 1894 gegründet wurde, ist eine der ältesten Genossenschaften überhaupt. 350 Hektar Rebfläche werden angebaut.

Von weiten Weinbergen umschlossen, liegt der schmucke Weinbauort Beckstein

Stadtpfarrkirche von Königshofen, davor der „Goten" ein spätmittelalterliches Fachwerkhaus

Beckstein ist mit seinem nadelspitzen Kirchturm ein wirklich schönes, sauberes Dorf. Man sieht den Wohlstand, der aus seinem Wein und Fleiß erwachsen ist – wen wundert es da, daß Beckstein schon zweimal mit der Goldmedaille im Landeswettbewerb „Unser Dorf soll schöner werden" ausgezeichnet wurde!

Nachdem wir die Tauber überquert haben, erreichen wir *Königshofen,* am bekanntesten wohl durch seine Messe im Herbst. Genauso wie die „Muswiese" bei uns der große Jahrmarkt der Hohenloher Ebene ist, so ist es die „Königshofer Messe" für den Tauberraum.
Da wir zuerst den unteren Teil der Stadt durchwandern, entdecken wir gleich eine Besonderheit: Eine Mauer, die sich an der Tauber entlangzieht, ist nicht aus-

schließlich Stadtmauer, sondern bietet auch gleichzeitig Schutz vor dem Hochwasser, das mitunter diesen Teil bedroht. Bei Gefahr konnten die „Wassertore" geschlossen werden. Bei unserem Rundgang treffen wir noch einige nette alte Herren, die uns bereitwillig Auskunft geben. Erstmals im Jahre 823 wird Königshofen urkundlich genannt; dort heißt es *„im Taubergau die Basilika zu Ehren des Hl. Martinus in dem Dorf Königshofen"*. 889 liest man in einer Urkunde des Bischofs Arnulf von Würzburg, worin die Schenkungen der Könige Karlmann und Pippin bestätigt werden: „Krongutsbezirk Königshofen".
Sehenswert ist die Pfarrkirche, deren Inneres ein Gemälde birgt, das zeigt, wie die Straße, die zur Kirche führt, vor der letzten großen Feuersbrunst aussah. Vor der Kirche steht ein spätmittelalterliches Steinhaus mit kurmainzischem Wappen und Fachwerkoberteil. Ganz in seiner Nähe ist ein Sandsteinbildwerk des kreuzschleppenden Christus errichtet. Nicht weit davon befindet sich ein weiterer interessanter Fachwerkbau, der die Stürme der Zeit überdauert hat, das „Hohe Haus". Nach oben auskragend, mit überdachter Treppe zum 1. Stock, blickt von seinem Giebel eine farblich gefaßte Madonnenfigur auf das Treiben in den Gassen.

Die letzten Kilometer unseres geplanten Tagespensums unter die Füße nehmend, wandern wir weiter Richtung *Gerlachsheim.* Wir müssen uns erst an die Weite des Tales gewöhnen, die Hänge rücken auseinander, die Talkante scheint

Sehenswert ist das „Hohe Haus" in Königshofen

Die einzige, dem Hl. Josef geweihte Kirche des Tauberraumes befindet sich im Weinbauort Marbach

niedriger zu werden. Rechts führt der Weg in ein kleines Seitental, in dem ein weiterer Weinbauort, Marbach, liegt. Vor uns glänzen die schiefergedeckten Zwiebeltürme Gerlachsheims in der Abendsonne, unser Ziel des vierten Wandertages.

Ohne jegliches Problem haben wir rasch ein nettes Nachtquartier gefunden, duschen den Staub des Tages ab und ziehen uns um – wichtig sind jetzt leichtere Schuhe – wir wollen noch vor dem verdienten Abendessen einen Gang durch den Ort machen, der im Bauernkrieg „zur Strafe" eingeäschert wurde.

Die Geschichte des Dorfes reicht weit zurück. Am Hühnerberg fand man bei Ausschachtarbeiten Teile großer, zylindrischer Vorratsgefäße aus der „Michelberger Kultur" um 2000 vor Chr., ebenfalls dort fand man 1957 Siedlungsreste aus der Hallstattzeit (ca. 1200–400 v. Chr.). Urkundlich erwähnt wird der Ort, der seiner Namensendung nach den frühen fränkischen Siedlungen zuzurechnen ist, erstmals 1221, das Dorf gehörte zur Herrschaft Zimmern-Luden.
Nach alten Berichten soll in Gerlachsheim ein Nonnenkloster gestanden haben, das von dem Frankenkönig Pippin dem Kurzen (751–768) gestiftet worden sei. Sicher ist, daß vom Ende des 12. bis Mitte des 16. Jahrhunderts hier ein Prämonstratenserinnenkoster, St. Mariae, war, das zum Orden in Oberzell bei Würzburg gehörte. 1717 entstand das Männerkloster mit 10 bis 12 Mönchen, 1721 wurde mit dem Neubau begonnen, 1722 wurde er beendet. Heute, nach dazwischenliegenden anderen Nutzungen ist das Kreisalters- und Pflegeheim in den ehemaligen Klostergebäuden untergebracht.
Die Dorfstraße zeigt an den Häusern eine Vielzahl von Madonnen- und Heiligenfiguren. Als das schönste barocke Winzerhaus des ganzen Tales wird das Haus der Weinhändlerfamilie Buchler bezeichnet, die Niederlassungen in Augsburg, Frankfurt, Köln und Amsterdam hatte und sich durch großherzige Stiftungen hier verewigte. Von ihr wurde auch die in barockem Formenreichtum prangende Mariensäule gestiftet, die sich vor dem ehemaligen Klostergebäude erhebt.
Schon Eingang und Fassade der Kloster- und Pfarrkirche überraschen durch reichen Barockstil. 1723 wurde die alte gotische Kirche abgerissen, von 1726–1728 die neue Kirche erbaut. 1730 folgte die feierliche Weihe, doch bis 1742 dauerte es, bis auch das Innere fertiggestellt war. Überrascht sind wir beim Betreten des Gotteshauses von der Pracht, Höhe und Tiefe des Raumes. Die Kirche, eine Pfeilerbasilika mit Kuppel und zwei den Chor flankierenden Türmen, gliedert sich in ihrem Innern in Langschiff, Vierung, Querschiff, Chor und Seitenschiffen. Nur eine Nonne ist um diese Zeit, tief ins Gebet versunken, noch anwesend, als wir leise den Mittelgang zum Chor betreten. Zuerst möchten wir eine Kerze anzünden, als Dank für den gut verlaufenen Wandertag. Ich finde diese Sitte schön und wir machten auch bis jetzt an jedem Wandertag davon Gebrauch, obwohl nur die Hälfte von uns beiden katholisch ist.

Hochaltar der barocken Kloster- und Pfarrkirche, die zwischen 1726 und 1728 erbaut wurde

Ungemein reich und doch nicht überladen, – Stuck und Gold dominieren, – bietet sich uns der Chor im weichen Abendlicht dar, das durch die Fenster dringt. Die Medaillonbilder in der Kuppel stellen die vier Erdteile dar, der Hochaltar läßt seinen Formenreichtum mit dem ersten Blick nicht erfassen, so reich ist er gegliedert; das davor stehende Tabernakel, feinste Intarsienarbeit, leuchtet warm im Licht. Der linke Seitenaltar, der Kreuzaltar, zeigt das Bild des Gekreuzigten, der auf der anderen Seite stehende Marienaltar birgt das Grab des Hl. Clemens, der 1740 aus den römischen Katakomben feierlich in diese Klosterkirche überführt wurde.

Die Kanzel, eine Zutat der Rokokozeit, besticht durch die vier plastischen Figuren der Evangelisten. Auf dem dazugehörigen Schalldeckel sehen wir eine große

In barockem Formenreichtum prangt die von der Weinhändlerfamilie Buchler gestiftete Mariensäule in Gerlachsheim

Anzahl von Figuren, die die Symbole von Glaube, Liebe und Hoffnung in den Händen halten.
Die Orgel an der Westseite, erbaut von dem Meister Philipp Seufert aus Würzburg, rundet die prachtvolle Innenausstattung des Gotteshauses ab. Beim Verlassen der Kirche bemerken wir noch ein neben der Tür angebrachtes Plakat mit der Aufschrift:

Jeder kann die Welt zum Guten ändern – er muß nur bei sich selber beginnen!

Am Schluß unseres Rundganges wandern wir noch hinab zur Bogenbrücke, die sich über den Grünbach spannt, dessen Tal eine weitere Wanderung wert ist. Mit Heiligenfiguren geschmückt, wuchtig und altersgrau, bogt sich die Grünbachbrücke über das still der Tauber zufließende Wasser, am Ufer watscheln einige Enten ihrem Stall zu. Die hoch über das Tal aufsteigenden Rebhänge liegen in den letzten Strahlen der untergehenden Sonne – der Tag neigt sich friedlich zu Ende. Müde und hungrig streben wir unserem gastlichen Haus zum wohlverdienten Abendessen zu.

Harmonisch fügt sich die den Grünbach überspannende Bogenbrücke, von Heiligenfiguren bewacht, in die Landschaft ein

Ausflug nach Grünsfeld und Oberwittighausen

Nur ca. 70 km Luftlinie entfernt und doch weitgehend Neuland für uns war das Gebiet rechts der Tauber um Grünsfeld und Oberwittighausen.
Vor Wochen hat schon einmal eine Foto-Exkursion, die ich in dieses Gebiet unternahm, ein frühzeitiges Ende unter Blitz, Donner und wahren Regenkaskaden gefunden. Doch am heutigen Sonntagmorgen meldet der Süddeutsche Rundfunk in seinen 7-Uhr-Nachrichten „weiterhin sonnig – Tageserwärmung bis zu 28 Grad C". Eigentlich das ideale Wetter, um zur Erkundung des Landes rechts der Tauber einen neuen Anlauf zu wagen – und so ist es von der Idee zur Tat nicht weit.
Unsere Kinder sind allerdings von meinem „Geistesblitz" wenig erbaut, sie rümpfen die Nasen und erklären einstimmig, daß sie bei dieser Hitze das Freibad einer Autowanderung vorziehen würden. Selbst unser schwarzer Pinscher Bobby ist vom kühlen Plattenboden der Diele nicht wegzubewegen, wo er – alle Viere von sich streckend – platt auf dem Bauche liegt und uns zum Abschied nur mitleidig nachblinzelt.
Auf diese Weise nun wieder auf den Urkern unserer Familie zusammengeschmolzen, fahren wir gen Norden, dem mittleren Taubertal zu, gespannt, welche Überraschungen der strahlende Sommertag für uns bereithält.

Über die noch fast autoleere Kaiserstraße erreichen wir Bad Mergentheim, fahren weiter tauberabwärts, um bei Gerlachsheim die schon stärker befahrene Straße nach rechts zu verlassen.
In Gerlachsheim, das am untersten Teil des Grünbachs liegt, wenden wir uns talauf.
Glockenklang begrüßt uns, aber, wie wir an den aus der Barockkirche kommenden Gläubigen sehen, ist die Frühmesse zu Ende – sie war für diese Menschen ein wahrlich guter Anfang eines Sonntages, weitaus besser als die Hälfte des Tages zu verschlafen.
Wir lassen den Ort mit den in der Sonne glänzenden, silbergrauen Turmkuppeln hinter uns und folgen der Straße, die sich rechts des Grünbachs langsam talauf windet.
Es ist schon merkwürdig – und wir haben es immer wieder erlebt – wie man sich nach Verlassen von den die ganze Konzentration erfordernden Hauptverkehrs-

straßen auf den ruhigen Seitenstraßen entspannt und viel aufgeschlossener für das Umland wird. Dem Auge bleibt Zeit, das zu Sehende bewußt aufzunehmen und der Geist hat die nötige Ruhe, es zu verarbeiten und zu bewahren.
Links unter uns, neben der Straße, schlängelt sich weiden- und erlenbewachsen der Grünbach durch die nun schon in zweiter Blüte stehenden saftigen Wiesen. Auf der anderen Talseite zieht sich parallel zur Straße die Bahnlinie nach Würzburg hin. Waldstücke wechseln mit Kornfeldern, die golden der Ernte entgegenreifen, sattgrüne Flächen von mannshohem Mais schieben sich dazwischen und hin und wieder sieht man noch das Streifenmuster blühender Kartoffelfelder. Beim Vorbeifahren beugen am Straßenrand knallroter Klatschmohn und zartrosafarbene Malven ihre Stengel im Fahrtwind. Aus den Hecken, die sich die Böschungen hinaufziehen, leuchten rosa und weiß die Blüten der wilden Rosen. Hoch über allem wölbt sich das durchsichtig zarte Blau des Himmels und auf allem liegt das die Farben vertiefende, weiche Licht der Sonne.
Durch die geöffneten Wagenfenster strömt noch angenehm kühl die Morgenluft, bringt den aromatischen Duft von Feld, Wald und Wiesen mit sich, den reinen Atem noch unverfälschter Natur.
Als sich der Weg nach Durchfahren des Waldes senkt und die Bäume sich lichten, liegen vor uns, den Hang hinaufgestaffelt, die Dächer und Türme Grünsfelds im Morgenlicht.
Da wir zuerst nach Grünsfeldhausen wollen, müssen wir einen kleinen Umweg nehmen, die direkte Straße dahin durch das Städtchen ist gesperrt – Grünsfeld feiert, wie wir später erfahren, ein Straßenfest.
Kurz danach erreichen wir Grünsfeldhausen, einen Standort der ehemals vier romanischen Oktogonkapellen im Tauberraum.
Eigenartig mutet die St. Achatiuskapelle vor der Kulisse des dahinter liegenden Dorfes an, elegant und klar gegliedert sind die zwei zusammengebauten Achteckkapellen mit ihren Zeltdächern, zierlich und schlank erhebt sich darüber das Türmchen, an ein orientalisches Minarett erinnernd.
Während wir noch das Äußere des Sakralbaues auf uns wirken lassen, tauchen auf der Dorfstraße neben der Kapelle laut klingelnd einige Buben auf Fahrrädern auf, fegen wild auf die Grünbachbrücke zu, um kurz davor in elegantem Schwung nach rechts abzubiegen. Nach einer staubaufwirbelnden, quietschenden Vollbremsung landen die Räder in der Wiese, die gummibestiefelten Rangen stürmen die Böschung hinunter, um im Bachbett watend unter der Brücke zu verschwinden. Lautes Stimmengeschnatter hallt unter der Brücke hervor und kurz darauf sehen wir den Grund der Aufregung: sauber geschnitzte Rindenschiffchen tauchen auf, die „Grünbach-Regatta" ist in vollem Gange, verfolgt von den stolzen Besitzern, die spritzend mit ihren Gummistiefeln Wellen erzeugen, um die Fahrt zu beschleunigen.
Längst hatte ich geglaubt, daß diese Art des Spielens aus meiner Kindheit heute vergessen ist – hier wurde ich eines Anderen belehrt, die Faszination des Wassers hat an Stärke nichts verloren.

Fast orientalisch mutet die Achatius-Kapelle von Grünsfeldhausen an

Auf die Verehrung des Wassers, der Quellen, in heidnischer Zeit soll auch die über der Brücke vor uns aufragende Kapelle zurückgehen, anders läßt sich die Erbauung in einer so tiefen, stets vom Hochwasser gefährdeten Lage nicht erklären.
Das unscheinbar dahinfließende Bächlein hat es geschafft, die Talsohle des Bauwerks um 3,5 Meter zu heben und dabei die Kirche bis zur Hälfte ihrer Höhe einzuschlämmen. Das Innere war vor 1900 nur durch ein Fenster zu erreichen, das dabei zum Portal wurde.
Zwischen 1903 und 1905 wurde die heute in einem künstlich entwässerten Kessel stehende Kapelle wieder freigelegt. Bis dahin dehnte sich um sie her der Friedhof aus, bei den Ausgrabungsarbeiten wurde festgestellt, daß durch die Aufschwemmungen drei Schichten von Gräbern übereinander lagen.
Bei den Ausräumungsarbeiten wurde im Innern des großen Zentralbaues eine Säule gefunden, ähnlich der von der Standorfer Ulrichskapelle, doch war sie hier achteckig aus Stein gehauen und hatte nur noch eine Länge von 2,20 Meter bei einer Stärke von etwas über einem Meter. Heute bildet ein Fragment von ihr den Sockel für die barocke Muttergottesstatue, die auf halbem Hang zur Kapelle steht. Bis zum Mai 1919 befand sich die Säule noch in der Mitte des Kirchenraumes, bis sie durch einen „Gewaltakt“ der Dorfbewohner aus der Kirche geschafft wurde – sie wollten keinen „Heidenaltar“.
Auf heidnische Zeit könnte auch der an der Außenwand eingelassene „Näpfchenstein“ unter einem darüber eingehauenen Kreuz hinweisen, allerdings wird er auch als „Chanukka-Leuchter“ aus einer frühen jüdischen Synagoge gedeutet.
Außer einem nach 1905 stark überarbeiteten Eingangsportal und einem den ganzen Bau außen umlaufenden Rundbogenfries ist das äußere Mauerwerk schmucklos. Aufgefallen ist uns die hervorragende Bearbeitung der Steinquader, die mit ansteigender Höhe an Größe zunehmen und handwerklich so hervorragend behauen wurden, daß zwischen den Quadern nur Fugen von ein bis drei Millimeter Stärke erkennbar sind.
Hinsichtlich des ornamentalen Schmuckes ist das schlanke Türmchen bevorzugt behandelt, über den Schallarkaden leitet ein überaus fein gearbeitetes Hauptgesims zum schieferverkleideten, hölzernen Turmaufbau über.
Nach dieser, den Hals verrenkenden „Kapellenumwanderung“ sind wir gespannt auf das Innere.
Am weit offenen Kirchenportal gibt es gleich etwas zu sehen und zu bewundern. Kunstvoll ist die Türe mit gehämmerten und geschwungenen Eisenbändern beschlagen, wuchtig ist das große Türschloß gearbeitet und sinnvoll die doppelte Zuhaltung dieses alten „Sicherheitsschlosses“ gelöst.
Kühles Halbdunkel nimmt uns auf, die Augen müssen sich nach dem gleißenden Sonnenlicht vor der Türe erst an die Veränderung gewöhnen. Schlicht und einfach ist die Inneneinrichtung des großen Oktogons, das durch die bunten Scheiben der hochgelegenen romanischen Fenster doch eine spürbare Feierlichkeit ausstrahlt.

Die Verbindung zu dem im Osten angebauten Chor-Oktogon wird durch einen Zwischenbau mit Tonnengewölbe hergestellt, worauf das Türmchen aufgesetzt ist. Große Sträuße weißer Lilien und blauen Rittersporns schmücken den Chor, stehen in ihren ruhigen Tönen als Kontrast zu den farbensprühenden fünf Glasfenstern, die den Chorraum im Halbkreis umschließen.
Ein bunter Streifenfries leitet über zur Kuppelmalerei des Chors, führt das Auge zur Decke empor, zu dem fast lebensgroß gehaltenen, in der Linienführung klar gegliederten und in satten Farben prangenden Engel- und Heiligenzyklus. Stark erinnert dieser an die Ausmalung der Apsis von St. Peter und Paul in Reichenau-Niederzell.
Über dem Hauptaltar von einer Mandorla umrahmt, thront als Mittelpunkt Jesus mit außerordentlich jugendlich-schönem Gesicht. Flankiert wird er von zwei Heiligen oder Aposteln, neben denen wiederum je ein Engel hochaufgerichtet steht. Die fein gezeichneten Flügel haben sich über ihren Häuptern gekreuzt, auch ihre Gesichter bestechen durch jugendliche Schönheit. Zwischen ihnen, den Kreis auf der Westseite schließend, sehen wir eine Muttergottes als Himmelskönigin, deren Gesichtsausdruck sehr streng, fast männlich wirkt.
In diesen Fresken haben wir neben den Resten in der Kleincomburg bei Schwäb. Hall und der Kryptakapelle des Doms zu Würzburg die einzigen sicher bestimmbaren Gemäldereste romanischer Zeit aus Franken vor uns.
1362 erstmals urkundlich erwähnt, war diese Kapelle damals dem heiligen Bartholomäus und den 10 000 Märtyrern geweiht. Der Hl. Bartholomäus gehörte zu den bevorzugten Patronen der Hirsauer Reformbewegung, die 10 000 Märtyrer zu den Lieblingsheiligen der Kreuzfahrer. Somit treffen in den damaligen Kirchenpatronen der Kapelle zwei geschichtliche Strömungen zusammen, der klösterliche Reformgedanke sowie die Kreuzzugsidee. Daher rührt auch die Deutung, daß die Doppeloktogonkapelle von Grünsfeldhausen symbolisch das Heilige Grab von Jerusalem darstellen und in ihrem Grundriß einer liegenden Acht das Unendlichkeitszeichen – die Vollkommenheit – ausdrücken soll.
Da die in Frage kommenden Stifter und Erbauer der Kapelle, die Herren von Zimmern und von Kreusheim, nachweislich an Kreuzzügen teilgenommen haben – wie aus der Bronnbacher Klosterüberlieferung hervorgeht – ist anzunehmen, daß sie die Idee zu diesem Bau aus dem Heiligen Land mitbrachten.
Der älteste Teil des Bauwerkes, das große Oktogon, dürfte aus der zweiten Hälfte des 12. Jahrhunderts stammen, während Chor-Oktogon und Türmchen einige Jahrzehnte später um 1210 erbaut worden sind.
Steinbearbeitungsvergleiche und das romanische Abschlußgesims des Türmchens zeigen auf einen engen Zusammenhang von seiten der ausführenden Bauhütte mit Kloster Bronnbach hin, zudem die Herren von Zimmern auch dort als Stifter auftraten.
Kunst- und baugeschichtlich interessant ist im Zusammenhang zwischen Bronnbach und dieser Achatiuskapelle auch, daß in spätromanischer Zeit durch die burgundischen Zisterzienser eine Welle französischen Einflusses über den Ober-

rhein nach Ostfranken einströmte und hier im Taubertal seine sichtbaren Spuren hinterließ.

Als wir nach diesem über 800 Jahre zurückreichenden Ausflug in die Bau- und Kunstgeschichte die Kapelle verlassen und wieder hinauf zur Brücke kommen, sind die Fahrräder und unsere „Rindenschiff-Kapitäne" verschwunden, vermutlich hat sie der Hunger heim zu „Mutters Fleischtöpfen" getrieben.
Uns geht es nicht viel anders und wir finden, daß es gerade zum Mittagessen recht wird, bis wir zurück in Grünsfeld sind.
Dort angekommen, finden wir einen schattigen Parkplatz außerhalb der Stadt – unser Kennenlern-Besuch kann beginnen.
Enge Gassen führen uns empor, dicht gedrängt säumen die Häuser links und rechts den Weg, mancher Giebel ist mit Madonnen- und Heiligenfiguren geschmückt, an den Fenstern versprühen knallrote Geranien und andere Blütentrauben die Pracht des Sommers. Gedämpfte Musik klingt uns entgegen und der verführerische Duft von Rostbratwürsten streicht uns um die Nase.
Nach kurzem Aufstieg weitet sich die Gasse zum Rathausvorplatz. Bürgerhäuser, das prächtige Rathaus und der dahinter aufragende Turm der Stadtpfarrkirche ergeben ein selten harmonisches Bild.
Auf dem Pflaster sind Tische und Bänke aufgestellt, Wimpelgirlanden spannen sich vom Rathausturm strahlenförmig über den Platz. Rasch finden wir inmitten festlich gestimmter Bürger einen Sitzplatz und können uns erst einmal richtig stärken.
Bei Bratwurst und schäumendem Bier lassen wir Grünsfelds Geschichte in groben Zügen an uns vorbeiziehen.
Die Namensendung auf -feld deutet auf eine karolingische Ausbausiedlung des 7. bis 10. Jahrhunderts hin.
Erstmals wird Grünsfeld in einem Schenkungsverzeichnis des Klosters Fulda erwähnt. In dieser Urkunde heißt es zu deutsch: „Sigebodo übergab dem hl. Bonifatius sein Eigentum an Gütern und Leuten im Dorf Grünsfeld im Taubergau", die Urkunde läßt sich etwa um die Zeit 750 bis 800 einordnen.
Die erste datierte, Grünsfeld betreffende Urkunde, eine Schenkungsurkunde, ist von 1116. In ihr wird berichtet, daß ein Gerlohe und seine Ehefrau dem Altar des Hl. Petrus in Würzburg einen Weinberg in Grünsfeld vermachen. Unter den Zeugen, welche die Schenkung beurkundeten, befanden sich zwei Sigebodo, vermutlich Vertreter der edelfreien Familien derer von Zimmern, zu deren Herrschaft Grünsfeld damals wahrscheinlich gehörte.
Nach dem Tode des Siboto von Zimmern-Lauda, der ohne männliche Erben geblieben war, traten die Grafen von Rieneck um 1223 das Erbe an. Diese, zu den vornehmsten Familien des Reiches gehörend, waren im Rheingebiet ansässig, bis sie in den Besitz der Grafschaft Rieneck im Spessart gelangten.
Unter Ludwig von Rieneck wurde der Ausbau Grünsfelds zur Stadt begonnen und im Verlauf des 13. Jahrhunderts wurde der Ort zu einer bedeutenden

Als eines der schönsten Fachwerk-Rathäuser Frankens gilt das 1579 erbaute von Grünsfeld

P

Festung. Von hier aus konnte die wichtige kaiserliche Geleitstraße von Nürnberg nach Aub–Simmeringen–Grünsfeld–Bischofsheim–Miltenberg und weiter nach Frankfurt überwacht und geschützt werden.
Unter der Herrschaftszeit Gerhard IV. von Rieneck hat Grünsfeld das Stadtrecht erhalten und wird erstmals in einer Urkunde 1280 als „oppidum" = Stadt bezeichnet. Dieser Gerhard IV. hatte im Heiligen Römischen Reich Deutscher Nation einen bedeutenden Namen, während des Interregnums (der kaiserlosen Zeit) war er sogar als Kandidat für die deutsche Königswürde im Gespräch.
1291 wird zum erstenmal in Grünsfeld ein Schultheiß erwähnt – dieser war der erste Vertreter der Grafen; über zwei Jahrhunderte lang sollten die Vertreter dieser Linie die Geschicke der Stadt weiter bestimmen.
Seite um Seite ließe sich füllen mit den wechselnden Herrschafts- und Besitzverhältnissen, dem ständigen Auf und Ab zwischen Krieg und Frieden, das Grünsfeld in den folgenden Jahrhunderten durchlaufen mußte, wie andere Städte auch.
Übel mitgenommen wurde Grünsfeld im Bauernkrieg, einen Tag nach der Schlacht von Königshofen wurden Amt und Stadt eingenommen.

Lorenz Fries schreibt darüber:
„Uf gestern ist uns botschaft kommen von unseren mitburgern, wie der bund Grünsfeld, Lauda, Mergenten und Bischofsheim eingenommen und uf dreytausend bauren erschlagen, ihr geschutz genommen . . .".

Der Truchseß von Waldburg, der die Stadt einnahm, hielt auch hier blutiges Gericht.
Im 30jährigen Krieg hatte die Stadt nicht allein unter Einquartierungen und Kriegsgeschehen zu leiden, der „Schwarze Tod", die Pest, schlich mordend durchs Taubertal, allein 1633 starben in Grünsfeld 220 Personen an ihr, und das bei einer angenommenen Gesamteinwohnerzahl zwischen 500 und 700 Bürgern.

Doch zurück in die Gegenwart zu dem Grünsfelder Rathaus, das gewiß eines der schönsten ganz Frankens ist und hier die malerische Kulisse zu dem Fest bildet.
Der Fachwerkbau mit dem massiven Untergeschoß stammt von 1579, aus einer Zeit des wirtschaftlichen Niedergangs und der Armut. Daß dieser so reich geschmückte Bau damals trotzdem erstellt werden konnte, ist der Ausdruck ersten bürgerlichen Stolzes, erhielten die Grünsfelder doch 1561 die Freiheit von jeglicher Leibeigenschaft.
Wohl ausgewogen in den Proportionen zeigt sich der Bau. Die Vorderfront ist aufgelockert durch den Vorbau des Treppenturmes mit dem aufgesetzten Glockenstuhl.
Die unverkennbare Eigenart des Grünsfelder Rathauses aber ist das ungemein reiche Fachwerk des ersten Stockes. Kein Balken ist hier zu sehen, der nicht durch Schnitzmesser und Farbe künstlerisch „veredelt" wurde. Den ganzen Formen- und Ideenreichtum der damaligen Zeit zeigt besonders die Brüstung. Der ausführende Meister muß den ganzen Schatz an figürlichen, pflanzlichen und Phantasie-

Motiven beherrscht haben – Wappen, Fratzenbilder, Pflanzenornamente und – wie könnte es im Tauberland auch anders sein – geschwänzte Figuren, ein Wassermann und mehrere Fischweibchen, wohl Melusinen, sind zu bewundern. Letztere erinnern noch an heidnische Zeiten – Aberglaube wird wahrscheinlich nie ganz überwunden – und darauf weisen auch die „Neidköpfe" am Nordgiebel und am Fenstererker hin.
Zwei, an der Nord- und Westseite des Gebäudes angebrachte Steintafeln künden noch vom Erbauungsjahr des Rathauses. Hier steht das Grünsfelder Stadtwappen schon gleichberechtigt neben dem des Landgrafen von Leuchtenberg, als Namen sind die der Bürgermeister jener Zeit aufgeführt.
Sehenswert ist aber auch das Innere des Renaissance-Baues, die pfeilergestützte große Diele, die „gute Stube", der Stadt mit ihren Madonnen, Truhen und Urkundenvitrinen, und der Sitzungssaal, in dem es für jeden Stadtrat eine Freude sein muß, die Entscheidungen zum Wohle der Stadt mitzutragen.

Nach unserer leiblichen Stärkung locken uns die Kunstschätze der St. Peter und Paul geweihten Stadtkirche. Vom Rathausplatz leicht bergauf führt der Weg vorbei an dem neuen Brunnen, an dem einige Grünsfelder Rangen gerade ihre wahrscheinlich eben erst erstandenen Wasserspritzpistolen laden; und prompt gelangen wir in ihre „Schußlinie". Tropfend erreichen wir im Laufschritt den Kirchenvorplatz, während hinter uns das schadenfrohe, helle Gelächter der kleinen, erfolgreichen Kunstschützen noch nachhallt.
Rechts am Kirchenplatz, inmitten von Blumen, erhebt sich auf schlanker Säule, aus Muschelkalk gehauen, eine spätgotische Kirchen- oder Totenleuchte, ähnlich der von Detwang. Unter der Jahreszahl 1496 auf der Säule lesen wir, daß sie Asmus Graf von Wertheim und seine Frau Dorothea Gräfin von Rieneck zu Ehren Marias haben fertigen lassen.
Fast 75 m hoch ragt der spitze Turm der St. Peter und Pauls-Kirche vor uns auf. Außen am Chor entdecken wir die Jahreszahl 1408. Urkundlich wird die Grünsfelder Kirche 1323 erstmals erwähnt, mehrere Sakralbauten standen schon als Vorläufer auf diesem Platz.
Nach Betreten des Kircheninnern zieht unwillkürlich der barocke Hochaltar im Chor mit seinem in Gold gefaßten Formenreichtum den Blick auf sich. 1780 hat der Würzburger Schreiner und Bildhauer Georg Winterstein den Auftrag für 425 Gulden bekommen und 1781 wurde der Altar aufgerichtet. Den Rahmen dazu bildet der hohe Chor aus der 2. Hälfte des 14. Jahrhunderts, das jetzige Netzgewölbe stammt von 1488, der Chor war Grabstätte der Grafen von Rieneck und der Landgrafen von Leuchtenberg.
Zentraler Punkt der Kirche ist dagegen der Zelebrationsaltar in der Mitte des Schiffes, der auch von dem links angefügten Seitenschiff einsehbar ist. Hoch darüber schwebt eine der Kostbarkeiten der Kirche, ein farblich gefaßtes Kruzifix von Tilman Riemenschneider.
Ein weiteres Kunstwerk des gleichen Meisters, aber noch berühmter, ist das rechts

im Chor aufgestellte Epitaph der Dorothea von Rieneck, gest. 1503. Diese Gräfin, eine ausgesprochene Schönheit, war eine außergewöhnliche Frau, wenn es auch, wie durch Urkunden belegt ist, große Eheschwierigkeiten und Streitereien zwischen ihr und ihrem Gemahl Asmus von Wertheim gegeben hat. (Anscheinend fanden andere adelige Herren der Nachbarschaft auch an ihr Gefallen.)
In der Ausführung des Grabmals zeigt sich wieder einmal das universelle Genie Riemenschneiders in der Behandlung des Materials, aus dem körnigen Sandstein entstanden feinmodelliert Gesicht und Hände. Faltenwurf von Haube und Kleid lassen den schweren Seidenstoff ahnen, im Bewegungsablauf hat der Künstler gerade jenen Moment verewigt, als sich die Gräfin niederknieen will.
Der Chor und das Seitenschiff der Kirche bergen eine große Zahl von künstlerisch wertvollen anderen Grabmalen. Besonders erwähnenswert ist das Prachtepitaph des Grafen Philipp des Älteren von Rieneck, gest. 1448 und seiner Gemahlin Amalia, das noch weitgehend der Strenge der Gotik verhaftet ist, sowie das im Seitenschiff aufgestellte Prachtepitaph der Familie Wundert von 1673, das einzige bürgerliche Denkmal der Kirche.
Alabaster als Material sowie die ganze Ausführung weisen auf eine Arbeit der Künstlerfamilie Kern aus Forchtenberg hin.
Unter dem Kruzifix knieen links mit Mitra der aus Grünsfeld stammende Abt Wundert des Klosters Bronnbach, hinter ihm sein Vater, links seine Schwester und seine Mutter. Das ganze, überaus reich ausgeschmückte Kunstwerk wurde äußerst fein im Stil der Renaissance gearbeitet, gekrönt wird es von der Darstellung des Sieges des Hl. Michael über den Drachen.
Im Marienchor besticht der nicht alltägliche Taufstein von 1618, eine bürgerliche Stiftung. Er präsentiert sich als gedrungener Kelch, um dessen Fuß vollplastisch die vier Evangelisten angeordnet sind.
Eine ausgezeichnete gotische Arbeit ist das an der Südwand angebrachte Sakramentshäuschen, das erst bei der letzten Renovierung im alten Bauschutt wieder entdeckt wurde.
Die nicht weit davon stehende, farblich gefaßte Kanzel von 1679 zeigt noch Renaissanceformen, wobei die vier hermesartigen Figuren, die die Kanzelbrüstung tragen, schon recht fröhliche Barockgesichter zeigen.
Leise dringt von draußen die Musik des Festes herein, ruft uns nach der kunstgeschichtlichen Einkehr aus der kühlen Ruhe des Gotteshauses wieder hinaus.

Goethe scheint doch ein echter Menschenkenner gewesen zu sein und die Faszination von Festen gekannt zu haben, wenn er Faust sagen läßt: „Hier ist des Volkes wahrer Himmel, zufrieden jauchzet groß und klein: ‚Hier bin ich Mensch, hier darf ich's sein!'" – Uns geht es nicht anders, das lustige, bunte Treiben in den Straßen lockt auch uns an.
Es ist schon erstaunlich, was sich die verschiedenen Grünsfelder Vereine alles haben einfallen lassen, entlang der Straße zur ehemaligen Burg hat anscheinend jeder Verein sein eigenes „Straßenwirtschäftle", bzw. seinen Stand aufgebaut.

Gleich zwei Meisterwerke Tilman Riemenschneiders birgt die St. Peter und Paulskirche von Grünsfeld.
Oben das farblich gefaßte Kruzifix über dem Zelebrationsaltar.
Rechts das Grabmal der Dorothea von Rieneck, aus Sandstein gehauen.

Schöne Renaissance-Kanzel in der Grünsfelder Stadtpfarrkirche

Wir kaufen uns etliche Lose, in der Hoffnung, eines der aus Wachs geformten und schön bemalten Grünsfelder Stadtwappen zu gewinnen – doch leider sind es lauter Nieten. Dafür werden wir an den gegenüber gelegenen Flohmarktständen der Kinder und Jugendlichen fündig. Ein kleiner, alter Milchtopf, einige selbstgegossene Zinnfiguren und ein kitschig bunt bemalter, kleiner Deckelkrug mit der Aufschrift „Gruß aus Berlin" haben es uns angetan.
Nachdem wir den Preis erfahren haben, beginnt das übliche „Flohmarktgefeilsche". Tapfer verteidigen die jungen Trödler ihren verlangten Preis, streichen die Einmaligkeit der „Exponate" heraus, um letztlich doch gewaltige Abstriche zu machen. Um so erstaunter snd sie dann – die Freude ist den Jungen- und Mädchengesichtern deutlich anzusehen, – als wir schließlich freiwillig den nicht zu hohen, zuerst genannten Preis bezahlen.
Ein wahrlich erfrischendes Spiel – Ein Wurf nur 50 Pfennige – hat sich die Fußballjugend der Stadt ausgedacht: Ein Spieler, nicht immer der gleiche, steckt seinen Kopf durch ein ausgespartes Loch in einer Bretterwand. Die bezahlenden, ca. 3 m davor stehenden Werfer erhalten große Schwämme, die sie, nachdem sie tüchtig in einen Wasserkübel getaucht wurden, auf den durchgesteckten Kopf werfen dürfen. Selbst wenn nur die Wand getroffen wird, Gaudi und Wirkung sind die gleichen: Beim Aufprall verspritzt so viel Wasser, daß das Opfer trotzdem trieft, wie die danebenstehende „Reserve" zeigt, deren Dreß bereits bis zum Bauch tropfnaß ist.

Grünsfelds Jugendkapelle in voller Aktion anläßlich eines sommerlichen Straßenfestes

Der starke Duft von Schweinesteaks und Steckerlfisch will uns beim Weiterweg hinauf zur Burg zum nochmaligen Essen verführen. Harmonikamusik lädt zum Verweilen in den Vereinswirtschaften in den Hinterhöfen ein.

Am Platz der ehemaligen Burg angekommen – die mächtige Zehntscheuer ist der Rest der Anlage – werden wir von einem zackigen Marsch der Grünsfelder Jugendkapelle empfangen, die davor ein Platzkonzert gibt. Während ich sie fotografiere, höre ich, wie vermutlich eine Mutter den Jugendlichen zuruft: „Achtung, die Presse ist da!“ Anscheinend hat sie unsere umgehängte Fotoausrüstung zu diesem Schluß gebracht. Nun, erwähnens- und lobenswert ist der gekonnte Vortrag der Musikstücke allemal.

Wenn Frauen etwas von Kaffee und Kuchen hören, sind sie im allgemeinen nicht mehr zu bremsen, und nicht anders verhält sich das bei meinem Weib. Energisch werde ich in das Zehntgebäude hineingeschleppt, das die Stadt geschmackvoll für Feierlichkeiten der Bürger ausgebaut hat. Da es im unteren Stock nur Bier gibt, müssen wir eine Treppe höher in einen gemütlichen, caféartigen Raum, in dem schon eine Reihe von Damen jeden Alters dabei ist, irgendwann einmal abgegangene Pfunde mit Kuchen und Torten wieder aufzufüllen. Nachdem ich den voll süßer Pracht aufgetürmten Teller meiner Frau erblicke, beschließe ich, einstweilen alleine auf Entdeckung zu gehen. Sehr schnell werde ich fündig, im gleichen Stockwerk befindet sich eine Art Heimatstube der Stadt Grünsfeld.

Ein netter Herr, der mich vermutlich als Touristen erkennt, geleitet mich durch

die Räume, erklärt mir die Heiligenfiguren, die ehemaligen bunten Kirchenfenster der Stadtpfarrkirche, die bei der Renovierung in letzter Minute zurückgeholt werden konnten, ein cleverer Händler hatte sie bereits abgefahren. Der geschichtskundige Herr erklärt mir den Zusammenhang anderer Stücke mit der Geschichte der Stadt und bemerkt meinen erstaunten Blick, als wir vor spitzen Kapuzen, ähnlich denen des amerikanischen Ku-Klux-Klan angelangt sind.
Er erzählt, daß es hier im Mittelalter sogenannte geistliche Bruderschaften, Vereinigungen von Geistlichen und Laien gegeben habe, deren Hauptanliegen neben den Gruppengebeten das Vollbringen guter Werke war und deren Anfänge bis ins 14. Jahrhundert zurückreichen. Die vor uns ausgestellten Kapuzen, Kutten und Stangen, an die bei Prozessionen Andachtsbilder gesteckt wurden, stammen von der „Kongregation der Zwölfbotenkerzen".

Inzwischen hat sich meine Frau wieder eingefunden, ihr „Kalorienaufholbedarf" scheint gedeckt zu sein, und wir beschließen, noch den rückwärtigen Burghof zu besichtigen.
Auf einer ehemaligen Bastion, deren Mauern steil ins Grünbachtal abfallen, steht inmitten einer Trockenrasenflora eine kleine, alte Kanone. Die Rohröffnung zielt drohend hinab ins sonnendurchflutete, friedliche Tal, vorsorglich hat man sie an die Kette gelegt, wahrscheinlich, damit sie keine Füße bekommt und später die Sammlung eines „Military-Fans" ziert.
Wir setzen uns neben sie und genießen die schöne Aussicht. Lange muß es schon her sein, als der Stadt von dieser Seite eine Gefahr drohte und diese Kanone als Schutz und Verteidigung eingesetzt wurde.

Für sie ist Frieden – lange schon hat sie ausgedient – die kleine Kanone auf der ehemaligen Bastion der Burg

Neben den Kriegen waren Feuer und Wasser die größten Feinde der Stadt. Die Stadtchronik berichtet allein in den Jahren zwischen 1591 und 1800 von neun verheerenden Hochwassern und drei großen Bränden. 1861 wütete ein großes Feuer in der Stadt, bei dem 34 Wohngebäude und 37 Nebengebäude vernichtet wurden. Obwohl zuletzt 54 Spritzen aus der Umgebung anwesend waren, konnte nicht wirkungsvoll geholfen werden, da Straßen und Tore teils unpassierbar waren und genügend Wasser fehlte; nach diesem Brand wurden Teile der Stadtmauer für immer abgerissen.
Am 29. Mai 1911 entluden sich mehrere Gewitter gleichzeitig über dem Gebiet Gerchsheim-Großrinderfeld-Ilmspan-Schönfeld-Paimar und Kreusheim. Wie der Chronist berichtet, wurde das Grünbachtal innerhalb von Minuten zu einer Stätte des Grauens. Eigroße Hagelkörner erschlugen Vögel und Hasen und vernichteten die Ernte, in Paimar staute sich das Wasser sieben Meter hoch; auch Grünsfeld traf es hart, neben einer Unmenge toten Viehes waren auch vier Menschenleben zu beklagen. Am folgenden Tag trafen, von den Bürgermeistern herbeigerufen, zwei Kompanien bayrischer Soldaten aus Würzburg zur ersten Hilfe ein. Wiederum einen Tag später kam der Landesherr, der Großherzog von Baden, persönlich an die Unglücksstelle und vermerkte, wie es heißt „mit Mißbilligung, daß bayrische Hilfe gerufen wurde“.
Gleichzeitig mit der Welle der Hilfsbereitschaft setzte auch der Strom Tausender von Neugierigen ein, die die Aufräumungsarbeiten behinderten, man sieht, das Verhalten der Mitmenschen hat sich bis heute um kein Haar verändert.

Wir verlassen unseren Aussichtsplatz, wandern den erst vor Jahren von meterhohem Schutt befreiten und original-restaurierten Wehrgang bergab, um als letzte Station noch den Stadtbrunnen zu besichtigen.
Fast orientalisch mutet dieser schattige Platz um den überdachten Ziehbrunnen an, mit dem Entenpavillon und dessen schnatternden Bewohnern auf der spiegelnden Wasserfläche.
Als wir zur Weiterfahrt unser Auto besteigen, trägt der laue Sommerwind – wie zur Verabschiedung – noch leise Melodien vom Stadtfest herunter an unser Ohr. Einig sind wir uns, daß dies nicht der letzte Besuch in diesem reizenden Landstädtchen war.
Wir folgen auf unserem Weiterweg nach Oberwittighausen dem stillen, malerischen Tal des Wittigbaches.
Wie schon in Grünsfeld fallen uns auch hier bei Wittighausen die Steinbrüche, die dazugehörigen Schutthalden und Lagerplätze mit riesigen Steinquadern auf. Der anstehende Muschelkalk ist der einzige Bodenreichtum dieser Gegend. In der Zone Kreusheim-Kirchheim hat sich der Steinabbau zu einem der drei größten Natursteinindustriegebiete der Bundesrepublik entwickelt, eine Reihe bekannter Baulichkeiten im Umkreis von mehreren hundert Kilometern ließe sich aufzählen, die aus diesem, in Urmeeren abgelagerten und durch Jahrmillionen entstandenen Werkstein erbaut worden sind.

Hervorragend restauriert – der Stadtbrunnen von Grünsfeld

Reges Leben herrscht heute um die hoch über dem Ort Oberwittighausen gelegene St. Sigismundkapelle, die rätselhafte Oktogonkapelle des Tauberlandes, als wir sie erreichen.

Viele Autos parken bereits außerhalb der die Kirche umgebenden Mauer, lautes lustiges Treiben bevölkert den Platz vor der Kapelle. Kinder jagen sich um die Linden, spielen Federball und daneben findet gerade ein spannendes Fußballmatch zwischen Jugendlichen statt.

Die die Linde umgebende, im Schatten liegende Bank hat sich in einen wahren Lagerplatz von Rucksäcken und Vesperutensilien verwandelt. Den Hintergrund dieses frohen, weltlichen Treibens bildet der strenge, durch das Portal aufgelokkerte Kapellenbau mit seinem aufgesetzten Glockenturm.

Den ältesten urkundlichen Bericht über diesen Sakralbau findet man in einem Ablaßbrief des Papstes Honorius IV. von 1285. Danach war die Kapelle dem Hl. Nicolaus von Myra geweiht, nach 1087 wurden in Deutschland zahlreiche Kapellen auf neuerbauten Burgen unter seinen Schutz gestellt.

St. Sigismund, der Burgunderkönig, der mit seinem ganzen Volk zum Christentum übertrat, wurde 523 von den Franken besiegt und in einem Brunnen ertränkt. Nach der Überführung seiner Gebeine in den Veitsdom zu Prag durch Kaiser Karl IV. im Jahre 1354 und nachdem der Dom zu Freising einen Teil dieser Gebeine geschenkt bekam, gewinnt er in Deutschland eine größere Verehrung und Freising wird Mittelpunkt des Sigismundkultes von Süddeutschland.

Hoch über Oberwittighausen liegt die rätselhafteste der drei Oktogonkapellen des Tauberraumes, die St. Sigismund-kapelle

Als Stifter und Erbauer kommen eventuell die Herren von Zimmern und Luden (Lauda) in Frage, wahrscheinlicher aber die darauffolgende Linie der Grafen von Rieneck, der von 1217–1243 genannte Graf Ludwig II.
Die Zeit der Erbauung ist somit um 1220–1230 anzunehmen, wobei man an vorhergehende ältere Bauten an dieser exponierten Stelle, eventuell schon in heidnischen Zeiten, denken kann.
Die Stürme von Jahrhunderten sind nicht spurlos an der Oktogonkapelle vorbeigegangen, Zerstörungen und Veränderungen wechselten sich ab, worauf auch die verschiedenen Steinmaterialien und Mauerwerke hinweisen. Nach einer stärkeren Zerstörung im 30jährigen Krieg wurde die Kapelle als Steinbruch benützt und, wie es heißt, das rätselhafte Portal nicht mehr in der alten Ordnung auf-

gebaut. Wahrscheinlich lag die rechteckige Umrahmung des Portals früher höher. Von einer liebenswürdigen Oma, die im Schatten der Linde die Jüngsten hütet, erfahren wir, daß in der Kapelle die Hauptprobe eines Chores stattfindet zu einem Chorkonzert für diesen Sonntagabend; die St. Sigismundkapelle ist bekannt für die Konzerte, die jährlich hier in den Sommermonaten veranstaltet werden.

Wir nehmen die Gelegenheit wahr und treten in das kühle Halbdunkel des Zentralbaues ein, durch die 160 cm starken Mauern dringt die Wärme des Sommertages nicht so schnell ein. Die Zuhörerreihen sind noch leer, der Chor hat momentan eine Programmbesprechung und so können wir den Raum auf uns wirken lassen.
Beherrscht wird das Innere durch den Turmeinbau in der Mitte des Raumes. Nach allen vier Seiten, durch hohe Spitzbogen geöffnet, stehen die schweren Eckpfeiler auf kräftig ausladenden, abgeschrägten und quadratischen Sockeln.
An der südlichen Turmwand ist eine Wandmalerei aus dem 17. Jahrhundert angebracht, das Jüngste Gericht darstellend. Der gezeichnete Höllenrachen ist fast identisch mit dem in der Barholomäus-Kirche von Beimbach/Rot am See; vielleicht hat ein Wandermaler damals beides geschaffen.
Dem achteckigen Zentralbau ist im Osten ein aus fünf Seiten des Achtecks gebildeter Chor angehängt, geschmückt mit drei bunten Rundbogenfenstern, einer Wandmalerei des Hl. Sigismund von 1658, einem einfachen Altartisch und verschiedenen Heiligenfiguren. Eine Grabplatte des 13. Jahrhunderts, auf die ein Ritter oder Mönch streng linear eingehauen wurde, ist das Älteste, was wir entdecken können.
Der Chor hat sich inzwischen aufgestellt, der junge Dirigent, jetzt noch in Kniebundhosen und kariertem Hemd, hebt die Arme, höchste Konzentration verlangend, und mächtig erklingt die erste Motette – wir sind von der Akustik des Raumes fasziniert. Der ganze Rahmen, die folgenden Melodien, nehmen Auge und Ohr gefangen, lassen Seele und Geist mitschwingen und mich in Gedanken zurückwandern über Wochen, als ich damals allein und zum ersten Mal überhaupt diese Kapelle besuchte:
Dieser Frühsommertag war einer jener seltenen Tage, an denen die Sonne hinter einer gleichmäßigen Dunstschicht des Himmels verborgen blieb und trotzdem ein ungemein helles Licht herrschte, ideal, wie ich meinte, um gute Aufnahmen des rätselhaften Portals von der St. Sigismundkapelle machen zu können. Trotz der herrschenden Hitze und Schwüle wagte ich die weite Fahrt in der Hoffnung, daß das zu erwartende Gewitter sich erst am Spätabend entladen würde.
Den kleinen Parkplatz hinter der Umfassungsmauer fand ich leer – so weit das Auge über die sich schon zartgolden färbenden Getreidefelder der Umgebung schweifte, war ich allein, und auch im Innern des Platzes war ich damals der einzige Besucher. Daß ich doch nicht ganz alleine war, hörte ich an dem vielstimmigen Konzert der Grillen und dem geschäftigen, die Luft um die blühenden Linden erfüllenden Gesumm Tausender von Bienen und Hummeln. Fast kam ich mir

Wohl nie wird das Portal der St. Sigismundkapelle alle in ihm versteckten Rätsel preisgeben

wie der letzte Wallfahrer zu dieser Stätte vor, die, wie es heißt, im Mittelalter Wallfahrtsort für die Böhmen war.
Stativ und Photo wurden aufgestellt, die verschiedenen Objektive auf der Lindenbank ausgebreitet, aber zuerst wollte ich mir in aller Ruhe dieses Portal voller Rätsel, das ich bisher nur aus Büchern kannte, genau ansehen.
Alles, was seit Urzeiten zum Rahmen der Gottesverehrung gehörte, scheint in dieser Anlage noch vorhanden zu sein. Allein, hoch über dem Dorf gelegen, dem Himmlischen näher, dem Irdischen ferner, steht die Kapelle in freier Landschaft. Von einem Mauerring umgeben, wie er sich auch schon früher um heidnische Heiligtümer legte und später dann um christliche Kirchen, umschließt dieser den „Ort des Friedens", in dem die Toten in geweihter Erde beigesetzt wurden.

Die „heilige Straße", hier der alte Wallfahrtsweg, wurde erst durch die bauliche Enge mittelalterlicher Städte zum Platz vor den Kirchen und gleichzeitig auch weltlicher Versammlungsort. Der „heilige Bezirk" schrumpfte im Laufe der Jahrhunderte zur Vorhalle, zur vertieften Eingangstorwölbung. Geschmückt wurde dieser Bogen fast immer, bezeichnete er doch den Eingang zum Heiligtum und symbolisierte mit seinem Halbrund den die Erde überspannenden Himmel. Meist enthielt der Bogen ein Tympanon, hier hatte die Darstellung des Göttlichen ihren natürlichen Platz, die Abbildung des einen Themas: Die Macht und Herrlichkeit Jesu, des Richters über die Lebenden und die Toten. Das geschlossene Portal symbolisiert die Grenze, sollte Weltliches vom Sakralen trennen. Doch

Detail der Kämpferkapitelle des Portales

bei dieser Kapelle scheinen von romanischen Portalen her bekannte Gesetzmäßigkeiten nicht zu stimmen.
Alles, was die Grenze – die Schwelle und das Portal – umgibt, hat eine doppelte Aufgabe: Warnung, Abwehr und Verteidigung auf der einen Seite, Wegweisung, Einladung und Verheißung auf der anderen; bis zu einem gewissen Grade ist dies wörtlich zu nehmen.
Die linke Seite romanischer Portale ist meist dem Negativen, dem Teufel und seinen Dämonen bestimmt, während die rechte Seite für das Positive, die Heiligen und ihren Symbolen vorbehalten ist.
Die fast die ganze Mauerstärke einnehmende tiefe Leibung ist im Wechsel dreier Rundsäulen und zweier dazwischen angeordneter, spitzwinkliger Vorlagen in der Tiefe gestaffelt, die Säulen sind in etwa zwei Meter Höhe durch ein friesartiges Band von Kapitellen zusammengefaßt. Wie es heißt, ist das Portal bis zu dieser Höhe noch in seinem ursprünglichen Zustand, der Aufbau darüber soll zerstört und willkürlich wieder zusammengesetzt worden sein. Das wahrscheinlich früher vorhandene Tympanon ging wohl verloren, ebenso wird vermutet, daß der Spitzbogenfries eine spätere Hinzufügung ist.
Die Kämpferkapitelle sind mit Pflanzenmotiven, Arkanthusblättern, adlerartigen Vögeln und einem sich aufbäumenden wolfsartigen Tier verziert. Die an reichdiamantierten Bändern sitzenden Halbpalmetten der linken Kämpferkapitelle und die liegenden Arkanthusblätter an den äußeren Kapitellen der rechten Seite finden wir wieder an den reichen Friesen der Tymphanonplatte des Westportals der St. Michaelskirche in Schwäbisch Hall und auf Grabplatten in der Großkomburg.

Weit älter, geradezu heidnisch, muten die Reliefs auf den acht Bogensteinen des Portals an, sie lassen an letzte Ausklänge germanischer Holzbaukunst denken und erinnern an Abbildungen in karolingischen und irischen Mönchshandschriften.

Die acht Bogensteine zeigen von links nach rechts innen an der Fase:

a) Ein kurzbeiniges, langschnäuziges Geschöpf mit ausgestreckten Hinterfüßen, dahinter ein Wickelkind.
b) Zwei vierzackige und drei achtzackige Sterne.
c) Zwei gegenüberliegende Ferkel (?), die sich mit der Schnauze berühren.
d) Zwei sechszackige Sterne und zwei vierseitige Pyramiden.
e) Keine Darstellung.
f) Eine wellenförmig gewundene, nicht erklärbare Figur und eine kurzarmige, dickleibige, hockende, menschenähnliche Gestalt.
g) Ein achtzackiger und zwei vierzackige Sterne.
h) Ein Vogel auf einer Kugel und ein schiffähnliches Gebilde.
i) Zwei zick-zack-förmig gewundene Stäbe.

Die Stirnseite zeigt folgende Darstellungen:

a) Acht paarweis gebündelte zwei- und dreiteilige Blätter.
b) Ein drachenartiges, geflügeltes Tier mit verbogenem Leib und fischartigem Schwanz; aus dem geöffneten, zähnebewehrten Rachen hängt die Zunge heraus.
c) Vier mehrteilige Blätter- bzw. Blütenkronen.
d) Sechs oben und unten volutenartig zusammengerollte Bänder, die durch Zwischenglieder verbunden sind.
e) Keine Darstellung.
f) Menschliche Fratze mit Hörnern und Tierohren, am Kinn ist ein ungleichmäßiges Flügelpaar angesetzt.
g) Ein an der Decke laufendes Krokodil, bzw. Drache.
h) Zwei durch einen Ring verbundene, verflochtene Bäume, von deren Krone ein Hirsch zu fressen versucht.
i) Drei abstrakte, in barocker Weise entwickelte Figuren und ein dem Christuszeichen des Mittelalters ähnliches Gebilde.

Die rechteckige Portalumrahmung zeigt in der Fase ganz ähnliche Darstellungen wie die des Rundbogens. Hervorzuheben ist ein menschliches Köpfchen an der rechten Seite, das keltische Gestaltungsformen aufweist.
Unter dem roh gearbeiteten Spitzbogenfries, der ungleichmäßig hoch und verschieden profiliert ist, und dem Portalbogen sind weitere rätselhafte Plastiken eingefügt. Auf der linken Seite, im Zwickel zwischen Bogen und Rechteckumrahmung, ist das Fragment eines kopflosen Adlers zu sehen, darüber sitzt, – hier fehlen Kopf und Füße – eine menschliche Gestalt, nach Haltung und beigegebenen Attributen wohl ein Bischof oder ein weltlicher Herrscher. Rechts darüber ist ein löwenähnliches, liegendes Tier zu sehen mit einem menschlichen Kopf, eine Tauberländer Sphinx?
Auf der rechten Seite ist im Zwickel ein Kopf eingesetzt, der einen keltischen Halsreif, einen Tourques, zu tragen scheint. Die darüber angebrachte Gestalt hält einen gedrehten Stab – das Gewand mit Gürtel und darüberhängendem Skapulier deutet auf einen Mönch bzw. einen Heiligen hin.
Bis auf den Löwen, der seinen Kopf um 90 Grad dreht, sind alle Figuren streng von vorne dargestellt, treten plastisch hervor, wirken aber in der Darstellung sehr altertümlich.
Wiederum im Flachrelief ist der in Kämpferhöhe rechts neben dem Portal eingesetzte Stein gehalten. Er zeigt ein an einen Baumstamm gekettetes Ungeheuer, das mit dem rechten Arm eine kleine Menschengestalt am Halse emporhält.
Die meisten Symbole werden sich kaum noch deuten lassen, zu sehr sind sie verlorenem, vorchristlichem Gedankengut verwurzelt.
Der Drache mit dem Fischschwanz könnte möglicherweise an das gewaltige, im Meer lebende und alle Länder umschlingende Ungeheuer, die Midgard-Schlan-

ge, erinnern. In der germanischen Mythologie hat sie der Gott Thor letztendlich erschlagen. Die auch an romanischen Kirchen im Süden Frankreichs vorkommende Drachenschlange scheint nordischen Ursprungs zu sein und symbolisiert das Böse schlechthin.
Den christlichen positiven Symbolen werden Adler und Arkanthusblätter zugerechnet als Auferstehungssymbole; der Hirsch, christliches Sinnbild des Täuflings, der am Baum des ewigen Lebens frißt, wäre ebenfalls hier einzuordnen.

Entferntes Donnergrollen holte mich aus meinen Überlegungen zurück, die schon vorhandene Schwüle hatte sich weiter gesteigert, das Hemd klebte mir förmlich am Rücken, obwohl ich doch bis jetzt nur gesessen war.

Aus den geplanten Portalaufnahmen sollte nicht viel werden. Im selben Maße, wie das Donnergrollen stärker wurde, nahm die Helligkeit, die mein Belichtungsmesser anzeigte, ständig ab. Gleichzeitig kam Bewegung in die Blätter und Äste der Linde über mir, ein angenehm sanfter Lufthauch strich leise rauschend durch die Kronen, steigerte sich aber in Minuten zu heftigen Böen, die Staub, trockene Blätter und dürre Grashalme über den Kirchplatz wirbelten.
Grellweißes Blitzlicht und gleich darauffolgender Donnerschlag mahnten mich zusammenzupacken und schon fielen die ersten großen Regentropfen, kleine Staubfontänen aufwirbelnd. Hastig stopfte ich Foto und Objektive in die große Ledertasche – zum Auto auf dem Parkplatz reichte es nicht mehr – Schutz mußte jetzt die Portalnische bieten.
Ruckartig schien der Himmel alle Schleusen zu öffnen, die paar Meter bis zum Portal genügten jedenfalls, mich bis auf die Haut zu durchnässen, aber wenigstens war der Regen angenehm warm.
Kaum hatte ich mich in die eine hintere Ecke des Eingangs gedrückt, brach um die Kapelle ein wahres Gewitterinferno los.
Feurige Zackenblitze tauchten Linde und Vorplatz in ein unwirklich gespenstisches Licht und ließen mich die Augen zusammenkneifen. Harte, kurz aufeinanderfolgende Donnerschläge schienen über den Platz um die Kapelle zu brüllen und ließen die kupferbeschlagene Eingangstüre, an der ich lehnte, spürbar erbeben.
Der Gewittersturm peitschte die Regenmassen waagerecht in milchig-weißen Fahnen über die Umfassungsmauer, ließ Bäume und Äste unter dieser Urgewalt ächzen und sich winden. Armstarke Zweige und Unmengen von Blättern wurden abgerissen und in den Wasserfahnen mit fortgeschleudert. Der Blick reichte nur noch bis zur Umfassungsmauer, so dicht fiel der Regen. Bis ins Innerste war ich gepackt und aufgewühlt von diesem urgewaltigen Naturschauspiel. Wir können heute ja Ursachen und Entstehung naturwissenschaftlich genau erklären, und trotzdem fasziniert und ängstigt uns dieses Toben der Elemente, ist es doch noch etwas, worauf wir bei allem Wissen keinerlei Einfluß ausüben können. Um wieviel mehr müssen unsere noch heidnischen Vorfahren davon beeindruckt gewesen sein, die ganze Umwelt war für sie noch von guten und bösen Mächten bevölkert, für sie war ein Gewitter der sicht- und hörbare Zorn der Götter.
Plötzlich bemerkte ich, daß ich ja gar nicht mehr allein in dem Portalbogen war. Durch die Fototasche vor Spritzwasser geschützt, hatte sich in den hintersten Winkel vor der Türe eine Spitzmaus geflüchtet, die hier ebenfalls Schutz gesucht hatte. Seelenruhig putzte sie sich die Wassertropfen aus dem dunklen Fell, während draußen das Gewitter weitertobte, ihr Platz war trocken.
Grausam schlug das Unwetter auch unter den Baumbewohnern zu, ein Vogelnest wurde aus der Verankerung gerissen, gelbe Tupfen inmitten der zerbrochenen Eierschalen zeigten die Stelle, wo sie auf den Wegplatten zerplatzten. In den Pfützen und Wasserlachen schwammen abgerissene Schmetterlingsflügel; Blattwanzen, Käfer und andere Insekten kämpften darin um ihr Leben.

Zuerst noch fast unmerklich, wurde der Abstand zwischen Blitz und Donner allmählich länger, die Sturmböen verloren an Heftigkeit, das Unwetter war über die Sigismundkapelle hinweggegangen und setzte seinen von vielfachem Tod gezeichneten Weg nach Osten fort. Aus den sintflutartigen Regenböen wurde ein gleichmäßiger Dauerregen, der nicht danach aussah, als ob er in der nächsten halben Stunde aufhören würde. Da ich sowieso klatschnaß war, griff ich meine Fototasche – die kleine Maus erschrak dabei und flitzte hart am Sockel entlang in Richtung Choranbau davon – und spurtete zum abgestellten Auto um die Kirchenplatzmauer.
Zwar ohne die eigentlich erwünschten Fotos, doch um das Erlebnis eines grandiosen Naturschauspiels bereichert, nahm ich dann anschließend den Heimweg „unter die Räder".

Der vierstimmige Refrain des Chorals „Gib uns den Frieden, o Jesu", dessen mächtige Töne das ganze Kapelleninnere erfüllen, holt mich aus meinen Gedanken zurück in die Gegenwart. Draußen, vor dem Portal, scheint hell die Sommersonne und frohes Lachen der Kinder klingt herein, – sie haben noch ihr ganzes, hoffentlich friedliches Leben vor sich.
Wir bedauern es sehr, heute abend bei dem gewiß beeindruckenden Chorkonzert nicht anwesend sein zu können, aber daheim wartet die restliche Familie, wir müssen weiter.
Während wir durch das lichtdurchflutete Sommerland fahren, erinnern wir uns, welche Welle von Aktivität nach meinem ersten Kapellenbesuch ein altes Kunstjournal auslöste.
Mitunter bekommen Hausfrauen wahre „Zustände", wenn sie mit einem männlichen Individuum verheiratet sind, das wirklich alles aufbewahrt, was irgendwie und irgendwann einmal nützlich und wieder verwendbar sein könnte – und ganz ähnlich ist es bei uns. Bei einer selten vorkommenden „Schubladen-Entrümpelung" (bei der nachher doch wieder alles drin bleibt) entdeckte ich beim flüchtigen Durchblättern eines älteren Kunstjournals ein Portalbild ganz ähnlich dem der Sigismundkapelle von Oberwittighausen.
Doch wie groß war mein Erstaunen, als ich las, daß es sich um das Portal von „Colegiata de San Pedro", dem Kloster von St. Peter, in Cervates im fernen Norden Spaniens handelte. Sollte zwischen dem Tauberland und dem spanischen Kantabrien irgendein baugeschichtlicher Zusammenhang bestehen?
Wohl fehlt bei dem Klosterportal der urtümliche Bogenfries von Oberwittighausen, doch ähneln sich die zwischen Portalbogen und Viereckfries eingemauerten Figurenplastiken in Aufbau und Ausführung stark.
In Spanien wird bei diesem Portal vom Einfluß arabischer Kunst, von einem Gemisch aus christlichen und fremden Motiven gesprochen und es gilt als einzigartig in der spanisch-romanischen Architekturplastik.
Mir war klar, daß es in der Kürze der Zeit wohl nicht möglich war, eventuelle Zusammenhänge zu klären, aber einen Versuch war die Sache wert, und so

begann die Odyssee, eine wissenschaftliche Arbeit über das spanische Kloster zu erhalten. Sehr schnell zeigte sich, daß die deutschsprachige Literatur kein Werk über spanisch-romanische Bauplastik anzubieten hat. Der Verlag, der das Kunstjournal einst herausgegeben hatte, existierte nicht mehr. Bekannt war nur der Name des spanischen Artikelverfassers und daß er aus Santander stammte. Ein Brief an ihn ohne nähere Anschrift in deutsch und englisch mit Fotos von der Sigismundkapelle blieb bis heute ohne Antwort.
Ein Freund besorgte mir die Anschrift des spanischen Kulturattachés in Bonn, von dem ich freundlich an das Kultusministerium in Madrid verwiesen wurde. Bei einem Gespräch mit dem Chefredakteur unseres „Hohenloher Tagblatts", Herrn Manfred Wankmüller, über dieses Problem, erbot sich dieser, von seiten seiner Zeitung beim Kulturministerium in Madrid entsprechende Unterlagen anzufordern – und tatsächlich klappte es. Nach Wochen hielt ich die Fotokopie einer wissenschaftlichen Arbeit über das Kloster in Händen – aber in spanischer Sprache.
Die Sucherei ging weiter, nun nach einem Übersetzer, der mehr als spanische Umgangssprache beherrscht. Auch dieses Problem wurde gelöst, die Schwester eines Bekannten machte sich an die Übersetzung und somit wurde die Schrift auch für mich verständlich.
Das ehemalige Kloster, die spätere Stiftskirche San Pedro von Cervatos liegt an der alten Römerstraße zwischen der Mesetta und der Santandrinischen Küste im Norden Spaniens, in einem Gebiet, das bei der Besetzung Spaniens von den Arabern nie erobert werden konnte; von hier aus wurde durch die Jahrhunderte die Rückeroberung Spaniens für das Christentum betrieben.
Daß die Franken ständig bei diesem Kampf beteiligt waren, ist aus einem kurzen geschichtlichen Rückblick zu ersehen:
732 gelang es Karl Martell bei Tours und Poitiers (Frankreich), die Expansion der Araber mit seinem fränkischen Reiterheer zu stoppen. 778 kämpfte Karl der Große erfolglos in Spanien gegen die Araber, auf dem Rückzug fiel der sagenumwobene Roland, dessen Standbild später unzählige Brunnen schmückte.
801 eroberte Ludwig, der Sohn Karls des Großen, Barcelona und gründete die „Spanische Mark". 881 wurde Burgos (etwas südlich von Cervatos) in Altkastilien als Festung gegen die Araber gegründet. Um 900 unter Alfons III. von Kastilien begann die christliche Wiedereroberung (Reconquista) Spaniens und erst 1492 verloren die Araber mit Granada ihren letzten Stützpunkt.
Erstmals wird das Kloster San Pedro von Cervatos in einer Stiftungsurkunde von König Ramiro I. im 9. Jahrhundert erwähnt, die Erbauung der heutigen Stiftskirche ist nach einem Inschriftenstein neben dem Portal auf die Zeit von 1129 bis 1199 zu datieren. Die sechs oberhalb des Portals eingemauerten Relieffiguren sind älter, stammen wohl von der vorhergehenden Klosteranlage und werden als vorromanisch aus der Mitte des 11. Jahrhunderts bezeichnet. Die Ausführung gilt als ziemlich ländlich und zeigt, wie in Oberwittighausen, bei den Gesichtern eine niedrige Stirn und mandelförmige Augen. Auf der linken Seite des Portals sind

Das Portal von „Colegiata de San Pedro" (Spanien), das in Aufbau und Schmuckplastik mit dem der St. Sigismundkapelle verwandt scheint

dort von unten nach oben Adam und Eva neben dem Lebensbaum dargestellt, darüber sitzt die Jungfrau mit dem Kind, über allem adlerähnlich geflügelt der Erzengel Michael.
Auf der rechten Seite unten sieht man Daniel unter den Löwen, darüber einen Priester und oben Petrus mit Stab und Schlüssel.
Interessant ist, daß Cervatos an der großen Pilgerstraße nach Santiago de Compostela liegt.
Der Hl. Jakob, der Bruder des Evangelisten Johannes, wurde als Apostel Spaniens hochverehrt und galt als heldenmütiger Streiter gegen die eingedrungenen Mohammedaner. Vom 10. bis 15. Jahrhundert war sein angenommenes Grab in Santiago de Compostela Wallfahrtsziel zahlloser Pilgerscharen, ähnlich wie Rom und Jerusalem. Seine Attribute sind das Schwert, mit dem er 44 n. Chr. hingerichtet wurde oder die große Kamm-Muschel, die den Pilgern als Trinkgefäß diente und die sie am Hut trugen. Sie galt bald in ganz Europa als Zeichen der Wallfahrt zu den drei bedeutendsten Heiligtümern der Christenheit.
Wie O. Heckmann schreibt, könnte man das Portal der Sigismundkapelle als eine Nachahmung der monumentalen,figurengeschmückten Portalsysteme sehen, die im 12. Jahrhundert in einer baulichen Einflußwelle aus Frankreich über Norditalien, die Schweiz, den Oberrhein entlang nach Norden und Osten gebracht wurden.
Weitere Beispiele dieser Art begegnen uns am Westportal der Klosterkirche zu Andlau im Elsaß, in Großenlinden (Hessen) und im Südportal der Schottenkirche St. Jakob in Regensburg. Sollte diese St. Jakobs-Kirche eventuell mit den anderen und der St. Sigismundkapelle auf einen Kreuzzug bzw. eine Wallfahrt nach Santiago de Compostela hinweisen? Sind Adelige auch unseres Tauberraumes bei der Rückeroberung Spaniens von den Mauren beteiligt gewesen und bestehen dadurch die stilistischen Zusammenhänge?
Nun, momentan sind es nur Vermutungen und Spekulationen, die es aber wert wären, von Historikern verfolgt und erforscht zu werden.

Als Heimweg schlagen wir einen großen Bogen und wählen die Route über die Hochfläche links der Tauber, die wir als stille, verkehrsarme Gegend kennen.
Wir fahren zurück über Wittighausen in Richtung Simmringen, durch eine Landschaft, die schon seit alten Zeiten Bauernland ist und so wird es hier wohl auch hoffentlich bleiben, zu sehr sind die Bewohner mit ihrem Land, ihren Höfen verwachsen – wenigstens noch etwas, das Bestand hat.
Links und rechts der Straße reift das Korn der Ernte entgegen, unterbrochen werden die Felder von Baum- und Buschgruppen, von kleinen Bauernwäldern, die Unterschlupf und Heimat für Tiere und Vögel bieten. Vereinzelt ziehen kleine Starenschwärme über den Himmel, üben Formationsflug, wohl schon für die große Reise, die nicht mehr allzu fern ist.
Bildstöcke aus verschiedenen Zeitepochen stehen in den Feldern abseits der Straße und am Wegrand, zeugen von der einstigen und wohl auch noch heutigen

Frömmigkeit dieser Menschen, die schon immer wußten, daß alle ihre Arbeit und ihr Fleiß ohne Gottes Segen nutzlos sind.
Rechts zweigt die Straße ab nach Oberbalbach, das im Hochaltar der Georgskirche eine äußerst lebendige Holzplastik aus der Riemenschneider-Schule birgt. Es ist der Hl. Georg, der Drachentöter, hoch zu Pferd.
Harmonisch fügen sich die Ortschaften in das Landschaftsbild ein, aus dem grünen Kranz der Obstbäume, die sie noch umschließen, lugen Gebäude, Dächer und Kirchtürme, vor den Obstgärten in eingezäunten Wiesen weiden hie und da friedlich Kühe und Jungvieh.
Abendliche Ruhe herrscht schon in den Dörfern, Kinder spielen auf der Straße und in den Höfen noch „Fangen" und „Verstecken", hin und wieder sieht man vor den Häusern Leute auf Bänken sitzen, die nach ihrer, auch sonntags notwendigen, Stallarbeit ausruhen, sich wohl ihre Freuden und Leiden erzählen und dabei das Kinderspiel überwachen – uns scheint, hier gibt es noch so etwas sie eine heile, dörfliche Welt.
Als wir Nassau erreichen, legen wir noch eine kurze Rast ein, um die Kirche zu besichtigen, die dem Hl. Bartholomäus geweiht ist. Der wuchtige, fünfstöckige Kirchturm stammt noch aus der Mitte des 12. Jahrhunderts, er gilt mit seiner kraftvollen Ornamentierung im Innern und Äußern als einer der schönsten romanischen Dorfkirchtürme im Tauberland; Schiff und Sakristei stammen von 1587 und 1517. Im Jahre 1103 wird der Ort erstmals urkundlich erwähnt, Kloster Hirsau im Schwarzwald hatte damals Besitzungen hier in „Nasaha" (Nassau). Der wuchtige Kirchenbau läßt sich dadurch erklären, daß die Kirche bis zur Reformation vielbesuchte Wallfahrtskirche und danach Pfarrkirche für einige umliegende Gemeinden war.
Im 13. und 14. Jahrhundert gab es in Nassau einen Ortsadel, der dem Würzburger Bischof lehenspflichtig war. Ansonsten war der Ort seit dem 13. Jahrhundert im Besitz der Herren von Hohenlohe und war, wie es heißt, durch Zaun, Wall, Graben und zwei Tortürme geschützt.
Auf dem freien Platz vor der Kirche ist an diesem Sonntagabend die Jugend des Dorfes mit ihren Mopeds und Autos versammelt, und, wie es aussieht, bespricht man, welches Fest in der Nachbarschaft besucht werden soll. Über den Zaun hinweg halten zwei Bäuerinnen ihren abendlichen Schwatz, vielleicht über die sie umgebende Blütenpracht ihrer Gärten, rosa Phlox, weiße Margaretenbüschel, blauer Rittersporn, rote Nelken und Goldlack blühen um die Wette neben den Beeten voller Salat und Gemüse. Holunderbüsche an den Scheunen, deren weiße Dolden schon am Verblühen sind, bilden den optischen Rahmen dazu, den akustischen liefern die offenen Stalltüren, aus denen sanftes „Gemuhe" und Kettengeklirr der Tiere klingt.

Ein von der Last der Jahre gebeugter, weißhaariger Bauer, macht, auf seinen Stock gestützt, wohl seinen abendlichen Rundgang und erkennt uns sofort als „Auswärtige". Wir kommen mit ihm ins Gespräch, und er erzählt uns von dem

Blick auf die St. Georgskirche von Oberbalbach

großen Hochwasser, das 1911 den Ort heimsuchte. Die Fluten stiegen damals nach einem Wolkenbruch so hoch, daß sie in der Kirche noch über den Altar hinweggingen. Der Besitzer eines Gasthauses, das plötzlich mitten im reißenden Strom stand, rief verzweifelt um Hilfe, worauf beherzte Burschen ein Scheunentor aushakten und mit diesem „Floß" Wirt samt Familie retten konnten. Schmunzelnd erzählt er von einem Lehrer, der auch ein begeisterter Jäger war. An diesem Abend hatte er es sich im Stalldorfer Tal auf einem alten Weidenkoppen bequem gemacht, um den kapitalen Rehbock doch noch vor seinem Reviernachbarn zu erlegen. Gewitter und Hochwasser waren schneller, er konnte seinen luftigen und von oben sehr feuchten Ansitz nicht mehr verlassen und mußte bis zum Morgen dort aushalten – den Rehbock brauchte danach keiner der rivalisierenden Jäger mehr zu erlegen, man fand ihn am nächsten Tag, er war in den Wassermassen ertrunken. Am Rathaus ist heute noch, wie uns der alte Mann sagte, eine Hochwassertafel zu sehen.

Nach dieser Rast fahren wir Schäftersheim und damit der Tauber zu. Die Sonne ist inzwischen am Untergehen und taucht die ganze Landschaft in ein unwirkliches, mildes, warmes Licht. Fasziniert halten wir an der Talkante, die hinab zur Tauber führt, setzen uns auf einen dort gelagerten Holzhaufen und lassen uns bezaubern von dem Farbenspiel. Während das Taubertal unter uns schon im blauen und tieflilafarbenen Schatten liegt, ist um uns alles in zartrosa Licht getaucht. Selbst ein Schäfer, der rechts von uns seine Tiere aus einem Hohlweg der Talkante zutreibt, besitzt plötzlich eine Herde mit rötlicher Wolle. Der Horizont scheint im Westen zu brennen, rote, orangene und goldgelbe Lichtbänder überziehen den Himmel fast bis zum Zenit über uns, lassen hohe, zarte Wolkenbänkchen dazwischen hell aufleuchten, um sich verblassend übergangslos mit dem durchsichtig-scheinenden Abendhimmel zu verbinden. Hinter uns aus den Feldern dringt leiser, melodischer Wachtelruf, drunten im Tal fängt zaghaft eine Betglocke an zu läuten, ein kühler Lufthauch streicht von der Tauber hangauf.
Doch sichtbar schnell verblaßt das letzte Aufleuchten des Tages, die Dämmerung breitet ihren Schleier über das Land. Als drunten im Tal die letzten Glockentöne verhallen, ist im Westen nur noch ein blaßroter Lichtschein zu erkennen.
Wir fragen uns, warum wohl noch niemand eine Symphonie über das Tauberland geschrieben hat, ähnlich der, die Smetana über die Moldau komponierte, und können nur zu dem Schluß kommen, daß noch nie einer der ehemaligen großen Komponisten dieses Land bereist und erlebt hat – sonst müßte es längst eine Tauber-Symphonie geben!

Der aus dem 12. Jahrhundert stammende Kirchturm von Nassau gilt als der schönste romanische Turm des Tauberlandes

FÜNFTER TAG

Von Gerlachsheim bis Gamburg

Heute haben wir den längsten Weg des zweiten Teiles unserer Tauberlandwanderung vor uns. Ausgerechnet heute haben wir auch noch länger geschlafen als gestern, wir müssen uns deshalb vornehmen, die Rastpausen kürzer zu halten.
Die Sonne taucht schon alles in ihr gleißendes Licht; der wolkenlose Himmel verspricht einen heißen Tag, als wir die langgezogene Dorfstraße hinabwandern – wir wollen hinüber nach *Lauda*.
„Lauda" als Name ist uns schon seit frühester Kindheit ein Begriff. Seit wir des Lesens kundig waren, haben wir diesen Namen an unzähligen Zügen gelesen, die in unserem Bahnhof ein- und ausfuhren, an dem wir uns gern und oft aufhielten. Sehnsüchtig dachten wir dann darüber nach, wie schön es wäre, wenn man ganz ohne Geld mitfahren könnte und was für Herrlichkeiten man hinter unserem kleinen Dorfhorizont sehen könnte.
Die geologisch begünstigte Furt über die Tauber führte dazu, daß Lauda schon im Mittelalter durch die alte Nord-Süd-Straßenverbindung an die weite Welt angeschlossen war. Die Ausschwemmungen der von links der Tauber zufließenden Bäche bildeten weite Schuttkegel, die schon in keltischer Zeit bevorzugte Siedlungsplätze waren. Beim Bau des Schwimmbades „Am Brünnlein" stieß man auf zwei übereinanderliegende Siedlungen, die in diese frühe Zeit zurückreichen. Urkundlich erwähnt wird Lauda erstmals 1135, dort bestätigt Bischof Embricho von Würzburg eine Schenkung des Herzogs Friedrich von Staufen an einen Herren Adalbert von Luden. Die Schreibweise wechselte durch die Zeiten, bis die Siedlung 1500 als „Lauda" erwähnt wird.
Kaiser Ludwig der Bayer gab Lauda am 22. November 1344 das Stadtrecht, doch schon 1289 wurde es „oppidum", d. h. befestigter Ort, genannt. Zur Zeit der Kreuzzüge, zu Beginn des 13. Jahrhunderts, starb die männliche Linie der Herren von Luden aus, die Töchter heirateten in die Adelsgeschlechter von Hohenlohe und Rieneck, somit wechselte der Besitz in diese Linien. 1506 kam Lauda zum Herzogtum Franken und wurde Oberamtsstadt der Fürstbischöfe von Würzburg. 1512 wurde die schöne Bogenbrücke über die Tauber gebaut, auf der wir jetzt dem Städtchen zuwandern. Die auskragenden Bastionen über den talauf angebrachten Eisbrechern tragen das Standbild des St. Nepomuk, einen Bildstock von 1644 und auf der anderen Seite ein Kreuzbild von 1590. Wie die Chronik erzählt, sollen hier bei der Brücke nach der verlorenen Bauernschlacht mehrere Bürger, darunter auch der Laudaer Stadtpfarrer Lienhart Beys, enthauptet worden sein.

Sehenswerte Straßenpartie in Lauda mit Mariensäule vor dem alten, barocken Rathaus

Der Würzburger Bischof Julius Echter nahm sich in den folgenden Jahrzehnten gnädig seiner wenigen Schäflein an und förderte auch hier den Weinbau. 1803 kam Lauda zum Bischoftum Leiningen, um dann letztlich 1806 zum Großherzogtum Baden zu gelangen. Heute bildet es zusammen mit Königshofen und zehn weiteren Gemeinden die Stadt Lauda-Königshofen und wird von „Stuttgart aus regiert".

Das emsige Treiben in den morgendlichen Straßen nimmt uns auf, Hausfrauen eilen mit ihren Einkaufstaschen in und aus den Läden, Fenster werden schon blankgerieben und Bierfässer rollen von einem Bräuauto in den kühlen Keller,

Reiche Schnitzereien und originelle Details schmücken die Fachwerkhäuser im Taubertal – oben in Lauda, Bild unten in Tauberbischofsheim

um den gewiß kommenden großen Durst der Gäste in der Wirtsstube darüber löschen zu können.
Der historische Altstadtkern ist recht zusammengeschmolzen, aber, wie man sieht, gibt sich die Verwaltung große Mühe, das noch Vorhandene stilgerecht zu renovieren.
Den schönsten Anblick Laudas bietet wohl das barocke Rathaus mit der Mariensäule, die inmitten des reichen Blütenschmuckes davor golden glänzt. Aber auch die prächtigen Fachwerkhäuser in der Nähe aus dem 16. und 17. Jahrhundert sind es wert, genauer betrachtet zu werden – welchen Kunstsinn hatten doch die damaligen „Häuslesbauer“ und welch großartige Meister brachten die seinerzeitige Zimmermannszunft hervor! Eines davon, das „Ulrichshaus“, das heute das Heimatmuseum birgt, verdient es, daß man deswegen einige Stunden eines Sonntagnachmittags opfert. Interessant und lehrreich ist es, sich von dem kundigen Museumsleiter durch die Räume führen zu lassen, sich die Zunftstube, die Schlafkammer mit Himmelbett, die farbenfreudigen Bauernmöbel und überhaupt alle hier zusammengetragenen Zeugnisse bäuerlicher und bürgerlicher Kultur aus mehreren Jahrhunderten zeigen und erklären zu lassen.
Gegenüber, im ehemaligen Gasthaus „Hecht“, sieht man eine geschnitzte Bildnistafel, auf der ein Hecht zwischen Reben über christlicher Symbolik schwimmt.
Am Ende der Straße steht das schon fast zum Wahrzeichen Laudas gewordene „Obere Tor“ von 1496. Die Straße führt weiter nach Oberlauda, dort befindet sich das größte oberschlächtige Mühlrad Süddeutschlands mit einem Durchmesser von fast 15 Metern. Hier wurde der geistige Vater der ersten Kunstsprache „Volapück“, Johann Martin Schleyer, geboren.

Links die Stadtkirche von Lauda, rechts ein weiteres Wahrzeichen: das „Obere Tor“

Die Stadtkirche von Lauda soll vor 1694 – in diesem Jahr brannte sie ab – nach der Marienkirche in Würzburg die schönste Kirche Fankens gewesen sein. Sie wurde neu erbaut und später mehrfach umgebaut. Während Chor und Turm noch aus der Gotik stammen, ist das klassische Renaissance-Portal von 1606. Den prächtigen Rokokoaltar schuf der Meister Scheithauf, ein Oberbayer. Den Altar aber mußte der Geistliche Rat R. Mohr in Einzelteilen erst aus allen Himmelsrichtungen wieder zusammentragen .

Nicht weit davon befindet sich die Heiligblutkapelle, die Taschenausgabe einer Kirche, die angeblich 1283 als Sühnekirche für einen Hostienfrevel errichtet wurde, ein Ölbild rechts des Eingangs berichtet davon.

Die im „Julius-Echter-Stil" erbaute Marienkirche hat eine reiche Rokokoausstattung

Ein imposantes Renaissance-Portal des Forchtenberger Meisters M. Kern führt in die inmitten des Friedhofs gelegene Marienkirche. Über dem Nordportal sind die Wappen der Gönner, Julius Echter und Gottfried von Aschhausen, zu sehen, die reiche Innenausstattung prangt im Gold des Rokoko.

Und da wir nun schon ganz in Bahnhofsnähe angelangt sind – vor uns in Sichtweite stehen schon die typischen Wohnhäuser der Eisenbahner und der Bahnhof – wandern wir vollends hinüber zum „Denkmal", das Lauda in Erinnerung seines durch die Bahnlinie verursachten Aufschwungs hier aufgestellt hat. Unweit des Bahnhofs, vor einem nüchtern sachlichen Bankgebäude, hat man inmitten einer kleinen Grünanlage eine Lokomotive mit Tender aufgestellt. Wir sind nicht die

Technisches Wahrzeichen Laudas, des wichtigen Eisenbahnknotenpunktes, ist die liebevoll gepflegte Lok der „Laudaer Lokomotivfreunde“

einzigen Bewunderer, ein Vater und sein kleiner Sohn inspizieren bereits das schwarz-rot herausgeputzte, schlafende Ungetüm, wobei sich der Vater kaum vor dem Fragenschwall seines Sprößlings retten kann.

Auf einer Tafel können wir lesen, daß die Lok Nr. 052908-1 im Jahre 1942 bei der Firma Schwarzkopf in Berlin gebaut wurde, mit 1625 PS eine Höchstgeschwindigkeit von 80 km/Std. erreichte, eine Laufleistung von 1 504 441 km hinter sich brachte, selbst an der Ostfront eingesetzt war und 1977 ausgemustert wurde. Der Kaufpreis im Jahre 1942 betrug 179 000 RM, heute würde der Neuwert bei 583 000 DM liegen.
Der dazugehörige Tender wurde in einer Wiener Lokfabrik hergestellt. Die Laudaer Lokomotivfreunde haben mit Schranken, Signalen und Wassereinfüllstutzen das Gesamtbild fachmännisch abgerundet und jährlich feiert man hier um die Lok im Sommer das bekannte „Dampflokfest“.
Ein neues Zeitalter war am 23. Oktober 1869 mit Eröffnung der Bahnlinie Crailsheim – Lauda auch für das Taubertal angebrochen.
In den jahrelangen Vorarbeiten dazu waren Unmengen von Erdmaterial bewegt worden, Bahnkörper aufgeschüttet, Brücken, Bahnhöfe und Bahnwärterhäus-

Gekonnt restauriertes Bürgerhaus in der Altstadt

chen gebaut worden; Kleinbauern und kleine Handwerker fanden bei den noch weitgehend von Hand ausgeführten Bauarbeiten Arbeit und Verdienst.
Doch noch etwas Neues brachte der Bahnbau mit sich. Erstmals hatten wir in Hohenlohe und im Tauberland Gastarbeiter. Speziell aus Italien hatte man Arbeiter geholt, nicht zuletzt deshalb, weil man tüchtige Steinmetzen zum Herrichten der Steine für Brücken und Bauwerke brauchte. Alte Bürger unserer Gemeinde, die ihr Wissen wiederum von ihren Vätern hatten, haben mir vom Bahnbau in unserer Gegend oft erzählt, wie damals tüchtige Hohenloher überdachte Freiluftkegelbahnen errichteten, die abends und sonntags gerade von den Italienern gerne besucht wurden, dort Wein und Bier ausschenkten und damit den Grundstock zum eigenen Wohlstand legten. Aber auch italienische Händler begleiteten die Bautrupps, versorgten sie mit den gewohnten nationalen Spezialitäten wie Spaghetti und Makkaroni. In meinem Heimatort kannte ich noch die Tochter eines solchen italienischen Händlers, die damals einen Einheimischen heiratete und so zur Hohenloherin wurde. Was für Probleme ein derartiger Entschluß mit sich brachte, kann man sich leicht vorstellen, sind wir doch selbst heute noch nicht frei von Vorurteilen Angehörigen anderer Volksstämme gegenüber. Aber durchgesetzt hat es damals der Johann Leonhard, der aus einer vermögenden Kaufmannsfamilie stammte, gegen den Willen seiner ganzen Sippe hat er seine schöne Rosa geheiratet. Die Ehe ging gut, das Geschäft blühte weiter auf, nur Kinder blieben den beiden versagt. Die Rosa, die ihren Mann überlebte, paßte sich dem Dorfleben an, sprach fast perfekt hohenlohisch, nur an eines konnte sie sich nie gewöhnen und das waren unsere rauhen hohenlohischen Winter. Aus meiner Kindheit weiß ich noch, daß, wenn man sie überhaupt einmal im Winter auf der Straße sah, sie dann richtig „dampfte“ – sie hatte sich nämlich zum Wärmen unter dem Mantel je eine Gummibettflasche auf Bauch und Rücken geschnallt. Zu gerne hätten wir Buben sie deshalb ausgespottet, aber wenn uns die schlanke, weißhaarige Frau mit ihren großen, dunklen Augen ansah, unterließen wir es, zogen die Mütze und grüßten anständig, so wie es uns damals noch täglich eingeschärft wurde.
Überhaupt befürchte ich, daß manch dunkelhaariger und schwarzäugiger Hohenloher, der so ganz „aus der Rasse schlägt“, sein südliches Aussehen der schwachen Stunde einer seiner weiblichen Vorfahren zu verdanken hat, die vielleicht damals beim Bahnbau südlichem Charme und schwarzen Glutaugen erlag.

Bei solcherlei Gedanken während unseres Stadtrundganges verspüren wir plötzlich Durst und beschließen, gegen unsere sonstige Gewohnheit, in das Wirtshaus einzukehren, in dessen Keller bei unserer Ankunft die Bierfässer rollten. Wir sind nicht die einzigen Gäste, eine ganze Runde sitzt schon beisammen und löscht wohl vorsorglich den Durst des jungen Tages. Mitleidig werden wir belächelt, weil wir den Gerstensaft mit Sprudel verdünnt bestellen, dabei fällt mir ein, daß Abt Knittel, der Erfinder der „Knittelverse“, ein großer Sohn der Stadt war. Es ist keine große Poesie, was er gedichtet hat, es war wohl mehr sein fränkischer Mutterwitz.

Als echter Barockmensch genoß er das Leben, von Hungern und Fasten schien er nichts zu halten, wenn er reimte:

Leere Fässer, leere Eier,
Ohne Fisch und Krebs ein Weiher,
Opferkasten ohne Steuer,
Leeres Stroh und lauter Spreier,
Ohne Frucht und Heu ein' Scheuer,
Herd und Küchen ohne Feuer
Sind ein großes Ungeheuer,
Macht die Lebensmittel teuer.
Wenn der Beutel hat ein Loch,
Nichts zu schmelzen hat der Koch,
Wenn das Licht hört auf zu brinnen
Und das Faß will nicht mehr rinnen,
Wenn der Zapf steckt auf den Hut,
Diese Zeichen sind nicht gut.

Für seine Vaterstadt Lauda scheint er viel übrig gehabt zu haben, stiftete er doch 1709 für die neue Kirche einen Hochaltar, der undankbarerweise 1766 nach Ilmspann verkauft wurde.
Uns ist er jedenfalls sympathisch, der dichtende Abt, nicht zuletzt deshalb, weil er 50 Jahre im Kloster Schöntal residierte, das von den Herren von Bebenburg gestiftet wurde, deren Burg, d. h. die Ruine Bebenburg in Bemberg, Gemeinde Rot am See, an dieses Geschlecht erinnert.
Aber noch weitere große Söhne kann Lauda vorweisen, wie z. B. den Reformator der fränkischen Landwirtschaft Prof. Dr. Adam Ulrich, der den Anbau der Luzerne einführte und den Kartoffelanbau belebte, sowie Dr. Josef Schmitt (1874–1939), den letzten badischen Staatspräsidenten.

Wir leeren unsere „sprudelnden" Bierkrüge, erhalten von der Zecherrunde noch gute Ratschläge, wie man richtig wandert – obwohl wir überzeugt sind, daß sie ihre Wanderungen nur im Sitzen vollbringen – und verlassen die Kühle des gastlichen Hauses, um unter der Tauberländer Sonne unseren Weiterweg aufzunehmen.
Die ersten Kilometer hinter Lauda – wir folgen parallel der Bahnlinie – sind wir recht schweigsam, der volle Liter Flüssigkeit macht uns zu schaffen, es schwitzt sich viel leichter. Eine nette Unterbrechung gibt es, als uns ein alter Mann mit verknautschtem Hut auf seinem struppigen Haar entgegenkommt, schon von weitem „Weidmannsheil" schreit und dabei mit einer vollen Plastiktasche winkt. Er hält uns in unserer Wanderkluft für Jäger. Als er uns erreicht hat, merken wir, daß er sich, wenn es seinem Vorteil dient, wie ein Chamäleon jeder Lage anzupassen weiß. Seinem ganzen Aussehen nach ist er einer der armen Tippelbrüder – auch ein Wanderer – die Plastiktüte enthält wohl sein ganzes Vermögen. Er fragt

Distelhausen liegt schon in dem sich weitenden Taubergrund

uns, ob wir ihm wohl nicht zehn Pfennig schenken können, damit er sich Streichhölzer kaufen könne. Als wir ihm statt dessen zwei Mark geben, blitzen seine kleinen Trinkeraugen, die nächsten zwei Schnäpse sind gesichert. Zum Abschied ruft er noch ein ums andere Mal „Weidmannsheil", wobei er rückwärts gehend mit Hut und Plastiktasche winkt. Auf unserem weiteren Weg haben wir nun Gesprächsstoff, wir überlegen, wie diesen Menschen wirklich zu helfen wäre, nicht nur mit lumpigen zwei Mark, kommen aber zu dem Schluß, daß es in diesem Alter wohl zu spät ist, das Grundübel liegt wohl schon in der Jugend am fehlenden Familienhalt.

Bis vor *Distelhausen* – dort, wo die Tauber einen kräftigen „Schlenkerer" macht, um parallel auf der anderen Seite der Bahnlinie dahinzufließen – begegnen wir keinem Menschen mehr, bis wir hier an einem parkenden Auto vorbeikommen, an dem ein krank aussehender, noch junger Mann mit zwei Krücken lehnt. Seine hübsche Frau und nicht weniger hübsche Kinder pflücken aus der Blütenfülle der ansteigenden Böschung Johanniskraut in große Tüten – ob sie wohl als letztes Mittel, um dem kranken Mann und Vater zu helfen, auf die Apotheke der Natur zurückgreifen, wir wissen es nicht und wollen auch nicht fragen.

Rechts vor uns, über den Tauberwiesen, tauchen die Wahrzeichen von Distelhausen auf, Kirchturm und Brauereischlot.
Unseren Wanderweg begleiten links und rechts der Straße, schon in den Asphalt hereinwachsend, um ihn als Lebensraum zurückzuholen, ganze Streifen von Ackerwinden. Eine Unzahl geöffneter, strahlend weiß und zartrosa getönter Kelche strecken sich der Sonne entgegen, und jetzt kreuzt sogar ein „Geharnischter" unseren Weg, eine Spezies, die bei uns auf der Hohenloher Ebene nicht vorkommt, ein Hirschkäfer *(Lucanus cervus),* und zwar – der Größe nach zu schließen – ein Weibchen. Diese geschützten, zangenbewehrten Brummer brauchen als Lebensgrundlage Eichenmischwälder. Das Weibchen, das bis zu 45 mm lang wird, legt seine Eier in moderndes Holz von Eichenstümpfen und -stämmen. Die Larven brauchen zur Entwicklung 3 bis 5 Jahre, werden bis zu 10 cm lang und sind blind. Die Käfer schlüpfen im Herbst, verlassen ihr Versteck aber erst im Frühjahr. Tagsüber halten sie sich normalerweise an Baumstämmen auf, aus denen Saft fließt, abends fliegen sie mit hörbarem Gebrumm. Die Männchen werden bis zu 75 mm lang, tragen Schaukämpfe aus, bei denen aber keinem etwas passiert. Nach neuesten Forschungen entwickeln sie in ihren Kiefern eine solche Kraft, daß sie ein 8 mm starkes Kupferrohr glatt durchschneiden können. Wieder einmal etwas, was die Natur der menschlichen Technik voraus hat, es ist mir nicht bekannt, daß wir mit so wenig umweltfreundlicher Energie auf solch kleinem Raum einen derartig starken Druck ausüben können.
Rechts vor uns wächst beim Weiterwandern der spitze Turm der Wolfgangskapelle aus dem Grün der Bäume, dahinter, durch eine Pappelreihe, die die Tauber säumt, sieht man Distelhausen in der Sommersonne liegen. Die Distelhäuser gelobten, nachdem die Pest die Hälfte der Dorfbewohner hinweggerafft hatte, eine Wallfahrtskapelle zu bauen, diese Wolfgangskapelle. Im Jahre 1472 wurde sie im gotischen Stil errichtet. Jedes Jahr am Pfingstmontag findet hier eine große Wallfahrt statt, an der Reiter und Pferde, selbst aus der weiterern Umgebung teilnehmen.
Der Friedhof bei der Kapelle zieht sich am sanft ansteigenden Hang hin, im oberen Teil findet man noch alte, hölzerne Grabkreuze, auf deren ovalen, hellen Schildchen die Namen in schöner Schnörkelschrift an die Toten erinnern. Die den Friedhof umgebende Steinmauer mit den Kreuzwegstationen aus rotem Sandstein dient im tauberwärts gelegenen Teil wohl auch zur Abwehr des Hochwassers.
Das Kapelleninnere ist sehr einfach gehalten, neben schönen alten Grabplatten erinnert uns der von der Decke hängende Glockenstrang an unsere Zeit als „Läutebuben", zu gerne möchten wir probieren, ob wir noch so gut wie früher läuten können.
Der wassergefüllte Trog des Friedhofbrunnens, an dessen Rand sich Hunderte von Bienen beim An- und Abflug abwechseln, um Wasser zu holen, ist uns eine willkommene Erfrischung für Gesicht und Arme.
Einen kurzen Abstecher wert ist uns Distelhausen – nicht nur des Bieres wegen,

Hart an der Tauber liegt die St. Wolfgangskapelle, Ziel einer großen, jährlichen Reiterwallfahrt

auch die von 1731 bis 1738 nach Plänen Balthasar Neumanns erbaute Pfarrkirche St. Markus mit ihren fein abgewogenen Proportionen zieht uns an, den Turm krönt eine sogenannte „Welsche Haube"; das Innere, wohl erst frisch renoviert, strahlt von dem Glanz dreier Rokoko-Altäre. Sehr gute Schnitzarbeiten, darunter eine Madonna im Chor, sowie eine Pieta mit Johannes an der Rückwand, sind wohl aus der Zeit um 1450, und gefallen uns besonders.
Bei unserem Durst kommen wir natürlich nicht am Dorfgasthaus vorbei, bestellen „bitte zwei Pils".
Ein altes Sprichwort aus dem an das Taubertal angrenzenden „Gäu" sagt aus, daß jeder Biertrinker den Bauern dieses Landstriches hilft – liefern diese doch die benötige Braugerste dazu.

Die Anfänge des „Distelbräu" gehen zurück auf einen Eintrag im Saalbuch des ehemaligen Würzburger Amtes in Lauda von 1718, in dem verzeichnet ist, daß einem Johann Klingen von Distelhausen ein „ewiges schildgerechtes Privilegium" auf das „Gasthaus zum Stern" verliehen wurde. (Die schönen Ausleger, die heute durstige Kehlen zu einem Trunk einladen, waren damals nichts anderes als das äußere Zeichen, daß dem Besitzer von der Herrschaft die Genehmigung zum Ausschank erteilt wurde.)

Blick auf die größte, sich noch in Familienbesitz befindliche Brauerei im Tauberraum

In den folgenden einhundert Jahren wechselten die Besitzer. Vom Jahre 1811 wird berichtet, daß erstmals hier in Distelhausen Bier gebraut wurde.

Nach einem weiteren Wechsel kaufte 1876 der Bierbrauer Ernst Bauer aus Wertheim Gasthaus und Brauerei, er wurde der Stammvater der heutigen Brauerfamilie Bauer.

Bürgerlicher Fleiß, aber auch das Wissen, daß zum Gelingen der Arbeit auch der Segen gehört, sprechen aus seinen im Jahre 1912 aufgezeichneten Lebenserinnerungen. Im letzten Absatz schreibt er u. a.:

Durch Einsetzen alles Fleißes und aller Kraft wurde es mir möglich, im Jahre 1903 die Brauerei meinem Sohn Georg zu übergeben. Unsere Arbeit war von Segen begleitet und im Jahre 1905 konnten wir uns hier in Kreuzwertheim häuslich niederlassen, wo wir noch einige Jahre leidlich gesund und in Zufriedenheit zu verbringen gedenken, so Gott will!

Die Kriege brachten auch für dieses Unternehmen Rückschläge mit sich, aber dank des Fleißes und der Ausdauer seiner Leiter ließ sich die Aufwärtsentwicklung fortsetzen.
So wurde 1892 eine Mälzerei gebaut, 1897 eine Dampfmaschine aufgestellt und 1912 mit unternehmerischem Weitblick ein großes Sudhaus errichtet.
Im Jahre 1919 wurde dem Betrieb eine Mühle mit Elektrizitätswerk in Dittigheim angegliedert.
Die folgenden Jahrzehnte brachten erfreuliche Erweiterungen, aber auch manch harte Rückschläge, bis endlich der große Durchbruch erzielt werden konnte, und der Bierausstoß zwischen 1950 und 1974 von 10 000 hl auf 180 000 hl gesteigert wurde, was allerdings Erweiterung und Neubau des Betriebes notwendig machten.
Heute sind bei der Distel-Brauerei 130 Mitarbeiter beschäftigt, der Bierausstoß liegt bei 200 000 hl, die im Umkreis von 100 km getrunken werden.
Wie in einem Familienbetrieb üblich, sind die meisten Führungskräfte in ihm „gewachsen“; nicht üblich, aber anerkennenswert ist, daß Ernst Bauer als einer der ersten Unternehmer der Bundesrepublik 1956 das Mitarbeiter-Beteiligungsmodell in der Distel-Brauerei eingerichtet hat, durch das die Angestellten und Arbeiter am Gewinn beteiligt sind.
Heute arbeitet in der Brauerei eine der rationellsten Flaschenabfüllanlagen der Bundesrepublik mit 32 000 Flaschen pro Stunde.
Für den Fleiß der Familie Bauer durch Generationen spricht auch die ausgezeichnete Qualität des Gerstensaftes, von dem wir uns überzeugen konnten. Hier zeigt es sich deutlich, daß ein gutgeführter Familienbetrieb auch heute mit großen Konzernen konkurrieren kann. Während bei diesen nur das Kapital die Grundlage des Erfolges ist, bilden hier Fleiß, Ausdauer und Einsatzbereitschaft der ganzen Familie sowie unternehmerischer Mut die soliden Säulen des sichtbaren Gedeihens.
Erfreulich ist, daß die Brauerei einen „Förderpreis Natur“ für engagierte Natur- und Umweltschutzgruppen im Tauberraum gestiftet hat, der sich auf jährlich 20 000 DM beläuft.

Vor uns spannt sich die Autobahnbrücke über das weite Tal – wir finden, sie ist nicht gerade zum Vorteil für die Landschaft, angenehm für uns ist nur das kurze Stück ihres Schattens.
Weiter folgen wir der Bahnlinie nach Tauberbischofsheim, wo wir mittags eine Verabredung mit einem dort ansässigen Wanderfreund haben.

Auf etwa halbem Weg dorthin, am Ortsrand von *Dittigheim,* werden wir durch eine Bänderabsperrung und eine aufgestellte Tafel mit der Aufschrift „Archäologische Grabung – Betreten verboten“ erst darauf aufmerksam, daß das Landes-

Schnurkeramische Becher aus der Wende des 2./1. Jahrtausends v. Chr.

denkmalamt hier eine Ausgrabung durchführt. Weit und breit ist niemand zu sehen, also schlüpfen wir unter der Absperrung hindurch und betreten vorsichtig das Grabungsgelände, aber wir können uns noch nicht einmal umsehen, schon taucht schimpfend und schreiend eine langhaarige Amazone der Grabungsmannschaft auf und scheucht uns wie Grabräuber davon. „Ob sie wohl glaube, daß wir nichts davon verstehen und nicht wissen würden, wie man sich auf so einem Gelände bewege", maulen wir zurück. Doch wir haben auch unseren Stolz und lassen uns auf keine weitere Diskussion mit ihr ein, treten beleidigt und enttäuscht den Rückzug an und trollen uns davon. Bei unseren guten Beziehungen zum Landesdenkmalamt Stuttgart haben wir einige Wochen später schon einen Bericht über die Ausgrabung, der womöglich einiges enthält, was das „narrete Weibsbild" überhaupt nicht wußte.

Wie schon länger bekannt, findet sich im Raum Tauberbischofsheim eine auffallende Häufung schnurkeramischer Bestattungen. Zu beiden Seiten der Tauber liegen hier die Friedhöfe oft nur 600 m auseinander. Natürlich bestanden sie nicht alle gleichzeitig, doch zeugen sie von einer dichten Besiedlung des Tales um die Wende des 3. zum 2. Jahrhundert v. Chr. Bereits 1936 soll bei Dittigheim ein Hockergrab gefunden worden sein. Im Jahre 1976 wurde innerhalb eines merowingischen Friedhofs ebenfalls eine schnurbandkeramische Bestattung erfaßt. In diesem Jahr 1983 wurde durch Ausweitung des Baugebiets eine weitere Grabung notwendig.

Faszinierend im Ausdruck – keltische Bügelfibel, gefunden bei Oberwittighausen

Fünf Gräber mit mindestens 17 Toten wurden freigelegt, die in breitrechteckigen Grabgruben von max. 1,30 × 1,50 m, höchstens 30 cm tief, im anstehenden Löß bestattet waren. Grab Nr. 90 enthielt Reste von mindestens 7 Menschen, ob es ein Familiengrab war, weiß man nicht. Einem Jugendlichen waren ein Steinbeil und ein Kleinsäuger, vielleicht sein Hund oder seine Katze, mit ins Grab gegeben worden.
Die Jahre zuvor arbeitete man an der Freilegung eines weitaus jüngeren Friedhofes, vom Ende des 5. Jahrhunderts. Alemannische oder fränkische Gräber aus dieser frühen Besiedlungszeit sind im Tauberraum selten, merowingische Reihengräberfriedhöfe beginnen erst im 6. Jahrhundert. Die Gräber der Dorfdynastie lagen etwas abgesetzt von den anderen und waren entsprechend reicher ausgestattet, obwohl sie in alter Zeit schon beraubt wurden, und dies bei Grabgruben, die bis zu 4 m in den Lößlehm eingelassen waren. Das Männergrab enthielt nicht nur das typische Langschwert (Spatha), sondern auch sein Pferd hatte man dem Toten mit ins Jenseits gegeben. Einem ca. 8jährigen Buben hatte man sein Kurzschwert (Sax) beigelegt, einem Kleinkind eine Silberfibel.
Reich ausgestattet war ein Frauengrab, das neben Bügelfibeln, Almadinscheibenfibeln und S-förmiger Langobardfibel die eisernen Überreste eines Webstuhls mit Webschwert und neun Webgewichten enthielt.
Die Franken in Dittigheim hatten anscheinend ihre Toten nach Familienzusammengehörigkeit bestattet, beigesetzt waren sie in gezimmerten Holzsärgen.
Erstaunlich ist die durch Funde belegte Tatsache, daß hier im Taubertal schon zu früher Zeit Kupfer bekannt war und verwendet wurde.
Durch sorgfältige Untersuchungen und Vergleiche mag man Einsichten auf Herkunft, Totenritual und Glaubensvorstellungen dieser Bevölkerungsgruppe gewinnen, doch letztendlich fehlen noch sehr viele Mosaiksteine zum Lebensbild der damaligen Talbewohner.

Der letzte halbe Kilometer vor Tauberbischofsheim – wir wandern immer noch neben der Bahnlinie – wird geradezu schwierig. Die Bauern haben bis hart an die Böschung herangeackert und, da wir die dort noch stehende Frucht nicht zertreten wollen, aber andererseits die nach uns greifenden Zweige des Weiß- und Schwarzdorns keine Ausweichmöglichkeit lassen, wird unser Weiterweg zu einer mühsamen „Gratwanderung" in halb gebückter Haltung. Unsere Strümpfe haben wir vorsorglich vor Beginn des Hindernisses bis zu den Bundhosen hinaufgezogen, da an der Bahnböschung auch Brennesselwälder prächtig gedeihen. Nachdem wir diesen Dschungel glücklich überwunden haben, weiß ich auch, warum die Hauhechel diesen Namen trägt, bis zu den Knieen haben sich ihre Krallen zu Hunderten in die Strümpfe hineingehauen.
Erst nach eingehender Säuberungsaktion können wir es nun wagen – ohne gleich als Landstreicher festgenommen zu werden – in die Kreisstadt Tauberbischofsheim einzumarschieren.
Auf dem Platz vor dem kurmainzischen Schloß werden wir erwartet, schon von

Jahrelang diente es als Brunnentrog – das „Tauberbischofsheimer Kapitell

weitem winkt uns unser Fremdenführer zu, aber wir sind wohl auch zwischen den hochsommerlich gekleideten „Stadtmenschen" auf dem Platz nicht zu übersehen. Im Gegensatz zu meinem Wanderfreund Ottmar kannte ich unseren Führer, der uns die Stadt zeigen sollte, noch nicht, doch hält er, was Ottmar bereits begeistert von ihm versprochen hatte, er erweist sich als ein äußerst kundiger, geistig wendiger und überaus liebenswürdiger älterer Herr.

Da wir nun mal vor dem stilgerecht restaurierten Schloß stehen, das das „Tauberfränkische Heimatmuseum" beherbergt, schlägt er vor, gleich mit der Besichtigung des Museums zu beginnen. Uns ist dies gleich recht – drinnen ist es bestimmt kühler.

Über unseren Köpfen am Eingang schmückt neben Fresken das Wappen des ehemaligen Hausherren, des Mainzer Erzbischofs Berthold von Henneberg (1484 – 1504) den gotischen Kapellenerker. Der gepflasterte Marktplatz, der Brunnen, die alten Bäume, der schlanke Türmersturm, alles zusammen ergibt mit den schieferfarbig gedeckten Gebäuden des Schlosses ein selten harmonisches Bild.

Das untere Stockwerk des Museums überrascht sogleich mit der Fülle der ausgestellten Dinge: bäuerliches Acker- und Weinbaugerät, eine reichausgestattete, mittelalterliche Küche und Schrankvitrinen voller Waffen, darunter auch ein Zündnadelgewehr, das durch seine schnellere Schußfolge die sogenannte „Schlacht bei Tauberbischofsheim" im deutsch-deutschen Bruderkrieg von 1866 zugunsten Preußens mit entschied. Neben der Treppe zum ersten Stock steht das

Blick von Schloßplatz zur Stadtpfarrkirche

mächtige „Tauberbischofsheimer Kapitell“, das bis zu seiner Erkennung und Aufstellung im Museum auch als Brunnentrog diente. Etwa um 800 entstanden, zeigt es verwandtschaftliche Formen zu einem ähnlichen Kapitell in Fulda. Der romanische Bildhauer hat hier eine Komposition geschaffen aus zwei verschiedenen griechischen Kapitellformen, während der untere Teil mit den in doppelter Reihe und auf Lücke gesetzten Arkanthosblättern (griech. = Bärenklau) versehen ist, ist der obere Teil mit der schlummerrollenartigen Form und den Voluten dem ionischen entliehen.

Die im ersten Stock liegende, pfeilergestützte große Halle, der Rahmen für festliche Veranstaltungen der Stadt, überrascht durch Weite und Ausstattung. An den Wänden sehen wir Holzplastiken fränkischer Meister, darunter auch Kopien der

Voller Sehenswürdigkeiten ist das „Tauberfränkische Heimatmuseum“.
Links: Blick in die pfeilergestützte große Halle im I. Stock.
Rechts: Funde aus Gräbern der Merowinger- und Karolingerzeit (5.–8. Jahrhundert n. Chr.)

einmaligen Leuchterengel von Tilman Riemenschneider, die einst in der Külsheimer Katharinenkapelle standen und 1912 an das Victoria-und-Albert-Museum, London, verkauft wurden.
Von dieser Halle aus öffnen sich eine ganze Reihe Türen, die zu den Schätzen des Museums führen, zu Handwerkerstuben mit kompletten Einrichtungen und zu bürgerlichen Zimmern voll der schönsten Renaissance- und Barockmöbel, vervollständigt durch Gemälde und Fayencen der Epoche. Kleinere Verbindungsräume zeigen z. B. alte Landkartensammlungen des Taubertales oder die schönste Pfeifensammlung, die ich je gesehen habe. (Wenn man selbst Pfeife raucht, wird man da schon etwas neidisch.) Bunt und altvertraut sind uns die Bauernstuben mit ihren bemalten Truhen, Schränken, Betten und Wiegen, die es auf der Hohenloher Ebene noch in jedem Haus gab, bevor der große Ausverkauf bäuerlichen Volksgutes einsetzte. Man möchte sich am liebsten an den schweren Eichentisch setzen, vespern und dabei die durch das einfallende Sonnenlicht warm aufleuchtenden Farben der Schränke und Truhen bewundern. Das Gemüt der Menschen in der damaligen Zeit muß froh und heiter gewesen sein, sonst hätten sie ihre Möbel, die für Generationen geschaffen wurden, nicht mit so fröhlichen Sprüchen verziert, wie hier auf einer Truhe von 1848, dem Revolutionsjahr, zu lesen ist:

Schöne Jungfer und Vogelsang hab' ich geliebt mein Leben lang.

Genauso sinnesfroh und farbig sind die ausgestellten alten Trachten, da können die evangelischen schwarzen „Bändelhauben" der Hohenloher Ebene natürlich nicht mithalten.
Nicht schlecht staunen wir erst über die ur- und frühgeschichtliche Sammlung, die mehrere Räume füllt – manch großes Museum hat weit weniger anzubieten, aber es wundert ja nicht, da der Boden um die Stadt diese Schätze birgt. Angefangen beim ältesten Fund, dem Teil einer aus Knochen geschnitzten Harpunenspitze aus der letzten Eiszeit, etwa 20 000 Jahre alt, die irgendeinem glücklichen Umstand ihre Erhaltung verdankt, über polierte, durchbohrte Steinäxte, Schuhleistenkeile (kleine, flache Äxte aus Serpentin) bis hin zu feinsten Messerchen und Pfeilspitzen aus Silix gibt es alles zu sehen. Keramik, verzierte und gröbere Schalen und Becher des täglichen Gebrauchs bis hin zu meterhohen Vorratsgefäßen erzählen von der Kunstfertigkeit der damaligen Töpfer. In einer Vitrine sind reich verzierte, kleine Bügelfibeln ausgestellt, die dahinter angebrachten Fotos zeigen sie in Großaufnahme, feinste Arbeiten der damaligen Metallurgie. Die Künstler der Romanik haben genau diese Fratzen und Masken der alten Zeit wieder aufgegriffen, die uns an romanischen Kapitellen und Friesen wieder begegnen.
Noch stundenlang könnten wir so staunend und entdeckend durch die Räume gehen, doch die Zeit drängt, wir wollen noch andere Sehenswürdigkeiten der Stadt entdecken.
Das Angebot, auf den Türmersturm steigen zu dürfen, nehmen wir gerne an. Nach 119 Stufen erreichen wir doch etwas außer Atem die reizende, oben einge-

baute Türmerstube, genießen von oben den Rundblick über die Dächer und Türme mit dem emsigen Leben dazwischen, blicken hinaus über das Häusermeer der sich ausweitenden Stadt weit ins Taubertal, ins Frankenland. In uralten Zeiten, als der Tauberdurchbruch durch den Buntsandstein hinter Werbach noch nicht so weit war, um das zufließende Wasser zügig ablaufen zu lassen, staute es sich hier. Der obere Teil der noch weicheren Hänge wurde ausgenagt, das Tal weitete sich. Zu dem Schuttkegel, auf dem sich Tauberbischofsheim erhebt, hat der seitlich zufließende Brehmbach das meiste beigetragen. Um die Siedlung bildete sich eine feuchte, sumpfige, oft überschwemmte Talaue, die erst nach Regulierungsarbeiten an der Tauber landwirtschaftlich voll nutzbar wurde. Bei Grabarbeiten hat man schon alte Marksteine gefunden, die bis zu sechs Stück übereinander standen.

Irgendwo unter uns, zwischen Klosterhof und St. Martin, müssen die mit Stroh und Tauberschilf gedeckten ersten Höfe des Tauberdorfes gestanden haben, von denen in der Lioba-Vita des 9. Jahrhunderts berichtet wird.

Nach dem weniger anstrengenden Abstieg nehmen wir drei nun unseren Rundgang auf, neugierig lassen wir uns von unserem kundigen Freund durch die Stadt führen.

Wahrzeichen der Stadt – die „Bischemer Kroit“

Zuerst wollen wir jedoch dem inoffiziellen Wappentier der Stadt, der „Kroit“, die hinter dem Schloß unter einer Trauerweide am Wasserbecken thront, einen Besuch abstatten. Als Spitznamen haben die „Bischemer“ bei den Nachbarorten die Bezeichnung „Kroit“, dies kommt wohl daher, weil früher mit Einbruch der Nacht um die Stadt ein kräftiges Froschkonzert aus den feuchten Tauberauen einsetzte.

Aber dieser Name ist beileibe keine Beleidigung, sagen wir in unserer Hohenloher Mundart doch auch, wenn wir ein besonders nettes Mädchen sehen „Des is amol a netti Kreit“ (= Kröte = Mädchen) und so sind auch die weiblichen „Bischemer Kroite“ jeglichen Alters sehr hübsch und wohl anzusehen.

Gegenüber dem Krötenbrunnen erinnern noch ein alter Turmstumpf, ein paar Meter Stadtmauer und ein angeschnittener Wehrgang an die mittelalterliche Befestigung der Stadt; davor hat man alte Grenzpfähle mit schönen, gußeisernen Hoheitsemblemen aufgestellt.

Wir lassen uns weiter durch die „Türkei“ führen, das ehemalige Quartier der kleinen Handwerker und Häckler, durch das der Mühlbach teils frei, teils überwölbt fließt. An den schwarzäugigen und dunkelhaarigen Kindern, die vor den kleinen Häusern spielen, sehen wir, daß es heute weitgehend von Gastarbeitern bewohnt wird.

Vorbei am Armenspital, – den großen Torbogen krönen zwei Wappen aus dem Jahre 1572, – erreichen wir die St.-Lioba-Kirche, die Klosterkirche des 1829 aufgelösten Franziskanerklosters, die 1735 im barocken Stil wesentlich erweitert wurde. Das Innere, ein Saal mit Muldengewölbe, zeigt in seinem Barockaltar Bilder aus dem Leben der Hl. Lioba. Die Christianisierung hatte hier jedoch schon

Marktplatz mit dem 1865 in neugotischem Stil erbauten Rathaus

vor Lioba eingesetzt, man vermutet, daß die Stadt ihren Namen vom Hl. Bischof Bonifatius herleiten könne, der hier ein Heim erhalten hatte und es so zeitweise zum Mittelpunkt seines Wirkens gemacht habe. Der Behauptung, daß Bonifatius 722 die erste hiesige Kirche erbaut und geweiht habe, fehlt aber noch der urkundliche Beweis, wahrscheinlich gründete er aber hier 735 ein Frauenkloster.

Um 735 wurde Lioba von ihm aus England hergerufen, um als Äbtissin das Benediktinerinnenkloster zu leiten. Als einziges Kind adeliger angelsächsischer Eltern im Königreich Wessex 710 geboren, war sie auf den Namen Thrutgeba-Leogytha getauft worden, ihr Vater war mit Bonifatius befreundet gewesen, ihre Mutter mit ihm verwandt. In einem Kloster auf der Insel Thanet erzogen, erhielt sie eine überdurchschnittlich gute, religiöse und wissenschaftliche Ausbildung. In einem überlieferten Brief von ihr bittet sie ihren Oheim Bonifatius, sie doch als Helferin aufs Festland zu holen. Um das Jahr 735 kam sie in Begleitung mehrerer missionsbegeisterter Benediktinerinnen aus ebenfalls adligen Häusern – wie z. B. Thekla, die spätere Äbtissin der Klöster Ochsenfurt und Kitzingen, oder Wal-

burgis, die Schwester des späteren Eichstätter Bischofs Willibald und Äbtissin zu Eichstätt und Kunihilde, die Tante des späteren Erzbischofs Lull – hier nach Franken.
Von der letzten Zusammenkunft Liobas mit Bonifatius wird um die Jahreswende 752/53 berichtet. Bonifatius, schon über 80jährig, rief noch einmal Lioba, seine treue Glaubensgefährtin vor seiner Abreise zu den Friesen zu sich (dort fand er am 5. Juni 754 als christlicher Blutzeuge den Märtyrertod). Er schenkte ihr seine Kutte, Lioba gab ihm dagegen ein Totenhemd, das die Äbtissin in Tauberbischofsheim eigenhändig für ihn gewoben hatte.
Lioba hat danach noch über zwei Jahrzehnte in der Stadt gewirkt. In ihrem Kloster wurden die Töchter der fränkischen Adeligen im Glauben und Wissen der Zeit erzogen. – Gestorben ist sie im Kloster Schornsheim bei Mainz am 28. September 782.
Ihr späterer Biograph, der Fuldaer Benediktinermönch Rudolf, der um das Jahr 845 das Leben der Hl. Lioba beschrieb, vermerkte unter anderem:

Sie war eine Frau von großen Tugenden und solcher Willenskraft, daß sie weder ihres Vaterlandes noch ihrer Verwandten gedachte, sondern alles Streben auf das von ihr begonnene Werk wandte. . . . Nur was sie selber tat, das lehrte sie auch. Ihr Angesicht war engelgleich, ihre Rede angenehm, ihr Verstand klar und ihre Tatkraft groß. Ihr Glaube war allein seligmachend, in der Hoffnung war sie geduldig, in der Liebe mitteilend und, obwohl sie ein heiteres Angesicht hatte, ließ sie sich niemals zu ausgelassener Fröhlichkeit hinreißen – niemals ging die Sonne über ihrem Zorn unter.

Über ihrem Kloster in Tauberbischofsheim stand gewiß der benediktinische Grundsatz „Bete und arbeite". In großer Verehrung wird sie als „eine der schönsten Blumen im Garten des deutschen Christentums" bezeichnet.

An eine frühe Wohltäterin des Tauberraumes erinnert der Lioba-Altar

Auch eine alte Sage wurde über das segensreiche Wirken der Äbtissin Lioba im Tauberbischofsheimer Raum überliefert und hat sich durch die Generationen erhalten:
Riesen, die einst in Miltenberg hausten, sollen weitergewandert sein. Der eine Teil zog den Weg durch das Mudtal, der andere durch den Erfgrund. Auf ihrer Wanderung trafen sie an einem Platz wieder zusammen, der von da an den Namen „Königheim" trug, weil der Riesenkönig all seine Leute wieder beisammen hatte. Fluchtartig hatten die Menschen aus Furcht vor den Riesen die ganze Gegend verlassen und sich in den Wäldern versteckt. Da Riesen auch einen riesigen Hunger haben, war bald die ganze Gegend leergefressen. Hungrig zogen sie das Brehmbachtal abwärts und kamen an einen befestigten Ort, in dem hinter den Mauern die Bewohner mit Schwertern und Spießen Wache hielten, es war Tauberbischofsheim. Man gab den Riesen auf Verlangen einige Ochsen als Speise, ließ sie aber nicht in die Stadt ein. Jenseits der Tauber, auf dem Edel- und Büchelberg hielten die Riesen nun ihr Mahl, doch da es nicht ausreichte, forderten sie mehr. Auf Anraten einer weisen Frau, die in dem befestigten Ort wohnte, erhiel-

In der Fußgängerzone von Tauberbischofsheim

ten die Riesenboten eine abschlägige Antwort. Das brachte deren König so in Wut, daß er sogleich große Felsblöcke zusammentragen ließ, die er über das Tal auf den widerborstigen Ort schleuderte. Doch, welch ein Wunder, auf der Mauer des Ortes stand nun die weise Frau mit einem Stab in der Hand. Wie die Felsblökke auch geflogen kamen, keiner traf sein Ziel, sie lenkte sie mit ihrem Stab links und rechts an dem Ort vorbei. Der König der Riesen verwunderte sich sehr und ließ durch einen Boten fragen, woher sie diese Zauberkraft nehme. Sie aber ließ ihm ausrichten: „Das vermag ich allein durch meinen Glauben, damit kann ich Berge versetzen!" Nun lud er diese weise Frau, Lioba, zu sich ein, um mehr von der Wunderkraft ihres Glaubens zu erfahren. Sie vertraute auf Gottes Schutz und begab sich in die „Höhle des Löwen", die Riesen hatten sich unterdessen im Grün-

bachtal niedergelassen. Dort lehrte und überzeugte sie die Riesen vom rechten Glauben an Gott, daß sich der König samt seinen Mannen taufen ließ.
Die Sage berichtet weiter, daß der Riesenkönig dreimal einen schweren Hammer in verschiedene Richtungen warf und gelobte, an den Stellen, wo sie zur Erde fielen, als Dank drei Kirchen errichten zu lassen. Daraus entstand im Volksmund der alte Ausspruch: „Grünsfeldhausen, Oberwittighausen und Gaurettersheim liegen nur hammerwurfsweit auseinander".
Die Zeit um 782 war aber auch eine schwere und dunkle Zeit der Christianisierung mit Kreuz und Schwert. 782 ließ Karl der Große in Verden a. d. Aller 4 500 Geiseln der aufständischen Sachsen hinrichten, vier Jahre vorher, 778 kämpfte er erfolglos in Spanien gegen die Araber.
Gegenüber der Lioba-Kirche erhebt sich, schon halb zum Marktplatz gehörend, das „Mackertsche Haus". 1744–1746 wurde dieses Barockpalais von dem durch Tauberwein reich gewordenen Weinhändler Bögner erbaut. Rechts die Hauptstraße hinab erreicht man den Fachwerkbau des „Liebler-Hauses" von 1628; auf angebrachten Holztafeln sind Meerjungfrauen dargestellt, hier nennt man sie melodischer „Melusinen". Auf unserer weiteren Wanderung sollten wir ihnen noch öfters in Abbildungen begegnen.
Gewiß eine gute Idee der Stadtväter war es, den Marktplatz sowie die gesamte Hauptstraße zur Fußgängerzone umzugestalten, mit Ruhe kann man nun die Baudenkmäler betrachten und fotografieren.
Die obere Seite des weiten Marktplatzes wird von dem 1865 in neugotischem Stil aus rotem Sandstein erbauten Rathaus beherrscht; wegen des feuchten Untergrundes soll es seinerzeit auf einen Holzrost von 250 Föhrenstämmen gesetzt worden sein. Der Baustil des Rathauses paßt vielleicht nicht ganz in die Umgebung, aber im Innern, in seinem Fremdenverkehrsamt, sind wir vor Jahren äußerst angenehm und nett beraten worden.
Daß mit der Gesundheit immer schon etwas mehr zu verdienen war, zeigt rechts das klassische Fachwerkhaus der Stern-Apotheke, das genau nach alten Plänen wieder aufgebaut wurde. Weiter oben sehen wir die alte Post, 1602 erbaut, war es das Postgebäude der Postkutschenzeit der Thurn-und-Taxisschen Post. Dazwischen läßt sich hinter dem sterilen Verputz manchen Giebels noch ein schönes Fachwerk vermuten, das zur Harmonisierung des Platzes doch noch freigelegt werden sollte.
Auf der gegenüberliegenden Seite fallen der „Rehhof", ein 1702 erbautes Barockhaus, und das Haus des früheren Spitalverwalters Rincker auf, von dessen Firstgiebel ein Neidkopf zur Abwehr böser, neidischer Geister – oder Menschen – „herabglotzt".
Bei unserem Rundgang lesen wir einen Spendenaufruf im Schaufenster einer Bank, in dem aufgefordert wird, für die Erneuerung der abgesägten Marktplatzbäume zu spenden. Unser Führer bringt uns zu den jungen, bei der Anlage der Fußgängerzone gepflanzten Bäumchen, zeigt uns, wie jedes Stämmchen fast in Augenhöhe zu zwei Dritteln durchgesägt wurde. Es ist kaum zu glauben, daß es

Die 1474 aus rotem Main-Sandstein erbaute Sebastianskapelle

hier in dieser doch weitaus ländlichen Gegend Menschen gibt, die ein derartig gestörtes Verhältnis zur Natur – zum Leben – haben! Wir wollen nicht gleich die Strafe fordern, die bei unseren heidnischen Ahnen auf Baumfrevel stand, aber bestraft gehörten sie allemal exemplarisch!

Unser nächstes Ziel ist die Sebastianskapelle, eine reichverzierte, zweigeschossige Kapelle von 1474, sie wurde aus rotem Mainsandstein erbaut. Der untere Stock enthielt einst das Beinhaus, in das die Knochen aus den Gräbern des damaligen, viel zu kleinen Friedhofs geschichtet wurden, wenn diese neu belegt werden mußten. Deshalb befindet sich über dem Eingangsportal die Darstellung des Jüngsten Gerichts (um 1480).

Vor uns erhebt sich das größte und mächtigste Bauwerk der Stadt, die erst 1910 im neugotischen Stil erbaute katholische Stadtkirche St. Martin. Schon der Name des fränkischen Kirchenheiligen sagt uns, daß hier sicher schon eine sehr frühe Kirchengründung war, und tatsächlich ist dieses Bauwerk bereits die vierte Kirche an dieser Stelle.

Dankbar über die uns entgegenwehende Kühle treten wir ein, zarter Weihrauchduft und gedämpftes Licht umgeben uns. Das meiste der gotisierenden Innenausstattung dürfte wohl aus der Werkstatt des aus Gamburg gebürtigen Thomas Buscher stammen. Vom Chorgestühl an, über die Kreuzwegtafeln bis hin zu dem weinstockumrankten Hochaltar und dem volkstümlichen Lioba-Altar, den Buscher 1929 geschnitzt hat, zeigt alles die Handschrift dieses Meisters. Neben dem gotischen Maßwerk des Sakramentshäuschens von 1448 ist über dem Eingang zur Sakristei ein noch dem romanischen Stil verhaftetes Steinrelief des St. Martin angebracht, wohl eines der wenigen erhalten gebliebenen Stücke der älteren Kirchen.

Ein Glanzstück, nicht nur, weil es hinter einer Glasscheibe ist, sehen wir in dem in der Kapelle links vom Chor stehenden Marienaltar. Aus Teilen des ehemaligen Hochaltars neu zusammengefügt, gehört er in die mainfränkische Kunstlandschaft zur Schule Riemenschneiders. Das Mittelteil zeigt den Tod Mariens, auf den Flügeln sind die Verkündigung und die Geburt Jesu dargestellt. In der Predella erreicht die Meisterschaft des Künstlers ihren Höhepunkt im zarten Rankenwerk des Stammbaumes Jesses. Die Rückseite mit Tafelgemälden zeigt die Jahreszahl 1517.

Hinter dem Anna-Altar von 1767, dessen Bild J. A. Urlaub gemalt hat, erhebt sich das mächtige, ungemein fein aus Alabaster gearbeitete Riedernsche Grabmal, das zu Ehren des am 15. März 1588 verstorbenen Alexander von Riedern von seiner Ehefrau Anna Maria von Crailsheim (sie starb am 13. März 1623) errichtet wurde. Es wurde von dem Würzburger Hans Rödlein geschaffen, von dem ebenfalls einige Grabdenkmäler in der Wertheimer Stadtkirche stammen.

Der Kreuzaltar trug früher noch eine schlechte Kopie des Kreuzigungsbildes von Grünewald, das von den „Bischemern“ ehemals im Unverstand verkauft wurde. Es soll aber durch eine originalgetreue Kopie ersetzt werden, ein bekannter Kunstprofessor arbeitet bereits daran, versicherte uns unser kundiger Führer.

Zwei Jahre vor dem Bauernkrieg, 1523, schuf Grünewald dieses nicht nur in den Maßen gewaltige Werk, dessen Auftraggeber der Pfarrer Friedrich Virnkorn war. Die Tafel überstand Kriege und Wirrnisse der Zeiten, bis sie auf ihrer Odyssee erstmals 1875 ein Vergolder in Zahlung nahm. Ein Kunsthistoriker, der das Werk dort sah, erkannte es als Arbeit Grünewalds und 1882 wanderte es für ganze 2000 Mark nach Kassel. Es wurde in München restauriert, dabei wurde die 195,5 cm große Tafel auseinandergesägt.
Als der Kasseler Grünewald bekannt wurde, horchte man im erzbischöflichen Ordinariat in Freiburg auf, und weil der Verkauf von Tauberbischofsheim nicht ordnungsgemäß gemeldet war, hatte man die juristische Handhabe, die beiden Bilder für 7 000 Mark zurückzukaufen. Zurück in der Stadt und der Kirche wollte man sie dort der aufsteigenden Feuchte nicht weiter aussetzen und hängte sie in den Treppenflur des Pfarrhauses. Aber anscheinend hatte man den Wert immer noch nicht erkannt, es fehlte eine innige Beziehung dazu und so wurden Grünewalds Kreuztragung und Kreuzigung im Jahre 1900 endgültig für 40 000 Mark an die Staatliche Gemäldegalerie nach Karlsruhe verkauft, wo sie heute noch hängen. Der Erlös für das Kunstwerk gab den Grundstock zum Neubau von St. Martin.
Die in Karlsruhe hängenden Bilder gehören zu dem Besten, was Grünewald geschaffen hat. Sechs Jahre vor seinem Tod in Armut und Verbannung hat er dieses erschütternde Werk geschaffen, gleichzeitig als Ausdruck des Zeitgeistes, in dem Bürger und Bauer von Adel und Kirche geschunden und gemartert wurden, eine revolutionäre, in den Farben aufschreiende und ausweglose Anklage mit den Mitteln eines in seiner tiefsten Seele verwundeten gläubigen Künstlers.

Ehrenmal der Württemberger, das an die Schlacht vom 24. Juli 1866 bei Tauberbischofsheim erinnert

Nach dieser geistigen Einkehr empfängt uns draußen das gleißende Sonnenlicht, an das wir uns erst wieder gewöhnen müssen. Als letzte Station unseres Rundganges besichtigen wir noch den „Zwinger", ein türmchengeschmückter ehemaliger Herrenhof. Die über dem Hoftor angebrachte Tafel kündet den Namen des Erbauers und die Jahreszahl 1595.
Nachdem wir uns bei unserem „Bischemer Wanderkollegen" herzlich bedankt und uns von ihm verabschiedet haben, wollen wir weiter tauberabwärts wandern. Nach Überqueren der Brücke, die hier einen „Tauberkanal" überspannt, und der Wertheimer Straße wenden wir uns zuerst nach links, wir möchten noch eines aus unserem Ort stammenden Sohnes gedenken. Unten an der Straße, die hinauf zum modernen, aber nicht unschönen Bauwerk der St. Bonifatiuskirche führt, steht ein seltener Bildstock von 1870. Im unteren Teil zeigt er eine Pieta, am Kreuz umgeben die Leidenswerkzeuge die den Körper symbolisierenden Hände, Herz und Füße Jesu, ganz oben thront der Hahn.
Unser Besuch gilt dem oben unter Kastanien stehenden Ehrenmal der Württemberger, das an die Schlacht vom 24. Juli 1866 erinnert. Rasch haben wir den Namen darauf gefunden, den wir suchen: „Johann Georg Reinwald" aus der alten, zu unserem Heimatort gehörenden „Aumühle" stammend. Im blühenden

Einst zierte diese von Matthias Grünewald gemalte Tafel (Vorder- und Rückseite) den Kreuzaltar in der Tauberbischofsheimer Stadtkirche, bevor das Altarblatt verkauft wurde. Die Kopie der rechten Tafel hängt heute im „Tauberfränkischen Museum"

Alter von 21 Jahren mußte er hier bei der Schlacht von Tauberbischofsheim sein junges Leben lassen. Doch nicht nur in diesem Krieg, auch in den folgenden, immer als „gerecht" angepriesenen Kriegen, sei es der Erste Weltkrieg wie auch der Zweite Weltkrieg mußte diese Familie, wie viele andere auch, diesem Wahnsinn einen Sohn opfern – ob die Menschheit nicht einmal zur Vernunft kommen kann? Doch dürfen wir nicht vergessen, daß in unserer heutigen Friedenszeit im „Krieg auf den Straßen" jährlich ein tausendfacher Blutzoll durch unsere moderne Technik gefordert wird.

Ein Erlebnis aus Tauberbischofsheim, nicht von der bisherigen Wanderung, sondern vom Sommer 1984 ist es wert, hier eingefügt zu werden. Es hängt mit dem sportlichen Ruhm der Stadt zusammen. Unsere Ankunft in der Stadt fiel auf den Vorabend des Tages, an dem die siegreiche Fechtmannschaft von der Olympiade aus Los Angeles zurückerwartet wurde – die ganze Stadt schien aus dem Häuschen, Thriumphbögen wurden aufgestellt, Hausfronten mit fähnchengeschmücktem Grün versehen, Fahnen flatterten bereits im Abendwind und Transparente mit der Aufschrift „Tauberbischofsheim grüßt seine Olympiasieger" wurden über die Fußgängerzone gespannt. Im Gasthaus, in dem wir zu Abend aßen, war es das Gesprächsthema Nr. 1, vom Nebentisch bekamen wir aus der lebhaft geführten Unterhaltung die Geschichte der Tauberbischofsheimer Fechter in allen Einzelheiten gratis dazu. – Das große Hochwasser, das kurz vorher Stadt und Umgebung heimgesucht hatte, schien völlig vergessen.

Als wir am nächsten Morgen vor unserem Weiterweg durch die Innenstadt schlenderten, hatte sich die Erwartungsfreude noch gesteigert. Aus Gold- und Silberpapier waren über Nacht Gold- und Silbermedaillen geschnitten worden, die an Seidenbändern blitzend im Morgenwind vor den Häusern flatterten. Junge Bundeswehrsoldaten betätigten sich „locker" bei dem willkommenen Festeinsatz, transportierten Tische und Bänke in das große, auf dem Marktplatz aufgestellte Festzelt, brachten außen Lautsprecher an, da das Zelt die Menschenmassen bei der offiziellen Begrüßung nicht fassen würde und schraubten Glühbirnen in die den Marktplatz über- und umspannenden Lichterketten. Zum Teil geschah dies recht akrobatisch, wir bewunderten einen Soldaten, der mit der Bockleiter, auf der er stand, die Lichterkette entlangstelzte. Natürlich vergaßen sie dabei nicht, den jungen, hübschen „Bischemer Kroiten" zu pfeifen, die, obwohl sie doch darauf gewartet hatten, zart erröteten. – Besonders originell fanden wir, wie spontan sich die Bäcker der Stadt auf diesen Tag eingestellt hatten: In ihren Schaufenstern wurden halbmeterlange, gebackene „Bischemer Degen" und gebackene Gold- und Silbermedaillen zum Verkauf angeboten. Die ganze Stadt schien vor freudiger Erwartung zu fiebern, wir konnten gar nicht anders, wir mußten uns mitfreuen. Bedauert haben wir, daß wir beim Empfang nicht mehr dabei sein konnten, wir wollten noch weiter tauberabwärts.
Die Weite des Tales hinter Tauberbischofsheim nimmt uns auf, und wieder wundern wir uns über die Helligkeit des Lichts, das ungemein harte Schatten wirft. Angenehm ist es, daß der erste Teil unseres Weiterweges durch ausgedehnte Obstanlagen führt, die, wie man sieht, auf dem fruchtbaren Schwemmland der Tauber prächtig gedeihen. Aus dem Tauberland, aus Dittigheim, stammt der „Amerikanische Apfelkönig", der dort 1865 geboren wurde und schon im Alter von 13 Jahren auswanderte.
Anfangs und Mitte des 19. Jahrhunderts, erfaßte eine allgemeine Auswanderungswelle speziell auch den Tauberraum und die Hohenloher Ebene – man suchte sein Glück in der „Neuen Welt". Bei der damaligen großen Kinderzahl fehlte die Lebensgrundlage für alle, außerdem langten nach der napoleonischen Landesteilung die neuen Landesherren mit Steuern und Abgaben kräftig zu. Neu auftauchende Krankheiten, wie die Blattfallkrankheit, trugen zum damaligen Niedergang des Weinbaus im Tauberland bei.
Viele wollten nun ihr Glück in Amerika versuchen, Gerüchte von Reichtum und Wohlstand, den man in dem gelobten Land jenseits des großen Teiches erwerben

Hochhausen, im weiten Tal am Mittellauf der Tauber gelegen

könne, kursierten – doch auch dort war Fleiß die Voraussetzung des Preises. Wie berichtet wird, hat der spätere „Apfelkönig" Josef Steinhart ebenfalls einen harten Weg beschritten, ehe er diesen Ehrentitel führen konnte. Es war die klassische Karriere vom Tellerwäscher, Stiefelputzer, zum Zeitungsjungen, von einem anfänglich winzigen Obsthandel mit dem Handwagen bis hin zum Großhändler, der es den Farmern mit Krediten ermöglichte, riesige Obstplantagen anzulegen. Auf diese Auswanderungszeit gehen noch viele verwandtschaftliche Beziehungen mit den USA zurück, dadurch hat aber auch manche Familie bei uns nach Ende des Zweiten Weltkrieges die heißbegehrten und -benötigten „CARE-Pakete" erhalten.
Vor uns liegt der „Hochhäuser Grund", eine weite, schattenlose Wiesenfläche zwischen Bahnlinie und Straße auf der linken und der Tauber auf der rechten Seite. Für uns wird er fast zu einer Wüstenwanderung unter der sengenden Nachmittagssonne, kein Lüftchen regt sich. Die weiten, uns umgebenden Wiesen sind menschenleer, doch noch erstaunlich grün, sie profitieren von dem wasserreichen Untergrund der Talaue. Unseren Weg, der nur an den ausgefahrenen Fahrrinnen erkennbar ist, begleiten die blauen Sterne der Wegwarte, vereinzelte Blüten der Herbstzeitlose sagen uns, daß trotz der Hitze das Jahr dem Herbst zueilt.

Kirche von Impfingen

Rechts über der Tauber grüßen Turm und Dächer von *Impfingen,* das wir bereits kennen, aber heute nicht besuchen wollen – auch Wanderer sind manchmal unter Zeitdruck. 1320 wurde dieser Ort erstmals urkundlich erwähnt, doch ist die Siedlung weitaus älter. Am südlichen Ortsrand hat man schon vor langem einen fränkischen Reihengräberfriedhof des 6. und 7. Jahrhunderts ausgegraben. In einer alten Überlieferung heißt es, daß beim Bahnbau 1866 auf der Höhe von Impfingen ganze Wagenladungen von altem Eisen ausgegraben und anderswo wieder verscharrt worden seien. Ob es sich dabei um vorgeschichtliches Fundmaterial gehandelt hat – wir wissen es nicht.

Vor uns, hinter den Wiesen, ragt der Kirchturm von *Hochhausen* mit seinem schön gegliederten Kuppeldach auf. Noch weiter zurück, nach rechts versetzt, sehen wir durch die in der Hitze flimmernde Luft den spitzen Kirchturm von *Werbach.* Dahinter scheint sich wie ein Rahmen das bisher weite Tal zu schließen, die Tauber tritt hinter Werbach vom weicheren Muschelkalk in den harten Buntsandstein ein – wie lange hat es wohl in Urzeiten gedauert, bis sich das hier aufgestaute Wasser den Durchbruch erzwungen hat
Glücklicherweise können wir nun vor Hochhausen im Schatten einem kleinen Wassergraben folgen, hier hat man noch weitgehend die ihn begleitenden Erlen, Weiden und Pappeln stehen lassen. Zu unserer Freude entdecken wir einen schon sehr seltenen, nur sauberem Wasser verbundenen Vogel, eine Wasseramsel *(Cinclus cinclus).* Eine ganze Weile können wir den flinken Kerl mit seinem weißen Brustlatz beobachten, wie er geduckt auf einem Stein stehend ins Wasser starrt, blitzschnell hineintaucht, über den Bachgrund läuft und sein erspähtes Opfer packt – plötzlich bemerkt er uns und verschwindet blitzschnell.

Der meisterliche Fachwerkbau des „Gasthaus zum Engel“ in Hochhausen

Am Dorfrand ist ein lautstarkes Fußballspiel im Gange – es ist ja Ferienzeit. Als die zukünftigen Nationalspieler uns beide entdecken, wird es leiser, sie tuscheln miteinander, hören auf zu spielen und setzen sich alle auf das den Platz umgebende Holzgeländer, an dem wir ja vorbei müssen.
Neugierig und mißtrauisch werden wir von den kritischen Bubenaugen gemustert, sie halten uns wohl für Landstreicher – jeder anständige Urlauber erledigt seine Wanderungen ja auch mit dem Auto.
Als wir sie ansprechen und nach dem Weiterweg nach Werbach fragen, zeigen die Burschen doch genau in die entgegengesetzte Richtung nach Eiersheim. Und als wir weiter fragen, ob es in Hochhausen ein Gasthaus gäbe (wir stellen hinterher fest, daß es sogar mehrere gibt), schütteln sie allesamt mitleidig, aber entschieden die Köpfe und ein ganz vorlauter, sommersprossiger Bengel rät uns mit scheinheiligem Gesicht, lieber nicht in den Ort zu gehen, „denn da gibt es einen Polizisten“. Als wir weitergehen, gluckst uns ihr Gelächter noch nach, wie herrlich hatten sie uns doch angeschmiert. Wir müssen ebenfalls herzlich lachen, haben wir es doch früher genauso gemacht.
Der Durst plagt uns und auf der Suche nach einer Wirtschaft kommen wir an der Kirche vorbei, die wir auch gleich besichtigen. Wir sind erstaunt über die moderne Innenausstattung und die farbenfreudigen Glasfenster. Ein klosterartiges Gebäude schließt sich an, es stellt sich heraus, daß es ein ehemaliges Zisterzienserkloster ist, das sich im Besitz der Herren von Löwenstein befunden hatte. 1933 verkauften es diese an die Gemeinde, ein Teil der alten Anlage steht noch. Heute beherbergt es ein Jugend- und Erholungsheim der Stadt Heddelsheim. Kindergeschrei dringt heraus und als wir, neugierig geworden, vorsichtig durch den Torbogen in den Innenhof zu den spielenden Kindern blicken, eilt ein etwa dreijähriger blonder Knirps mit einem Schnuller im Mund auf uns zu, schaut uns groß an und nimmt uns mit seinen weichen, kleinen Bubenhänden an der Hand, um uns zu den anderen Kindern zu führen. Für ihn sind wir wenigstens noch keine Landstreicher, sondern Menschen, denen man anscheinend vertrauen kann.
Und dann finden wir doch noch ein Gasthaus, das schönste, das wir auf der ganzen Wanderung antrafen, das „Gasthaus zum Engel“. (Wie ich später nachlesen konnte, wird dieses Gasthaus wegen seines einmaligen Fachwerks und seines ganzen ursprünglichen Aussehens sogar im Band IV der „Kunstdenkmäler des Großherzogtums Baden“ erwähnt.) Doch die Eingangstüre ist verschlossen, ein mit dem Schlepper vorbeifahrender Bauer, den wir um Auskunft bitten, rät uns, doch einfach die Staffeln an der Rückseite hochzugehen, die Wirtin sei gewiß daheim. Wir folgen seinem Rat und befinden uns kurz darauf in einer ehemaligen „Freiluftkegelbahn“, holzgezimmert, überdacht und mit wildem Wein überwachsen, ist sie im rechten Winkel an das Gasthaus angebaut. Daß hier schon lange die Männer des Ortes ihrem ehemaligen Sonntagsvergnügen, dem Kegeln, nicht mehr nachgehen, sieht man an den aufgestellten Tischen und Bänken sowie an den auf der Kegelbahn stehenden Hasenställen. Erleichtert lassen wir die Rucksäcke von den Schultern gleiten, nehmen Platz und stellen fest: „Wirklich,

ein trefflicher Rastplatz!" Es dauert auch nicht lange, bis die grauhaarige Wirtin, die, wie wir feststellen, früher gewiß sehr hübsch gewesen sein muß, in Begleitung eines lustigen Wollknäuels von einem jungen Hund erscheint und kurz darauf hat jeder von uns ein schäumendes, kühles „Radlermaß" vor sich stehen. Für das Vesper hat heute Ottmar zu sorgen, aus seinem Rucksack kramen wir fast schon knochenhartes Schwarzbrot, dafür viel zu weiche Butter, dazu noch einen Emmentaler, der seine ganze „Rucksackreife", die er heute erhalten hat, so duftend verströmt, daß sogar unser neuer Freund, der kleine Hund, so lange keinen Schritt von uns weicht, bis alles aufgezehrt ist und auch er seinen Teil davon bekommen hat. Fürwahr, dies war das schönste und beste Vesper der ganzen Taubertalwanderung!
Angenehm läßt es sich hier im Schatten sitzen und plaudern, von außen leuchtet als Kulisse die Farbenpracht eines echten Bauerngartens. Auch unsere Wirtin setzt sich zu uns, und nach dem üblichen Woher und Wohin sind wir erstaunt, wie gut sie auf unsere, an der Geschichte des Ortes interessierten Fragen Antwort geben kann. Es stellt sich heraus, daß ihr Neffe als Junglehrer seine Zulassungsarbeit über Hochhausen geschrieben hat, aus der ich später noch einiges Wissenswerte entnehmen konnte. (Überhaupt war diese Einrichtung früher eine gute Sache, wurde doch durch die Forschung der Junglehrer „vor Ort" vieles vor dem totalen Vergessen bewahrt.)
Im „Codex Eberhardi" wird Hochhausen als Ort „im pago Tubergawe" genannt, wahrscheinlich war er fränkisches Königsgut z. Zt. der Karolinger, wie Königheim und Königshofen. Die älteste Urkunde von Hochhausen ist vom Jahr 1149, aus einer anderen geht hervor, daß König Konrad III. die Güter von Hochhausen durch seinen Sohn Heinrich dem neugegründeten Kloster Ebrach geschenkt hat.

Doch das „Gasthaus zum Engel" ist nicht nur in baugeschichtlicher Weise bemerkenswert, hier wurde auch Geschichte gemacht. Das Quartier Tillys befand sich am 3. November 1631 im zweiten Stock des Hauses, als er mit seinen Truppen gen Rothenburg zog, um es dann einzunehmen. Seine Truppen waren in schlechter Verfassung. Er schrieb an den Kurfürsten von Bayern: „Seit drei Tagen befinde ich mich hier mit meinen Leuten und jenen Seiner Durchlaucht, des Herzogs von Lothringen. Ich kann nicht von der Stelle, denn meine armen Soldaten sind nackt und sterben vor Hunger; überdies ist schlechte Witterung eingetreten und hat so grimmig gehaust, daß die Regimenter zusammenschmelzen."
Der Urgroßvater unserer netten Wirtin hat ein weiteres Kriegserlebnis von Hochhausen überliefert: Am 24. Juli 1866 kam es zu dem hiesigen Gefecht zwischen den Oldenburgern und den Badenern. Die preußische Brigade Weltzien kam von Walldürn und Hardheim an der „Alten Steige" herunter und griff die Badener an, die sich hinter der Kirchhofsmauer verschanzt hatten. Der Ort wurde durch die oldenburgischen Geschütze in Brand geschossen, der Widerstand schnell gebrochen. Die Verteidiger Werbachs waren inzwischen verstärkt worden, warteten aber den preußischen Angriff erst gar nicht ab, sondern traten den Rückzug an.

Daß Prinz Wilhelm seine Badener nicht hartnäckigen Widerstand leisten ließ und sich über zehn Kilometer zurückzog, ohne dem Korps und den neben ihm fechtenden Württembergern Meldung zu machen, ging als „Der badische Verrat“ in die Kriegsgeschichte ein. Die Leidtragenden dabei aber waren wieder die „kleinen Leute“, denn, die Wirtin erzählt weiter, daß ihr Urgroßvater, als er nach dem Kampf aus dem Keller kroch, sah, wie die Gebäude brannten, Verwundete von den Dorfbewohnern versorgt und Tote weggeschafft wurden.
Bei unserem Abschied hätten wir am liebsten den kleinen Hund, ein Findelkind, wie sie uns sagte, mitgenommen, aber so gut, wie er es hier hat, kriegt er es anderswo nie wieder, hat er doch vorhin, während unserer Unterhaltung, einen neuen Besen aller seiner Roßhaarborsten beraubt, ohne geschimpft zu werden.

Jenseits der Tauber liegt Werbach

Wir gehen noch in den nahe gelegenen Friedhof, wo das Ehrenmal der gefallenen Oldenburger steht, schauen noch kurz in die Kapelle, die alte, gotische Grabplatten und Figuren der 14 Nothelfer enthält, um schließlich weiter talab zu wandern.

Eine Besonderheit birgt noch der Hochhäuser Gemeindewald, hier kann man den äußerst seltenen Speierlingsbaum antreffen. Die Früchte, die kleinen Äpfel, bzw. kleinen Birnen gleichen, wurden früher von den Bauern zur Verbesserung ihres Mostes verwendet.
An der Tauberbrücke, die nach Werbach hinüberführt, suchen wir vergebens nach einer Gedenktafel, die dort anläßlich der Erstürmung der Brücke durch die Oldenburger angebracht worden sein soll – sie ist nicht mehr da. Dafür finden wir

Brückenheiliger auf der Werbacher Tauberbrücke

Niklashausen – vor über 500 Jahren predigte hier das „Pfeifer-Hänsle" den Bauern von der Gleichheit aller Menschen und rief zum Widerstand gegen kirchliche und weltliche Fürsten auf

aber ein altes, steinernes „Verbotsschild", auf dem zu lesen ist: „Das Nebeneinandergehen ist bei 3 Mark Strafe verboten."
In Werbach – wir wandern links am Ort vorbei – steht neben der Kirche das Badische Ehrenmal des gleichen Bruderkrieges. Die Pfarrkirche St. Martin ist ein neuromanischer Sandsteinbau von 1842. Stolz und wuchtig überragt sie die Häuser und Gebäude des Dorfes.
An der Werbacher Brücke wird das Tal zusehends enger, die Fließgeschwindigkeit der Tauber nimmt zu. Unser Wanderweg ist gleichzeitig der Fahrradweg, der beinahe bis nach Rothenburg ausgebaut und bezeichnet ist. Die Hangwälder steigen nun fast bis zur Tauber herab, lassen nur an den Innenseiten der Flußbogen kleine Wiesen offen, bis das Tal sich rechts durch den Zufluß eines Baches wieder weitet und Raum gibt für Niklashausen.

Eine Brücke spannt sich oberhalb eines Wehres, an dem noch reger Badebetrieb herrscht, über die Tauber und läßt uns die andere Seite und damit den Ort *Niklashausen* erreichen. Wir wollen sehen, was heute, nach über 500 Jahren in dem Ort

Der predigende Pfeifer, daneben, bereits vorweggenommen, der Scheiterhaufen, auf dem er wenig später verbrannt wurde
(aus der Friesschen Chronik im Staatsarchiv Würzburg, Fol. 343)

noch an das „Pfeifer-Hänsle“ erinnert, nachdem große Chronisten der damaligen Zeit über ihn schrieben. Als erster und einziger Zeitgenosse hat Konrad Stolle (1430–1505) in seiner „Thüringisch-Erfurtischen-Chronik“ von dem Pfeifer berichtet – allerdings in einer für uns schwer lesbaren Sprache, Luther schuf ja erst später mit seiner Bibelübersetzung die deutsche Hochsprache.
Auch der fränkische Humanist und Geschichtsschreiber Hartmann Schedel (1440–1514) hat in seiner sog. „Schedel'schen Weltchronik“, in der erstmals das Wissen der damaligen Welt zusammengefaßt wurde, die Begebenheit zu „Niclaßhawsen“ aufgenommen, ein Holzschnitt zeigt darin, wie der „Pfeifer“ von einem Fenster hinaus predigt.
Aber auch bei dem Cosmographen Sebastian Münster (1489–1552) fand das Ereignis von 1476 in seinem berühmten Buch „Von dem Teutschen Land“ Erwähnung. Aber äußerst wenig entdecken wir, was heute noch an den „Pfeifer“ erinnert, und das konzentriert sich um das kleine Rathaus von Niklashausen. Erst seit der letzten Jahrhundertwende, führt dieses alte Steinhauerdorf, in dem es früher eine „Wetzsteinfabrik“ gab, den „Pfeifer“ in seinem Wappen, das über dem Rathauseingang angebracht ist. Daneben, im „Gasthaus Adler“, gibt es eine kleine Gedenkstube und gegenüber der Straße, an einer Bushaltestelle, ist eine Schrifttafel angebracht, die kurz und nüchtern das Ereignis erzählt.
Wir machen uns erst gar nicht die Mühe, das Haus Pfeiferstraße 21 zu suchen, denn das Haus, in dem der Pfeifer vor 500 Jahren wohnte, wurde 1920 abgerissen. Über die abgeernteten Felder wandern wir den Hang hinter der Kirche hinauf und suchen uns im Schatten hoch über dem Ort einen Sitzplatz.
Im Treppenaufgang des modernen Tauberbischofsheimer Landratsamts findet

sich ein nicht minder modernes Wandbild, das den „Pfeifer“ auf dem Scheiterhaufen zeigt, mit der Inschrift:

„Hans Böhm, der Pfeifer von Niklashausen, predigt den Aufruhr und wird 1476 auf dem Schottenanger zu Würzburg verbrannt“.

Die Tragik seines Auftretens ist, daß es gerade in eine Zeit fällt, da im fränkischen Gebiet ein stärkerer Reformwillen durch den Würzburger Bischof Rudolf von Scherenberg sichtbar wurde. Zwar zeigte damals die Kirche innige Frömmigkeit und Glaubensstärke, daneben gab es aber auch viele unwürdige Pfarrer, die dem Spiel und Trunk verfallen waren, außerdem war ein Verfall der Moral und eine Verlotterung der Sitten in den Klöstern spürbar. Die sozialen Spannungen wuchsen. Da erschien unter Kaiser Sigismund, dem Sohn Kaiser Karls IV., ein halbes Jahrhundert vor dem Auftreten Hans Böhms, eine anonyme Druckschrift unter dem Titel: „Reformatio Sigismundi“. In ihr wird eine Korrektur der herrschenden Verhältnisse gefordert, die unweigerlich dem Untergang zusteuerten. Hussitischer Einfluß ist erkennbar, es wird leidenschaftlich nach einer Reform des geistlichen und weltlichen Standes verlangt, auch die Aufhebung der Leibeigenschaft. In den Predigten des „Pfeifers“ sowie auch in den späteren Forderungen des „Bundschuh“ erscheinen ähnliche Forderungen. Auch Luther kannte diese Schrift.

Landläufig würde man sagen, „der Acker war bereits bestellt, es fehlte nur noch der Sämann, damit diese Frucht aufgehen konnte“.

Und so berichtet die Geschichte vom Sonntag Lätare, dem 24. März 1476, an dem die Bauern im Taubertal den Winter austreiben und den Sommer festlich einholen wollten. An diesem Tag erscheint dort der Musikant Hans Böhm, der aus Helmstadt bei Marktheidenfeld stammt. Doch anstatt, wie gewohnt, zum Tanze aufzuspielen, zerschlägt er seine Pauke vor den Augen der Menge – die Marienkirche in Niklashausen war ein beliebter Wallfahrtsort – steigt auf eine umgestürzte Weinkufe und beginnt der neugierigen Menge zu predigen. Er erzählt, daß ihm Maria nachts draußen auf der Weide erschienen sei, ihn aufgerufen habe, die Menschen zur Buße zu bringen, sie sollen ihre Eitelkeit und Verstocktheit aufgeben, da der Zorn Gottes auf die Menschen groß sei. Auch wolle die Hl. Maria hier im Tal mehr verehrt sein als anderswo, deshalb könne man hier vollkommeneren Sündenablaß erhalten als selbst in Rom. Seine Worte fielen auf fruchtbaren Boden, weitgehend sprach er den Bauern aus der Seele. In den folgenden Wochen setzte er seine Predigten fort, je entschiedener er die Gleichheit aller Christenmenschen forderte, um so stärker wurde der Zulauf der Menschen vom Jagst- und Kochertal, vom Odenwald und Maintal, ja selbst von Bayern, vom Neckar und Rhein sollen die Menschen hergeströmt sein.

Auf 40 000 Menschen schätzte Lorenz Fries, dem noch die Originalakten der „Niklashäuser Fahrt“ vorlagen, die Zahl derer, die hier auf die Sonntage zusammenströmten – was für ein buntes Bild muß sich damals dem Auge um die Kirche geboten haben.

Ein Vierteljahr ging diese „revolutionäre Wallfahrt“. Alle Verbote des Erzbischofs von Mainz, zu dessen Diözese Niklashausen gehörte, nutzten nichts, der Landesherr, der Graf von Wertheim, ließ es geschehen – rührte keinen Finger. Natürlich waren auch Spitzel unter den Wallfahrern, und als diese ihren Herrn berichteten, daß nun so aufrührerische Reime wie „Wir wollen es Gott im Himmel klagen – Kyrie Eleison – daß wir die Pfaffen nicht zu Tod sollen schlagen – Kyrie Eleison!“ gesungen wurden, ist das Maß voll. Als nun noch am Sonntag vor Kiliani der „Pfeifer“ die Männer auffordert, am kommenden Sonnabend ohne Familie, aber dafür mit Waffen zu kommen, er habe ihnen dann drei ernste Worte der Muttergottes zu sagen, schlägt der Würzburger Bischof zu. Am Vorabend vor der bewaffneten Zusammenkunft läßt er durch seine Reiter den „Pfeifer“ aus dem Bett holen, verhaften und auf die Marienburg nach Würzburg bringen. Am nächsten Tag sollen mehr als 10 000 Bauern mit brennenden Kerzen vor Unserfrauenberg in Würzburg gezogen sein, um ihren „Heiligen Jüngling“ zu befreien. Sie glaubten, wie einst in Jericho, durch ihren frommen Gesang die Mauern zum Einsturz zu bringen, jedoch eine Reiterattacke und ein paar Kanonenschüsse trieben sie auseinander.
Mit dem „Pfeifer-Hänsle“ wird kurzer Prozeß gemacht. Am 19. Juli besteigt er hinter dem Jakobskloster am Main den Scheiterhaufen. Es ist überliefert, daß er mit heller Stimme Marienlieder sang, als der Holzstoß entzündet wurde – dann erstickten Rauch und Flammen sein Wehklagen. Die Asche des Ketzers wurde in den Main gestreut, doch sollen seine Anhänger heimlich nachts eine Handvoll Asche vom Richtplatz geborgen haben. Die Wallfahrt nach Niklashausen hielt an und ebbte auch dann nicht ab, als ein Jahr später der Mainzer Erzbischof die Kirche abreißen ließ, er nannte sie „eine Stätte des Asyls des Irrtums“. Trotz strengen Verbots trafen sich die Anhänger noch lange heimlich und nachts an der Ruine. Erst im Jahre 1518 durften die Niklashäuser wieder eine Kirche bauen, es ist die, die unter uns am Dorfrand steht. – Später sollen sich die Dorfbewohner besonders entschieden der Reformation Luthers zugewandt haben.
Der Graf von Wertheim, ein vernünftiger und gerechter Mann, schrieb an den Bischof unter anderem:

Wer ist denn schuld, daß dem armen Narren von Niklashausen das Herz entbrannte vor der bitteren Not des armen verlorenen Volkes? Und wer ist schuld, daß dieses Volk einem Pfeiferhänslin zuläuft, als wäre er der Heiland? – Wer nimmt sich denn der Armseligen an und wer gedenkt ihrer? Es wird hohe Zeit, höchste Zeit, daß wir alle, die wir doch des Volkes Haupt und Hirn sein wollen, ein Einsehen haben und es also führen, daß es gerecht und verständig bleiben mag – sonst ist es allzu gewiß, daß einmal andere kommen, die nicht so sanft die Flöte blasen, wie das Pfeiferlein tat.

Und weiter schreibt er:

Es wird ein übles Tanzen werden, niemand zu Nutze und allen zum Verderben, uns aber zu ewiger Anklage vor dem, der auch nicht viel anders denn das Pfeiferhänslin unter den Armen ein Armer gewesen ist. Wer Ohren hat, höre. Aber wir tragen allesamt seidene Barettlin über den Ohren und stählerne Platten über den Herzen. Und somit sei alles Gott befohlen, der alles zur Ernte bringt.

Das christliche Einsehen und Erbarmen, das dieser weltliche, weise Herrscher von den geistlichen Fürsten forderte, blieb aus; es kamen andere, die die Gedanken aufgriffen und im Bauernkrieg hob das „üble Tanzen" an, das ins Verderben führte.
Die Erzählungen über die „Niklashäuser Fahrt" gehen je nach Standpunkt der Chronisten und Historiker auseinander. Interessant ist, daß von den Akten des Prozesses, keine mehr vorhanden sind. Dr. Hüfner, der vor allem die juristische Seite des Prozesses untersuchte, schreibt, daß ihm das bayerische Staatsarchiv unter dem 20. April 1931 auf seine Anfrage geantwortet habe: „Strafakten über den Pfeifer von Niklashausen sind natürlich nicht vorhanden". Aber das soll es ja auch heute noch geben, daß Akten, gleich welcher Art, ganz einfach verschwinden!

Im Kirchenbuch von Niklashausen von 1825 heißt es u. a.:

Ein vormaliger Frevler, Hans Böhm von Niklashausen an der Tauber, unweit Wertheim, würde großes Unheil gestiftet haben, wenn nicht die Energie des Fürstbischofs Rudolf seinem heillosen Unwesen ein Ende gemacht hätte.

Ein Niklashäuser, Franz Flegler, hat 1951 ein Gedicht über den „Pfeifer" verfaßt – er als Mann des Volkes kann, so finde ich, am besten ausdrücken, um was es im Grunde dieser damaligen Bewegung ging. Daraus auszugsweise einige Verse:

Du warst ein Kind deiner Zeit,
wenngleich von Chronisten verpönt.
Du hattest Gefühl für Unrecht und Leid,
sie haben dich darum als Irren verhöhnt.

Die Zeit ist ein gerechter Schlichter,
dies merk, o Mensch, zu jeder Frist.
Oft sind die gegenwärt'gen Richter
verblendet, wie die Nacht es ist.

Gott hat den Menschen zur Freiheit erschaffen!
Drauf hat er Anspruch, heiliges Recht,
so gut wie Edelmann und Pfaffen,
nicht mehr und auch nicht minder schlecht.

Vor ihm sind alle Menschen gleich,
ob groß, ob klein, ob arm ob reich.
Das war der Grund der Pfeifer-Lehre,
das sei gesagt zu seiner Ehre.

Nach diesem Abstecher in das Dorf, in dem wohl eine Keimzelle zur fränkischen Bauernbewegung gelegt wurde, nimmt uns unser Wanderweg links der Tauber wieder auf, das letzte Wegstück des Tages liegt vor uns.
Der asphaltierte Rad- und Wanderweg mag gewiß etwas ganz Tolles für Fahrräder sein, für uns ist er das Gegenteil. Unsere Fußsohlen fangen an zu brennen, fast beneiden wir den „hoch zu Pferde-Wanderer", dem wir vor Stunden an der Distelhäuser Wolfgangskapelle begegnet sind. Hoch zu Roß, links und rechts lederne Packtaschen, hinter dem Sattel die aufgerollten Decken – für Mensch und Tier muß so ein Ritt durch das Taubertal ein schönes Erlebnis sein – aber leider haben wir keine Pferde und außerdem können wir überhaupt nicht reiten.

Da tröstet es uns wieder, als uns etwas weiter talab vor *Gamburg* ebenfalls zwei, wenn auch weitaus jüngere Wanderer begegnen, die auch auf Schusters Rappen unterwegs sind; sie unternehmen die gleiche Wanderung wie wir, nur entgegengesetzt, von der Mündung zur Quelle, außerdem haben sie noch ihr Zelt auf die Rucksäcke verteilt, an denen noch außen die Kochtöpfe baumeln. Sie sind dadurch völlig unabhängig und stehen damit auf der Skala der Wanderer noch eine Stufe über uns. Wir trösten uns gegenseitig auf dem Weiterweg damit, daß wir älteren Knaben sowieso besser talab wandern und ruhig die Angebote der Gasthäuser des Tales annehmen könnten, da, wie es bei uns im Hohenlohischen heißt: *„die ja a um ihr täglichs Brot bete!"*

„Wander-Stilleben" an der Wirtshausstaffel am Ende des fünften Wandertages

Als wir um den sich endlos hinziehenden Gamburger Schloßberg herumwandern und letztendlich doch noch den Ort erreichen, mobilisieren wir nochmals alle Reserven, um nicht zu abgeschlagen zu wirken. Vor unserem Stammlokal, das wir schon von früher her kennen, entledigen wir uns erst einmal von Rucksack und Fototaschen, stellen alles ins Staffeleck, ziehen Schuhe und Strümpfe aus und staken auf unseren nun äußerst empfindlichen Füßen hinüber zu dem plätschernden Dorfbrunnen. Ah! das tut gut, jedoch ist das Wasser so eiskalt, daß wir schon nach kurzem nicht nur die brennenden Sohlen, sondern auch die ganzen Füße nicht mehr spüren. Als besser erweist es sich, wenn man die Füße spritzend bewegt, und es dauert auch nicht lange, bis zwei Dorfknirpse, die anfangs noch aus sicherer Entfernung belustigt zusehen, herbeikommen und kräftig bei der nun entstehenden Wasserschlacht mitmachen.
Nachdem wir nun so erfrischt das gastliche Haus betreten, Quartier bezogen und uns umgekleidet haben, beschließen wir, vor dem Abendessen noch einen Dorfrundgang zu unternehmen. Dabei zeigt es sich wieder, wie angenehm es ist, wenn man Leinenschuhe dabei hat, die weich sind und fast nichts wiegen.
Wir treffen bei unserem Rundgang ein reizendes, fast noch ganz bäuerliches Dorf an, auch die Neubauten am Hang fügen sich gut ins Dorfbild ein. Wir kommen an einem alten Kolonialwarenladen vorbei, mit der Aufschrift „Handlung von Antonie Geiß", die Zeit scheint hier vor 50 Jahren stehengeblieben zu sein. Im Hinterhof ist eine lustige Runde versammelt, lauter „Ausgedinger" und Rentner, jeder

mit einer Bierflasche in der Hand. Unter den Männern sitzt noch eine weißhaarige Frau, wohl die Besitzerin des „Lädchens“. Wir unterhalten uns mit den Kindern der „Herrschaft“ des „Unteren Schlosses“, die dort spielen, das jetzige herrschaftliche Gebäude wurde um 1800 durch die Verwaltung der Julius-Echter-Stiftung erbaut. Neugierig schauen wir den Bauern zu, die zum Teil noch keinen Feierabend haben, noch goldenen Weizen abladen und in die Silos blasen, entdecken dabei noch alte, bemalte Getreidesäcke von 1926, die wir gerne gehabt hätten, aber nicht bekommen haben. Dabei erfahren wir, daß die „Gamburger Mäuschen“ – Bimssteine in Form von Mäusen – die bei uns daheim schon jahrelang zur schonenden Entfernung von Hornhaut verwendet werden, hier in Gamburg in einer kleinen Fabrik hergestellt werden. Die Zahl der Beschäftigten ist aber auch hier rückläufig, da unsere Zeitgenossen die Chemie zum gleichen Zweck vorziehen.
Im weiten Halbrund wandern wir durch Obstgärten hinauf zur trutzigen Gamburg, die im abendlichen Sonnenlicht ein fast freundliches Aussehen erhält. Eigentlich wollten wir sie genauer betrachten, aber als kurz davor ein böse aussehender, großer Hund auftaucht, ziehen wir es lieber vor, den Rückzug anzutreten. Bei einer eventuell notwendigen Flucht wären wir heute abend sowieso nicht mehr die Schnellsten gewesen. Deshalb unterhalten wir uns lieber aus sicherer Entfernung über Gesicht und Geschichte der Gamburg. Ehemals stand auf der „Gamenhöhe“ eine steinerne Befestigung, ein Wehrturm, vermutlich zur Zeit Karls des Großen errichtet. Als erster Besitzer der Burg wird vor 1157 das Bistum Mainz genannt, ab 1157 bis 1220 die Behringer, die keine Erben hatten und somit fiel die Burg zurück an Mainz. Lang ist die Reihe der nachfolgenden Besitzer, es war ein ständiger Wechsel, auch wurde die Burg zwischenzeitlich achtmal verpfändet. Ab 1950 war sie für einige Jahre Volkshochschule des jungen Landvolkes „Bauernschule Schloß Gamburg“ – wohl die segensreichsten Jahre der Burg für die Bevölkerung des Umlandes. Heute ist sie im Besitz des Barons von Mallinckrodt und nicht mehr von innen zu besichtigen, wie man uns später sagte.
Unter uns am Fuß der Hänge duckt sich der Ort Gamburg, er scheint im Abendlicht zu träumen. Vereinzelt steigen aus den Kaminen dünne Rauchsäulen kerzengerade auf, die sich jedoch nach wenigen Metern verlieren. Viel Not und Elend hat dieser Ort in den letzten 400 Jahren mitgemacht, 1525 im Bauernkrieg, 1632 hausten hier die Schweden, 1673 fielen im Kampf gegen die Franzosen acht Gamburger und Uissigheimer, dreimal (1542, 1576 und 1633) wütete hier der „Schwarze Tod“, die Pest. Der wirtschaftliche Niedergang war vollkommen und so wanderten in den letzten zwei Jahrhunderten 300 Gamburger aus und das bei 550 Einwohnern.

Auf unserem Abstieg ins Tal kommen wir an dem an der Burgsteige auf halber Höhe stehenden „Buschertürmle“ vorbei, es gehörte früher zu der Befestigungsmauer des Ortes, war ein Torturm mit Mauern und Zinnen. An seinem Fuß ist ein Epitaph eingemauert, das von einer abgerissenen Kirche stammen soll, es zeigt

Anna, die Gemahlin des Peter von Stettenberg. Im Volksmund spinnt sich aber darum die Sage, daß eine ungetreue Frau hier von ihrem eifersüchtigen Gemahl bei lebendigem Leibe eingemauert wurde und daß sie seither in hellen Vollmondnächten hier ihr Geisterunwesen treibe.
Die Kirche – es ist die zweite auf diesem Platz – ist St. Martin geweiht und wurde um 1898 erbaut. Die allererste war vermutlich eine Wehrkirche aus dem 8. Jahrhundert und stand drüben unterhalb der „Lindhelle". (Übrigens mußten die Niklashäuser, als deren Kirche eingeebnet wurde, so lange nach Gamburg zur Kirche, bis sie 1518 endlich wieder eine bauen durften.)
Wir finden die Kirchentüre noch offen und betreten das Gotteshaus; wir suchen ja etwas Spezielles, die „Gamburger Madonna", die von Riemenschneider oder doch aus seiner Schule sein soll. 1898 beim Abriß der ersten Kirche auf diesem Platz fand man auf dem Dachboden diese Madonna, verkaufte sie sogleich, doch zum Glück erkannte Prof. Thomas Buscher, ein berühmter Sohn des Ortes, den Wert der Figur und konnte sie noch zurückholen. Er hat auch den würdigen Rahmen des Altars zu dieser Madonna mit dem Kind geschaffen. In den pausbäkkigen, musizierenden Engeln, deren Vorbilder seine Kinder gewesen sein sollen, hat er sich meisterhaft dem Riemenschneider'schen Schnitzstil angepaßt, der so ganz anders ist, als der, den Buscher bei seinen Tauberbischofsheimer Altären gezeigt hat.
Wir vergessen nicht, als kleinen Dank für den erlebnisreichen und glücklich verlaufenen Tag vor dem Altar noch zwei Kerzen anzuzünden, bevor wir wieder den Hang hinabgehen, um unser Gasthaus zu erreichen. Beim Abendessen haben wir noch recht nette Tischnachbarn, Urlauber aus der Pfalz, die hier in dem gastlichen Haus mit dem grünen Baum inmitten der reizvollen Tauberlandschaft schon jahrelang ihren Urlaub verbringen. – Doch die zurückgelegte Strecke in südlicher Hitze fordert allmählich ihren Tribut, todmüde sinken wir in die Betten.

Irgend etwas, wohl ein Geräusch, holt mich plötzlich aus meinen Träumen zurück. Ein Blick auf die Uhr zeigt mir, daß ich erst zwei Stunden geschlafen habe. Da höre ich das Geräusch ganz deutlich, es dringt durch die weitgeöffneten Fenster herein – ein Rauschen? Das darf doch nicht wahr sein, es wird unseren letzten Wandertag doch hoffentlich nicht verregnen! Besorgt springe ich aus dem Bett, schaue aus dem Fenster und sehe den Urheber: Es ist nur der natürlich auch nachts fließende Dorfbrunnen, die Kühlungsstelle unserer schmerzenden Füße vom vergangenen Abend.
Plötzlich bin ich hellwach, die Sommernacht und das, was um mich zu sehen und zu fühlen ist, zieht mich unwiderstehlich in seinen Bann, ist es doch noch eine Nacht, die nicht durch künstliche Beleuchtung zum Tage gemacht wurde. Neben mir, in dem vor dem Hause stehenden Ahornbaum, streicht ganz zart ein Heimchen seine Flügel und spielt sein kleines Liebeslied in die laue Sommernacht. Unter mir, inmitten des Dorfplatzes, schluckt plätschernd und glucksend der schwarze Brunnentrog die herabfallenden, im Sternenlicht blaß aufblitzenden

Einen würdigen Rahmen bildet der von Prof. Th Buscher geschaffene Altar für die aus dem Umkreis Riemenschneiders stammende Madonna

Strahlenbögen des Brunnens, ständigen Kreislauf des Lebens symbolisierend. Fahl und schemenhaft säumen die Häuserzeilen die Dorfstraßen, Zuflucht, Bleibe und Heimat unseres kurzen Gastspiels auf Erden. Dahinter erhebt sich hoch und mächtig, dunkel und drohend, die Silhouette der Gamburg, seit 800 Jahren Macht und Herrschaft verkörpernd, Aufblicken und gleichzeitiges Ducken der Dorfbewohner fordernd. Doch wie winzig und vergänglich ist dies alles gegen den sternenübersäten, dunklen Himmelsdom, der sich darüber wölbt. Alles ist im Fluß der Zeit verankert, Vergangenes, Gegenwärtiges und Zukünftiges – Zeit und Ewigkeit ist gegenwärtig, das Sternenlicht, das uns erreicht, gehört längst der Vergangenheit an. Leicht läßt sich am Sternenhimmel das Sommerdreieck finden, gebildet durch drei hellere Sterne: Atair im Sternbild Adler, Wega in der Leier und Deneb im Schwan. Deneb und Atair fast gleich hell, scheinen der Erde nahe zu sein und doch werden sie lebenden Menschen unerreichbar bleiben (nur 26 Lichtjahre entfernt ist Atair, Deneb dagegen schon 1500 Lichtjahre.)

Die rückwärtige Kulisse zu den Sommersternbildern bildet die Milchstraße, die den Blick des Menschen von jeher bezaubert hat, zahllose Hinweise aus geschichtlicher Zeit sprechen mit Zärtlichkeit und Erhabenheit von ihr. Die alten Chinesen und Araber beschrieben dies sanft leuchtende Lichterband als einen Fluß am Himmel, Ovid und die Pythagoräer verglichen sie mit einer Brücke, eine Straße war sie für die Angelsachsen, eine Allee, die nach Walhalla führt, für die Normannen. Die alten Griechen verglichen sie mit Milch (und vom griechischen Wort für „Milch" = „Galactos" leitet sich unser Wort „Galaxie" her). Millionen Sterne erzeugen das sanfte Lichtband, das wir sehen, und wenn unsere Vorfahren in ihren Märchen und Sagen das Zuhausesein von uns Erdbewohnern in der Milchstraße zum Ausdruck brachten, so stimmt es, sie ist unsere Heimat im All, sie umhüllt und umarmt uns.

Was wir Menschen am Nachthimmel als Milchstraße sehen, ist die Seitenansicht unserer Galaxie, an derem äußeren Rand sich unser Sonnensystem befindet. Eigentlich ist sie ein riesiges, weißleuchtendes Feuerrad, an dessen einem Außenarm unsere Sonne nur als ein durchschnittlich großer Stern von ca. 100 Milliarden Sternen verschiedener Größe erscheint. Um diese Größe und Tiefe erfassen zu können, müssen wir in unserer alten Schulweisheit nachgraben, überlegen, wie das denn war mit der Lichtgeschwindigkeit, dem absoluten Endpunkt meßbarer Geschwindigkeit:

Das Licht legt in einer Sekunde 300 000 km zurück, würde also in nicht mal einer Sekunde siebenmal unsere Erde umrunden. Vom Mond zur Erde eilt es in eineinviertel Sekunden, von der Sonne zur Erde, eine Entfernung von 150 Mio.km, in 8 Minuten und 20 Sekunden. Soweit ist es für uns Menschen noch halbwegs begreifbar, um aber weitere Strecken, die in Lichtjahren gemessen werden, im Geist zurücklegen zu können, müssen wir hochrechnen, wieviel Kilometer das Licht in einem Jahr zurücklegt und kommen auf rund neuneinhalb Billionen Kilometer. Nach neuesten Schätzungen hat unser diskusartiges Milchstraßensystem eine Ausdehnung von 100 000 Lichtjahren und eine Mächtigkeit (Dicke) von 10 000 Lichtjahren, und dabei stellt unsere Galaxie in der Weite des Universums nur eine unter Milliarden Galaxien dar, alle wiederum getrennt durch unermeßliche Tiefen.

Allein wenn man die geschätzte Zahl der Sterne in unserem Milchstraßensystem zählen wollte und würde eine Zählgeschwindigkeit von 125 Sternen pro Minute zugrunde legen, so brauchte man volle 2000 Jahre dazu. Es ist schon erstaunlich, was die moderne Wissenschaft auf diesem Gebiet heute alles weiß, mit riesigen Spiegelteleskopen sucht sie die Tiefen des Alls ab, und wo das sichtbare Licht zu schwach wird, um selbst auf dem empfindlichsten Film eine Spur zu hinterlassen, benutzt sie Radioteleskope, sucht und forscht nach Anfang und Ende des Universums, nach dem Beginn alles Lebens.

Der Traum der Menschheit, im bemannten Raumflug über unser Sonnensystem je hinauszugelangen, bleibt ein Traum, und zwar aus zwei simplen Gründen: Erstens, und davon sind ernsthafte Wissenschaftler fest überzeugt, wird es uns nie

Ein Bild landschaftlichen Reizes bietet Tauber Ort und Burg Gamburg

gelingen, eine Energiequelle, einen Antrieb, der diese Geschwindigkeit ermöglicht, zu finden, und zum zweiten steht als absolute Grenze die menschliche Lebenserwartung dagegen. Natürlich vergeht die Zeit infolge des Effekts der Zeitdehnung im Raumschiff langsamer, aber was würde es den Reisenden bringen, wenn sie zurückkämen – für sie wären im Raumschiff erst Jahrzehnte vergangen, in der gleichen Zeit auf der Erde aber Jahrtausende.
Aber immer schon scheint der Mensch seine Dimension sprengen zu wollen und vorgegebene Grenzen zu übersteigen, immer wieder versucht er einen neuen „Turmbau zu Babel". Gewiß ist uns in den letzten zwei Jahrzehnten vieles gelungen, wovon frühere Generationen nicht zu träumen gewagt hätten. Angefangen vom Sputnik I, der piepsend die Erde umkreiste, bis hin zu der großartigen Leistung der amerikanischen Raumsonde „Voyager I", die auf ihrer Reise von mehr als drei Jahren weniger als eine Minute zu spät zu dem Rendevous mit „Titan", einem von Saturns äußeren Monden kam. – Doch, was bringen diese modernen Lieblingskinder von Wissenschaft und Technik der hungernden und zerstrittenen Erde, lohnt sich der ungeheure Kapitalaufwand, der Einsatz der genialsten Köpfe wirklich, wäre es nicht sinnvoller, zuerst unser Haus, unsere Erde, in Ordung zu bringen? Bildlich gesprochen hat der menschliche Raumflug erst die Höhe über der Erde erreicht, die dem Abstand eines Seidenpapiers zu der darin eingewickelten Orange entspricht. Steckt nicht hinter aller Forschung etwas ganz anderes?
Der Ausspruch Wernher von Brauns in den sechziger Jahren: „Wer den Weltraum beherrscht, beherrscht die Erde" sollte uns zu denken geben, sind die Regierungen nicht dabei, ohne den Bürger zu fragen, den Rüstungswahnsinn der Welt eine Etage höher zu legen mit noch teureren und schrecklicheren Vernichtungswaffen? Und dabei wurde uns unser Raumschiff Erde, unsere Heimat im All, einst so wohlbereitet übergeben, vor lauter Wissenschaftsgläubigkeit erkennen und schätzen wir ihre Einmaligkeit nicht mehr.

Dr. A. Cressy Morrison, der frühere Präsident der New Yorker Akademie der Wissenschaften, sagte vor Jahren folgendes:

„Es ist unmöglich, mathemathisch zu demonstrieren, daß das Universum nicht einfach so entstehen oder sich entwickeln konnte. Das Werk der Schöpfung zeigt einen so genauen Plan und eine so bestimmte Absicht auf, daß man von dem Vorhandensein eines ‚Meister-Gehirns' ausgehen muß, um sich seine vielfältigen Vollkommenheiten zu erklären."

(Die Erde rotiert auf ihrer Achse mit einer Geschwindigkeit von etwa 1600 km pro Stunde. Würde sie mit einer Geschwindigkeit von nur 160 km/h rotieren, wären unsere Tage und Nächte zehnmal so lang und die Erde würde abwechselnd brennen und gefrieren, es gäbe keinerlei Vegetation, und diese „Zufälle" ließen sich beliebig lange fortsetzen.)

Der Physiker und Wissenschaftsphilosoph Carl Friedrich von Weizsäcker sagte:

„All unser Nachdenken über die Natur muß sich in Kreisen oder Spiralen bewegen, denn wir können die Natur nur verstehen, wenn wir über sie nachdenken und wir können nur nachdenken, weil unser Gerhirn in Übereinstimmung mit den Naturgesetzen gebaut ist.“

Im Vergleich zum Universum sind wir Menschen klein und winzig, doch sollten wir uns von der Größe allein nicht beeindrucken lassen, für eine Mikrobe ist der menschliche Körper auch eine Galaxie, aber ohne Mikroben könnten wir nicht eine Stunde lang leben. Wenn wir Ehrfurcht fühlen, sollten wir sie nicht vor Dimensionen allein, sondern auch vor dem Sein haben.

Eine Sternschnuppe, die ihre leuchtende Bahn über den Himmel zieht, holt mich aus meinem Grübeln und Sinnieren zurück, bringt mich auf andere Gedanken. Ob dort oben, unter den glitzernden Punkten, wohl auch der „Asteroid B 612“ ist, der Planet des „kleinen Prinzen“? Antoine de Saint-Exupéry, dessen ganzes literarisches Lebenswerk nur einen Zweck verfolgte, dem Menschen von heute einen neuen Halt, seinem Leben wieder Sinn und Richtung zu geben, schrieb das Buch „Der kleine Prinz“, eine zauberhafte Erzählung voller Lebensweisheit für jedes Alter:

Ein kleiner Sternenprinz, der zu Besuch auf unsere Erde kommt und dabei in der Wüste landet, entdeckt die Erde und ihre Bewohner, vergleicht sie mit seinem kaum hausgroßen Planeten. Auf seiner Wanderung trifft er auf einen Fuchs, der ihn bittet, ihn zu zähmen. „Ich möchte wohl“, antwortet der kleine Prinz, „aber ich habe nicht viel Zeit. Ich muß Freunde finden und viele Dinge kennenlernen.“ „Man kennt nur die Dinge, die man zähmt“, belehrt ihn der Fuchs, „die Menschen haben keine Zeit mehr, irgendetwas kennenzulernen. Sie kaufen sich alles fertig in den Geschäften. Aber da es keine Kaufläden für Freunde gibt, haben die Leute keine Freunde mehr. Wenn du einen Freund willst, so zähme mich!“ „Was muß ich tun?“ fragt der kleine Prinz. „Du mußt sehr geduldig sein“, antwortet der Fuchs. In der weiteren Erzählung nimmt sich der Prinz die Zeit und gewinnt den Fuchs zum Freund. Als sich die beiden für immer verabschieden, vertraut ihm der Fuchs sein Geheimnis an: „Es ist ganz einfach – man sieht nur mit dem Herzen gut! Das Wesentliche ist für die Augen unsichtbar! Die Menschen haben diese Wahrheit vergessen, aber du darfst sie nicht vergessen, du bist zeitlebens für das verantwortlich, was du dir vertraut gemacht hast.“

In wenigen Stunden nur werden wir wieder aufbrechen, mein Freund Ottmar und ich, dessen ruhige Atemzüge hinter mir zu hören sind, werden die letzte Strecke unseres „Abenteuers Taubertalwanderung“ unter die Füße nehmen. Schon am Nachmittag werden wir abgeholt werden in die Welt der Arbeit und der oft so nichtigen Kleinigkeiten, die wir meist überbewerten. Einen winzigen Abschnitt unserer, ich weiß nicht wie langen, Lebenswanderung haben wir uns gegenseitig begleitet. Ist nicht das ganze Leben eine Wanderung? Wir werden darauf streckenweise begleitet von den Eltern, den Großeltern, Geschwistern und Freunden, und sie alle, die es gut mit uns meinten und meinen, die etwas in unser Herz mitgegeben haben, werden wir nicht vergessen. Übergangslos werden wir auf dem Weg vom Begleitenden zum Begleiter wieder unserer Kinder, vielleicht auch noch unserer Enkel. Aber damit schließt sich für uns Irdische der Lebenskreis, ist der Zeitraum erschöpft, den wir wirklich begreifen können, der für uns „greifbar" ist. Dankbar dürfen wir erkennen, daß auch wir Menschen ein Stückchen der wunderbaren Schöpfung sind, mit dazu gehören und der Schöpfer aller Dinge nicht Jahre oder gar Lichtjahre wie die Sterne von uns weg ist. – Er ist nur ein Gebet weit weg!

Wanderung ins „Madonnenländchen“ nach Uissigheim und Külsheim

Alter „Verbotsstein“ neben der sagenumwobenen Gamburger Brücke

Gamburg, ein Ort, den wir schon richtig ins Herz geschlossen haben, wählen wir als Ausgangspunkt unserer Wanderung hinauf auf die Hochfläche links des Taubertales.
An der Gamburger Tauberbrücke, unter welcher der „Hakenmann“ wohnen soll, fnden wir einen Parkplatz, und dort ist auch eine Tafel aufgestellt, die auf die schönsten Wanderungen des Gebietes hinweist.
Wir nehmen natürlich nicht den Weg links der Tauber, dessen Benutzung 1 Florin 30 Kreuzer Strafe kostet, wie dort auf einem alten „Verbotsstein“ zu lesen ist, sondern wählen im ersten Streckenabschnitt den als G 2 ausgewiesenen Wanderweg.

Wir durchqueren den Ort und folgen zunächst der Straße, die nach Uissigheim hinaufführt. Zwischen der Straße und dem der Tauber zufließenden Meisenbach geben die Bäume ab und zu den Blick frei auf Gamburg, das inmitten eines breiten, blühenden Kranzes von Obstbäumen unter uns in der Sonne liegt. Wuchtig darüber steht das trutzige Gemäuer der Burg. Bergauf folgen wir zunächst parallel dem Meisenbachtal, bis uns eine kleine Hinweistafel an einem Baum den Einstieg in unseren Wanderweg zeigt.
Rechts des Fuhrweges am Waldhang, schon halb eingewachsen, entdecken wir ein gutes Dutzend mächtiger, behauener Begrenzungspfosten aus rotem Sandstein, die einst die Straße säumten – sie haben ausgedient, die moderneren und zweckmäßigeren Leitplanken haben sie abgelöst.
Kurz dahinter, dort wo der Hochwald beginnt, treffen wir auf die erste Sehenswürdigkeit, schon ein Naturdenkmal, die „Bettelmannsküche“.
Der Linsenbach, der von Uissigheim her kommend der Tauber zueilt, hat sich hier in seinem unteren Teil während Tausenden von Jahren eine tiefe Schlucht gegraben. Friedlich, kaum schrittbreit, fließt das Wasser zwischen freigespülten Sandsteinfelsen dahin, läßt sich silbern aufleuchtend inmitten des dämmrigen Grüns über kleine Wasserfälle glucksend in dunkle Tümpel fallen. Wildromantisch ist der Blick, nur vereinzelte Sonnenflecke, die durch den darüber gewölbten Blätterdom dringen, lassen Einzelheiten klarer erkennen. – Wie ganz anders muß es hier zur Zeit der Frühjahrsschneeschmelze aussehen, wenn reißende Wassermassen durch die Schlucht toben und mit urwüchsiger Gewalt weitere Felsbänke unterspülen, bis sie endlich in die Tiefe stürzen, um dann dort von den Fluten weitergetragen zu werden.

Bizarr ragen die Wurzeln einer Fichte über den Rand der Schlucht, vom Wasser unterspült, hat sie vermutlich ein Frühjahrssturm kopfüber in die Tiefe gestürzt. Es ist nicht verwunderlich, wenn im Zusammenhang mit der „Bettelmannsküche" noch alte Sagen und Geistergeschichten durch die Köpfe mancher Gamburger und Uissigheimer spuken. Man erzählt vom „feurigen Mann" und vom „schwarzen Riesen", die hier ihr Unheil treiben, und munkelt, daß in Vollmondnächten Hexen sich hier zum Tanz versammeln. Tatsache scheint zu sein, daß zur Zeit des 30jährigen Krieges sich die Uissigheimer bei Gefahr hierher mit Hab' und Gut flüchteten und versteckten. Der Name selber dürfte wohl daher rühren, daß einst fahrendes Volk hier Rast gemacht und abgekocht hat.

Wir folgen bergauf durch den Wald der Talkante der Schlucht und erreichen wenig später bei der Straße, die sich den Berg heraufschlängelt und nach Uissigheim führt, wieder freies Feld.

Mit sanftem „Muh" werden wir von einer Kuhherde begrüßt, die dort auf einer zum Teil noch von Wald begrenzten Wiese friedlich wiederkäuend ruht. Überreich hat der Frühling wieder den Tisch für die Tiere gedeckt, im saftigen Grün leuchten das Gold des Hahnenfußes, des Löwenzahns und ganze Inseln strahlend weißer Margareten um die Wette und als zarten Schleier hat das Wiesenschaumkraut sein Blaßlila über die Wiese gezogen. Weites, friedliches und fruchtbares Bauernland nimmt uns in seine Harmonie auf, läßt die Seele mitschwingen im Lied der Lerchen, die sich aus den Feldern jubilierend erheben, flatternd an Höhe gewinnen und in sanftem Gleitflug wieder herniederschweben. Von den Obstbäumen, die unseren Wanderweg säumen, haben die Birnbäume bereits verblüht, während die Apfelbäume, von Bienen und Hummeln umschwirrt, noch im schönsten Zartrosa prangen.

Weit mehr junge, fröhliche Menschen überholen und begegnen uns auf Fahrrädern als Autos die Straße befahren, bis wir Uissigheims Kirchturm sehen, der unser nächstes Wanderziel anzeigt.

Fast menschenleer ist die Dorfstraße zu dieser sonntäglichen Zeit zwischen Ende des Kirchgangs und dem Mittagessen, nur aus den geöffneten Fenstern des Gasthauses dringt angeregtes Stimmengewirr zu uns auf die Straße.

Auf eine über 1000jährige Geschichte kann dieser Ort zurückblicken. Im 8. bis 9. Jahrhundert wurde er vermutlich von der Sippe Ussenc oder Uissne gegründet und hier war der Wohnsitz, die Burg derer von Uissigheim. Viele Ämter und Würden haben die Herren von Uissigheim durch die Zeiten bekleidet, 1590 wird letztmals von einem Verkauf des Schlosses berichtet. Man vermutet, daß der untere spätromanische Teil des Kirchturms einst der Bergfried des Schlosses war.

Die dem St. Laurentius geweihte Kirche wurde erst 1847 erbaut, wobei die meisten Kosten die Gräfl. Ingelheimer Kellerei (oberes Schloß von Gamburg) trug. Baumeister war Karl Misselbeck von Gamburg.

Durch die offene Kirchentüre treten wir ein, Halbdunkel und zarter Weihrauchduft empfangen uns, wir wollen dem wohl ältesten Gedenkstein an die Bauernerhebung, dem Grabmal „König Armleders" einen Besuch abstatten. Doch

Grabplatte des „König Armleder" in der Kirche von Uissigheim

zuerst müssen wir einen Lichtschalter suchen, um den links der Eingangstüre an der Westwand angebrachten Gedenkstein betrachten zu können.
Als kurz nach 1641 der Jesuit Gamans die damalige Uissigheimer Kirche besuchte, ruhte der Grabstein auf zwei steinernen Füßen 3 bis 4 Fuß hoch über dem Boden inmitten der Kirche. Gamans überlieferte die lateinische Inschrift, von der heute schon Teile fehlen, mit folgendem Wortlaut: „1336 am 14. November, trat im blühenden Mannesalter unter das Schwert der selige Arnold, Ritter von Uissigheim". Auf der Grabplatte sehen wir innerhalb der umlaufenden Schrift links oben das Uissigheimer Wappen, rechts davon im Relief die Gestalt des Ritters mit gebundenen Händen, ein edles, ausdrucksstarkes Haupt und ein Schwert, das von einer unter dem Schild angebrachten kleinen Figur gegen seinen Hals geführt wird. Der Kopf des Scharfrichters fehlt. Die leere Schwertscheide zur Linken des Ritters zeigt, daß er vermutlich damals mit seinem eigenen Schwert hingerichtet wurde. Dies war seinerzeit eine besondere Vergünstigung, Enthauptung galt als „ehrlicher Tod", ebenso spricht dafür die Bestattung in geweihter Erde.
Die damalige Zeit war eine Periode der Unruhe, des Unfriedens und der Unsicherheit für das Taubertal, wie die mittelalterliche Chronik Konrads von Megenberg berichtet. Ein Schreiber namens Nicolaus schildert am 23./24. September 1336 in einem Brief an Rudolf Losse, den Notarius des Erzbischofs von Trier, daß sich in der Gegend von Bischofsheim die Bauern einen König mit Namen „Armleder" erwählt, in großer Zahl gegen Städte und Dörfer gezogen seien und Juden erschlagen hätten.
König Armleder war Arnold von Uissigheim, ein für zehn Jahre durch den Grafen von Wertheim des Landes verwiesener Adeliger, der nach vielen Raubzügen 1338 von den Fürsten gefaßt und in Kitzingen hingerichtet wurde. – Der Volksmund nennt den Ritter den „Schwarzen Mann" oder den „seligen Arnold" – Sagen ranken sich um ihn.
Die eine Version der Sage berichtet davon, daß der Ritter für seine Untertanen gegen den Zinswucher der Juden eingetreten und von diesen meuchlings überfallen und getötet worden sei. Als man dann den Leichnam im Wald gefunden habe und auf einen Wagen legte, seien die davor gespannten Ochsen alleine bis vor die Uissigheimer Kirche gefahren, hätten dort angehalten und ohne daß jemand an den Seilen gezogen hätte, fingen die Kirchenglocken an zu läuten, bis das ganze Dorf versammelt war.
Die geschichtliche Überlieferung berichtet im Gegensatz dazu von der wahrscheinlicheren Hinrichtung. Als Urheber und Anführer einer Judenverfolgung wird dort ein „gewisser Ritter von Uissigheim" genannt. Er hatte eine Lästerung des Sakraments durch einen Juden miterlebt und geschworen, dies blutig zu rächen, was er auch in die Tat umsetzte. Daraufveranlaßten die Juden den Herren Gottfried von Hohenlohe durch ein Geschenk von 400 Pfund Heller, den Ritter zu fangen. Er wurde aufgegriffen und nach Röttingen gebracht. Dort legte er wiederholt dem Dekan die Beichte ab, durfte die Sakramente empfangen, wurde aber schließlich nach der Stadt Kitzingen geführt und dort enthauptet. Die Leiche

brachte man in sein Dorf Uissigheim und begrub sie in der Kirche. Es wird erzählt, daß an seinem Grab unzählige Wunder geschahen.
Bis ins 18. Jahrhundert wurde der Ritter Arnold vom einfachen Volk als Wundertäter verehrt, eine regelrechte Wallfahrt führte zu seinem Grab in der Uissigheimer Kirche. Beim Hochgrab war der „Arnolds-Kasten" aufgestellt, in den die Bauern verschiedene Früchte legten, um vom Vieh Seuche und Krankheiten abzuwenden (diese Opfer fielen dem Kirchenfundus zu). Von Wallfahrern, die auf dem Weg nach Walldürn hier durchzogen, ist bezeugt, daß sie vom Grabstein Sand abschabten, um ihn in Krankheitsfällen ihrem Vieh einzugeben. Berichtet wird von einer gewissen Scheu der Juden vor Uissigheim, die früher, wenn sie von Kühlsheim nach Gamburg wollten, das Dorf auf dem sogenannten „Judenpfad" in weitem Bogen umgingen. Der Würzburger Geschichtsschreiber Lorenz Fries berichtet unter dem Jahr 1336 über Judenverfolgungen zu Röttingen, Aub (Aue), Mergentheim, Uffenheim, Krautheim, Kitzingen „und anderen mehr Orten".
Wir nehmen Abschied von dem Ritter, löschen das Licht und lassen ihn weiter im Halbdunkel der Geschichte. Draußen vor der Kirchentüre empfängt uns mit der Sonne das Heute.
Auf unserem Weg durch den Ort stellen wir fest, daß alle bedeutenden Häuser, wie Rathaus, Schule, Pfarrhaus usw. aus rotem Buntsandstein erbaut sind.
Wir freuen uns an dem lustigen Löffel- und Tellergeklapper, das vom sonntäglichen Mittagsmahl heraus auf die menschenleere Dorfstraße dringt.
Am Ortsausgang gegen Külsheim zweigen wir beim Sportplatz rechts ab, um mit dem Stahlberg eine geologische Besonderheit der Landschaft zu besuchen. Aus den fruchtbaren Fluren erhebt sich vor uns, kapellengekrönt, ein Zeugenberg des Wellenkalkes, der hier die Röthochfläche um 35 Meter überragt.
Gleich am Beginn des Weges, der sich den Berg hinaufzieht, entdecken wir in noch frischem Sandsteinrot ein Denkmal mit dem Hl. Urban, das, wie die Inschrift ausweist, erst vor Jahren ein Australier aufstellen ließ. Die Sehnsucht nach seiner alten Heimat veranlaßte ihn, wohl bei seinem letzten Besuch, dieses Bildwerk zu stiften. Etwas weiter oben, unter dem einzigen Baum am Fuße des Berges, steht ein alter Bildstock, daneben scheint ein alter Pflug, fast schon ein Museumsstück, seinen letzten Ruheplatz gefunden zu haben.
Rebpfosten reihen sich exakt, den ganzen Südhang bedeckend, zur Höhe, geben den Rebstöcken, aus denen zart die jungen Triebe sprießen, Halt und lenken den Blick hinauf zum grünen Schopf des Stahlberges und zur Kapelle. Doch sehr bald nehmen uns die nun den Weg begleitenden Kreuzwegstationen gefangen, bei denen es sich um ein Erstlingswerk des noch jugendlichen Buscher aus der Gamburger Künstlerfamilie handelt, der später nach Amerika auswanderte und dort Karriere machte.
Wohl sieht man den einzelnen Kreuzwegbildern noch die künstlerische Unvollkommenheit an und doch zeigen manche Details in der Komposition und handwerklichen Ausführung die große Begabung des Künstlers in der Bearbeitung des roten Sandsteins.

Kreuzwegstation am Stahlberg bei Uissigheim

Gesäumt von Kreuzwegstationen und Rebstöcken – der Weg hinauf zum Stahlberg

Es ist wohl nicht nur die herrliche Aussicht, die uns nach Erreichen des Gipfels ganz in ihren Bann zieht, sondern wahrscheinlich auch die Stille, der Frieden, der über allem liegt.

Weit reicht der Blick über das fruchtbare Land zwischen Tauber und Erfa. Eingebettet in das satte Grün der Felder, die, soweit das Auge reicht, immer wieder von den goldgelben Streifen blühender Rapsfelder unterbrochen sind, leuchtet das Ziegelrot der Hausdächer, die sich um ihre jeweiligen Kirchtürme scharen. Weit in der Ferne gegen Westen ziehen sich zartblau gegen den Horizont die Ausläufer des Odenwaldes hin. Zur Linken, gegen Osten, zeichnet das Taubertal mit seinen bewaldeten Talrändern seinen Lauf in das Land, die Silhouette der Hochhäuser

von Wertheim hebt sich blaß von dem zarten Dunstschleier ab, dahinter begrenzt der Spessart den Blick.
Heilig ist der Berg schon seit alten Zeiten den Menschen, nicht erst seit aus Spenden 1870 hier oben die Dreifaltigkeitskapelle erbaut wurde.
Die Namensendungen der Orte zu unseren Füßen auf -heim sagen uns, daß es sich hier um uraltes Kulturland handelt und daß die Siedlungen in fränkischer Zeit gegründet wurden.
Schon immer war der Stahlberg sagenumwoben, überragte für die Menschen weit sichtbar die Landschaft und wir können mit Sicherheit annehmen, daß wir uns hier auf der „Dingstätte", der Gerichtsstätte des Taubertales befinden. Eine Parallele dazu finden wir im „Stahlbühl" bei Dossenheim an der badischen Bergstraße, hier wie dort die Dingstätte eines germanischen Gaues.
Heute, wie seit dem Bau der Kapelle, zieht der Stahlberg die Menschen der Umgebung an zur stillen Andacht, zum Gebet, und so sind auch wir nicht allein, als wir die Kapelle betreten. Überrascht sind wir weniger von der Ausstattung als vielmehr von dem überreichen Blumenschmuck, der offensichtlich aus Bauerngärten stammt und den die Gläubigen den weiten Weg heraufgetragen haben. Ein schmiedeeisernes Gitter teilt den Raum, die Altarwand ist mit Figuren der Dreieinigkeit und der Himmelskönigin Maria versehen. An der linken Seitenwand befindet sich das Jesuskind inmitten der 14 Nothelfer, farbenfroh aus glasiertem Ton im bäuerlichen Stil verfertigt.
Draußen vor der Kapelle beginnen die Speierlingsbäume ihr zartes Blattfiligran zu entfalten, während die Kastanie schon überreich mit ihren Blütenbäumchen geschmückt ist und der Frühling den Kiefern des Nordhanges schlanke Kerzen auf die Zweige gesteckt hat.
Ähnlich einem altmodischen Sofa finden wir hinter der Kapelle eine drei Meter lange Sandsteinbank von 1875, „Gustels Ruh" ist in sie eingehauen. Wohl schon lange wird der Gustl seine ewige Ruhe haben, aber auch die heutigen Gustl, oder wie sie jetzt moderner heißen mögen, freuen sich daran und nehmen den schattigen Ruheplatz gerne an.

Vor unserem Weiterweg setzen wir uns noch zu einem letzten Rundblick unter die Speierlingsbäume, lassen das Auge noch einmal die Landschaft, die auch noch Landschaft ist, in uns aufnehmen, als plötzlich das Glöckchen der Dreifaltigkeitskapelle zu läuten beginnt und in die Weite ihre Stimme der Mahnung und Hoffnung trägt.
Bei unserem Abstieg können wir zwischen den Reben die Auswirkungen der Erosion genau erkennen, während oben nur freigespülte Steine ohne Erde zu sehen sind, ändert sich dies stetig bergab, bis am Fuß des Stahlberges zwischen der angeschwemmten Erde kaum noch ein Stein zu sehen ist. Daß der an diesem Hang wachsende Wein, der „Uissigheimer Stahlberg" ein besonderer Tropfen sein muß, ist uns klar, und wir beschließen, ihn bei der nächstbesten Gelegenheit zu probieren.

Erker am Külsheimer Schloß

Ein angenehm lauer Frühlingswind begleitet uns auf unserem Weiterweg nach Külsheim, macht das Wandern zum Vergnügen. Sanft streicht die Brise über die Gersten- und Weizenfelder, die beim Auf- und Niederwogen ihre Farben vom dunkelsten Grün bis zum lichtesten Blaßgrün wechseln und uns dadurch in die Illusion versetzen, inmitten eines bewegten Sees zu wandern.

Nach kurzer Zeit tauchen vor uns Türme und Dächer von *Külsheim* auf, wieder eines der reizenden Landstädtchen im Tauberland, wegen seiner vielen laufenden Brunnen wird es liebevoll auch „Brunnenstadt" genannt.
Wir nähern uns Külsheim vom Berg her und erreichen, vorbei an den modernen Schul- und Stadthallenanlagen den großen, freien Platz zwischen Burg und Kirche. Heute ist er menschen- und fahrzeugleer, es fehlt das geschäftige, werktägliche Treiben, das helle Stimmengewirr der Kinder, das sonst mit zur akustischen Kulisse beiträgt.
Vor dem Schloß blühen weißer und lila Flieder mit den Tulpen und Narzissen in den Vorgärten der Bürgerhäuser um die Wette. Leise rauschend wiegen sich die alten Bäume, die rechts am Berghang stehen, im Frühlingswind.
Auf den Grundmauern aus der Jahrtausendwende erhebt sich die noch vollständig erhaltene Burg mit ihrem wuchtigen Bergfried aus dem frühen 13. Jahrhundert. Links des Eingangs ziert ein reichgegliederter Chorerker den Schloßgiebel, den unteren Abschluß bildet ein Kragstein, einen verschmitzt lächelnden Affen darstellend, der von der auf ihm ruhenden Last anscheinend nichts bemerkt.
Heute bildet das Schloß, nachdem es zwischenzeitlich auch als Schule genützt wurde, den würdigen Rahmen der Stadtverwaltung, mit seinem efeubewachsenen Innenhof und der stilvoll mit Bildern und Möbeln geschmückten Empfangshalle.
Külsheim weist mit seinem Martinspatrozinium der Kirche auf eine frühere fränkische Gründung hin, vermutlich bis ins 8. Jahrhundert.
Lange vor dem Erzbistum Mainz scheint das Bistum Würzburg Besitzer gewesen zu sein, dessen Ministeriale Oddo von Culksheim schon 1144 genannt wird, 1225 wird das Dorf Külsheim erstmals als Eigentum des Mainzer Erzbischofs Siegfried III. von Eppenstein bezeichnet. 1292 verlieh König Adolf Külsheim das Stadtrecht.
Als Erbauer der Burg werden die Edelherren von Dürn im 12. Jahrhundert bezeichnet, mit Ausnahme des Bergfrieds stammen die Hauptgebäude der Burg in ihrer jetzigen Gestalt aus der 2. Hälfte des 16. Jahrhunderts und aus dem Anfang des 17. Jahrhunderts.
In der sogenannten „Külsheimer Fehde" wurde die Stadt 1462 durch den papsttreuen Grafen Johann III. von Wertheim nach kurzer Belagerung erobert und der mainzische Pfandschaftsinhaber Anton von Wittstadt daraus vertrieben. Auf pfalzgräflichen Schiedsspruch hin mußte 1480 Graf Johann die Stadt aber wieder an das Erzstift zurückgeben.

Die Burg von Külsheim ist heute Sitz der Stadtverwaltung

Im Bauernkrieg trat Külsheim mit den übrigen Mitgliedern des mainzischen „Neunstädtebundes“ auf die Seite der Aufständischen und wurde nach der Niederlage von Mainz mit dem Entzug der Stadtrechte bestraft.
Im 14. und 15. Jahrhundert war die Stadt meist verpfändet, sie wurde Kellereiort und Sitz eines mainzischen Centgrafen, der das Schloß bewohnte. Von 1803 bis 1806 gehörte es gar zum Fürstentum Leiningen. Im deutsch-deutschen Bruderkrieg 1866 kam es am 23. Juli zu einem Gefecht bei Külsheim zwischen badischen und preußischen Truppen.
Nach diesem kurzen Rückblick in die Geschichte der Stadt, wenden wir uns einem weiteren dominierenden Bauwerk Külsheims zu:
Die dem Schloß gegenüberliegende katholische Pfarrkirche St. Martin besticht durch ihre Größe, sie beherrscht optisch den ganzen Platz. Erst 1954 ist das Langhaus errichtet worden, während der verbliebene Chor auf 1497 zurückgeht, das schiefergedeckte, spitze Turmdach ist von vier kleinen, die Ecken umgebenden Türmchen flankiert.
Sehr harmonisch wurde die Neuanlage des Kirchplatzes gelöst, in neu errichteten Mauern und Gebäuden wurden alte Gedenk- und Ornamentsteine eingefügt. Über dem gotischen Steinportal wurde ein Tympanon eingemauert, das den Hl. Martin zeigt, wie er seinen Mantel mit einem Bettler teilt, ein Engel daneben hält das Schild mit dem Wappen des Diether von Isenburg, des damaligen Bischofs

Erst 1954 wurde das Schiff der Pfarrkirche St. Martin errichtet, während der Turm zum Teil auf 1497 zurückgeht

von Mainz. Dieser war zwischen 1459 und 1463 und nochmals 1475 bis 1482 Mainzer Erzbischof. Graf Johann III. von Wertheim nahm 1463 dessen Absetzung und Bannung zum Anlaß, das mainzische Külsheim, das vom Pfandschaftsinhaber Anton von Wittstadt preisgegeben wurde, zu besetzen. 1475 söhnte sich Dietherr mit dem Papste aus, im gleichen Jahr wurde er erneut Erzbischof von Mainz, konnte aber erst 1481/1482 Külsheim zurückerlangen. Die Entstehung des Tympanons ist daher erst nach 1475 zu datieren.
Nicht weit davon, am alten Chor, durch eine Glasscheibe verschlossen, sehen wir eine Ölberggruppe, vermutlich aus der Schule Riemenschneiders. Kein schlecher Gedanke, ein Kunstwerk so vor den zerstörenden Einflüssen unserer Zeit zu bewahren.

Links das gotische Portal der Stadtpfarrkirche mit Tympanon –
rechts das schönste Friedhofsportal des ganzen Tauberraumes

Gegenüber der Ostseite des Chores befindet sich das schönste Friedhofsportal, das ich kenne; schmal, altersgrau und spitzbogig, von Efeu umwachsen und mit einer meisterhaften Madonnenskulptur gekrönt. Einige ausgetretene Sandsteinstufen führen hinein in den Ort der letzten Ruhe.
Durch die reizenden Details am Äußeren der Kirche neugierig geworden, werfen wir auch einen Blick ins Innere.
Als Hallenkirche, dem romanischen Stil angepaßt, überrascht die Höhe und Weite des Raumes. Die unteren Reihen der kleineren seitlichen Fenster sind sinnvoll genutzt, durch Künstlerhand wurden sie zu bunten, bleiverglasten Kreuzwegstationen, bildhaft das Leiden Jesu darstellend.
Der weiträumige Chor zeigt ein gotisches Netzrippengewölbe von 1479 und birgt einen mächtigen Barockaltar mit fast lebensgroßen Heiligenfiguren. Mich würde es nicht wundern, wenn bei einer Restaurierung des Chores unter den Anstrichschichten der Wände alte Fresken zutage kämen, die früher das Innere zierten.
Das Schönste der Kirche entdecken wir ganz zum Schluß unseres Besuches im Halbdunkel, an der rechten Seite des Westgiebels, in Gestalt einer Pieta. Das farblich gefaßte Kunstwerk mutet uns in Gesichtsausdruck und Faltenwurf als eine Arbeit Riemenschneiders an, ähnlich der Beweinung Christi von Hessental oder der trauernden Maria von Acholdshausen im Mainfränkischen Museum Würzburg.
Als wir die Kirche verlassen, brennen auf dem davor stehenden Kerzenhalter zwei Flämmchen, die wenigstens vorübergehend die Pieta mit ihrem warmen Licht erhellen.
Über die „Pfarrstaffel", die eingerahmt von Bürgerhäusern den oberen geistigen, geistlichen und verwaltungstechnischen Teil des Städtchens mit der eigentlichen Stadt verbindet, gelangen wir ins ehemalige Zentrum. Groß erhebt sich unten in der Mitte des Aufgangs ein Kruzifix, davor weitet sich die Straße.
Zur Rechten haben wir ein bauliches Glanzstück vor uns, das prächtige, türmchenbekrönte, ehemalige Rathaus, 1522 vollendet, das heute ein Bankinstitut beherbergt.
Links der Staffel läßt einer der schönsten Külsheimer Brunnen, der Löwenbrunnen von 1537, die Wasserstrahlen in den Trog plätschern. Auf der schlanken Brunnensäule hält ein Löwe das erzbischöfliche Wappen von Mainz zwischen den Pranken, auf dem Pfeiler ist zu lesen: *„Allein Got di Er"*.

Wir wandern ohne festen Plan durch das Städtchen, lassen uns gefangennehmen von den engen Gassen und Winkeln, bewundern Madonnen- und Heiligenfiguren an den Hauswänden, sehen und lesen alte Inschriften und geschmiedete Ausleger von vergangenen und noch bestehenden Handwerksberufen und entdecken noch weitere laufende Brunnen – ein volles Dutzend soll es sein – jeder von seiner eigenen Quelle gespeist, da doch das Wasser auf dem Röt reichlich austritt.
Irgendwie gelangen wir wieder hinauf zur Hauptstraße und stehen bei der reizvol-

len gotischen Katharinenkapelle, die zwischen 1439 und 1444 erbaut wurde. Ihr Inneres birgt spätgotische Wandmalereien, Evangelistensymbole und Szenen aus der Katharinenlegende.

Gleich daneben läßt der Wappenbrunnen der Stadt, der „Dreischalenbrunnen" von 1480, sein Wasser von Schale zu Schale fallen, schade, daß der alte Brunnenbaum, der dabeistand, verschwunden ist. Doch ansonsten zeigen sich allenthalben geschmackvolle Ansätze der Stadtsanierung sowie bereits harmonisch renovierte Einzelbauten.

Schräg gegenüber, auf der anderen Straßenseite, erhebt sich die barocke Mariensäule, weinumrankt ist sie mit ihren acht Metern Frankens größtes und schönstes „Träubelesbild", Ausdruck bürgerlicher Frömmigkeit.

Links die barocke Mariensäule, das größte „Träubelesbild" Frankens. Rechts: Die Säule des Löwenbrunnens von 1537

Der prächtige Fachwerkbau des alten, 1522 vollendeten Rathauses ist heute Domizil eines Bankinstitutes

Zwischen 1439 und 1444 wurde die gotische Katharinenkapelle in Külsheim erbaut

Über unseren Köpfen lockt ein Wirtshausschild zur Einkehr, aus den offenen Fenstern hören wir lustiges Stimmengewirr, und da das Wandern ja bekanntlich Hunger und Durst erzeugt, nehmen wir die Einladung an. Wir finden in der gutbesuchten Gaststube noch Platz, erregen in unserer Wanderkluft einiges Aufsehen und schon bei unserer Bestellung fragt der Wirt, ob wir Schwaben seien. Ganz energisch weisen wir das von uns, klären ihn erst mal auf, daß wir Hohenloher Franken sind, so wie sie badische Franken seien, wenn auch unser Dialekt im Gegensatz zum badischen etwas härter und nicht so melodisch ist. Nun, die weitere Verständigung klappt, das kräftige Vesper schmeckt und der „83er Uissigheimer Stahlberg" ist ein wahres Gaumenvergnügen.
Sehr schnell werden wir in die Unterhaltung mit einbezogen, erfahren allerhand Wissenswertes über die Stadt und ihre Umgebung, über das große Sport- und Freizeitangebot, die gepflegten Wanderwege, die sich von Külsheim aus in alle Himmelsrichtungen in noch von Verkehrslärm verschonte, unverfälschte Natur hinausziehen. Einig sind wir uns über den Erholungswert eines Urlaubs, den gerade lärm- und streßgeplagte Städter hier im „Madonnenländchen" verbringen könnten, und, wie wir bei der Begleichung unserer Zeche feststellen, preiswert ist es hier auch noch.
Nach einem lautstarken Abschied von unseren neuen Bekannten und dem Versprechen unsererseits wiederzukommen, nehmen wir das „Wanderweg-Angebot" der Stadt an, folgen zuerst dem der Tauber zufließenden Amorsbach, um dann auf einem Fernwanderweg des Spessartbundes durch das riesige Waldgebiet des „Schönert", der Talkante der Tauber folgend, hinunter nach Bronnbach zu gelangen.
Hier haben wir am Morgen, vor Beginn der Wanderung, ein zweites Auto stationiert, das uns zu unserem Ausgangspunkt nach Gamburg zurückbringt.

Bei der Verabschiedung sind wir überzeugt, daß diese Tageswanderung mehr an Erlebnissen und Erholung gebracht hat, als sonst eine ganze Woche, die man an einem südlichen Strand, bratend – pardon bräunend – zwischen schwitzenden Urlaubern verbringt.

Doppelbalkenkreuz „Hoher Herrgott“ in den Weinbergen von Külsheim

SECHSTER TAG

Von Gamburg bis Wertheim

Sechster und letzter Tag. Noch sind wir frisch und munter, als wir den „Grünen Baum“ verlassen, aber so, wie das Wetter aussieht, so brennend, wie uns die Sonne heute morgen schon erwartet, hat sie sicher vor, uns vollends gar zu braten. Gestern sahen wir überhaupt nicht, wie schön die Säule des Dorfbrunnens gearbeitet ist, auch sie ist ein Werk der Gamburger Künstlerfamilie Buscher, bildhaft erzählt sie von der alten Sage, die sich um die Brücke drunten an der Tauber rankt:

In urdenklichen Zeiten, als das ganze Taubertal noch dem heidnischen Glauben verhaftet war, regierte im ganzen Flußlauf, von den Tauberquellen bei Wettringen und Weikersholz bis hinunter zum Main nach Wertheim, ein Wassermann, genannt der „Hakenmann“. Schauerlich anzusehen war seine ganze algenüberwachsene Gestalt mit dem Fischschwanz und den kalten Fischaugen, grausam war sein Regiment, das er im ganzen Tal ausübte. Besonders schlimm trieb er sein Unwesen zu Zeiten der Schneeschmelze. Brüllend, schäumend und reißend ließ er die Wassermassen durch das Tal toben, alles, was sich ihm und seinem Element in den Weg stellte, wie Bäume, Häuser oder Brücken, riß er mit sich und ließ es gurgelnd verschwinden. Doch auch Tiere und Menschen – am liebsten waren ihm unschuldige Kinder – packte er, wenn sie dem Fluß zu nahe kamen, mit seinem langen Haken und zog sie hinab zu sich in das nasse Grab. Er trieb die Menschen, wie die Sage erzählt, sogar so weit, daß sie ihm freiwillig neugeborene Kinder opferten, sie ihm hineinwarfen, nur um ihn milde zu stimmen.
Doch mit der Christianisierung des Tales entstanden bald da und dort an den Ufern der Tauber Kapellen, von denen Glocken zum Gebet läuteten und eines schönen Tages erklangen Kirchenglocken an der ganzen Länge der Tauber – die Macht und Herrschaft des Wassermanns waren gebrochen. Wütend und grollend zog er sich in den tiefsten Gumpen der Tauber zurück, über den später die nepomukgeschmückte Gamburger Brücke gebaut wurde, und dort soll er heute noch tief unten mit seinem Schicksal hadernd sitzen. Doch in der Zeit der morgendlichen Dämmerung taucht er immer wieder einmal auf und lauert, ob er nicht ein Menschenkind, das dem Ufer zu nahe kommt, mit seinem langen Haken packen und hinunterziehen kann. Erschwert wird ihm dieses böse Unterfangen allerdings durch einen guten Geist, die „Hulefra“, die hier morgens zur gleichen Zeit in ihren weißen, neblig-flatternden Gewändern auf- und abschwebt, um die Men-

schen von dem gefährlichen Uferrand abzuhalten. Doch, wenn der erste Ton der Morgenglocken das Tal segnet, ist der Spuk vorbei, beide verschwinden in ihrer Geisterwelt.
Wir brauchen uns also nicht mehr vor ihm in acht zu nehmen, können unbekümmert unsere Wanderung fortsetzen und folgen dem Lauf des Wassers.
Nach der Gamburger Dorfmühle, bei der aus den Hangwäldern der Meisenbach der Tauber zueilt, wird das Tal noch einmal weit.
Schweigend wandern wir auf halber Hanghöhe am „Gamburger Rain“ entlang. Wir lassen uns von dem sonnendurchfluteten Morgen bezaubern, lauschen dem Konzert der gefiederten Sänger des Hangwaldes und dem Grillengezirpe aus den zur Tauber abfallenden Böschungen, über die allerlei Falter auf der Suche nach Blüten gaukeln, die noch nicht verdorrt sind. Aus den Erlen und Weiden, die den Fluß begleiten und beschatten, taucht ein Wildentenpaar auf, fliegt etliche Sekunden über den Wipfeln, um genauso plötzlich wieder zu verschwinden. Weit drüben am anderen Ufer huschen Autos auf der Straße talauf und talab, darüber am Hang fährt ein Zug aus Richtung Wertheim den Hang entlang, um plötzlich im Tunnel, das die Tauberschleife bei Gamburg unterschneidet, zu verschwinden. Am 15. Oktober 1868 wurde die Strecke Lauda–Wertheim dem Verkehr übergeben. Der Ausbau erforderte damals schon einen Kostenaufwand von immerhin 3,8 Mill. Gulden und sollte dazu beitragen, das abgelegene Tauberland an das Staatsgebiet anzuschließen.
Vor uns, im wieder sich verengenden Tal, taucht ein schloßähnliches Gebäude, die Eulschirbenmühle aus dem Blättergrün auf, die schönste Mühle Frankens. Als die Mühle vor ca. 800 Jahren, wahrscheinlich mit dem Kloster Bronnbach, erbaut wurde, sollen bei den Fundamentarbeiten eine große Menge Scherben zutage gekommen sein, die von Krügen stammten, die die Form sitzender Eulen hatten – daher soll sich ihr eigenartiger Name herleiten. Auch hier wechselten durch die Zeiten die Besitzer des öfteren. Vermutlich von den Klosterbrüdern hat 1565 ein Hans Heilken die Mühle erworben, nach einer Tafel, die am Stallgebäude eingemauert ist, hat sie dieser 27 Jahre später an einen Herrn von Kronberg, den damaligen Besitzer der Gamburg verkauft. Im Renaissancestil wurde dann in den Jahren 1592 – 1595 das herrschaftliche Gebäude errichtet, am Turmeingang sind die Wappen von ihm und Brendel von Homburg zu sehen.
Unser Besichtigungsrundgang fällt sehr kurz aus, kein Wunder, wenn jeder Schritt mißtrauisch beobachtet wird. Ich weiß heute nicht, was die alte Dame im Garten glaubte, welche Beute wir in unseren Rucksäcken verschwinden lassen könnten.
Wir kehren Mühle und Mißtrauen den Rücken, schlendern hinunter zum Tauberwehr, das eine natürliche Gesteinsschwelle im Flußbett ausnützt. Dort am Ufer lassen wir die Rucksäcke ins Gras gleiten, entledigen uns von Schuhen und Strümpfen und waten die Wehrkrone entlang, bis wir ein unüberflutetes Stück Wehr erreichen. Wir setzen uns auf den warmen Stein und hängen die Beine in das angenehm kühle und klare Naß.

Schloßähnlich wirkt die „Eulschirbenmühle“ – sie gilt als die schönste Mühle Frankens

Wir erinnern uns, daß wir uns gestern abend an der Gamburger Brücke mit einem „Petri-Jünger“ unterhalten haben, der dort „seinen Wurm badete“. Er erzählte uns, daß er vom Main komme, aber das Wasser der Tauber sei im Vergleich zu dem des Mains das reinste „aqua destillata“.
Einen eigenartigen Zauber strahlt die Flußlandschaft aus dieser Perspektive aus. Bei dem monotonen Rauschen des Wassers, das über die Steine fällt, bemerken wir hinter uns das sagenumwobene Mühlengebäude, vor uns liegt die das Himmelsblau spiegelnde Wasserfläche, von Erlen und Weiden gesäumt. Lautlos eilen die Wellenbögen, die wir mit den Füßen erzeugen, von uns fort dem Ufer zu, werden auf ihrem Lauf flacher, nehmen aber noch auf dem Wellenkamm das Sonnenlicht blitzend mit in den Schatten der Bäume, um sich dort zwischen Schilf und Wurzeln leise glucksend zu verkriechen. Über uns in der Morgenluft zeigt ein ganzer Schwarm Tauberländer Schwalben seine Flugkunststücke. Sie kreisen um- und durcheinander, kommen im Sturzflug auf die spiegelnde Wasserfläche herunter, schwenken kurz davor ab, legen aber anscheinend doch Wert darauf, daß sie mit Brust und Bauch die Wasseroberfläche streifen. Jedesmal spritzen links und rechts der schmalen Körper glitzernde Wasserkaskaden auf, bevor die eleganten Segler wieder in steilem Flug zwitschernd an Höhe gewinnen. Es ist keine Frage, sie freuen sich genau wie wir über den herrlichen Sommermorgen im Taubertal. Irgendwie gehören wir in diesen Minuten mit dazu, zum Fluß, zur Landschaft, zur ganzen Natur, und es hätte uns wahrscheinlich nicht verwundert, wenn sich plötzlich das Wasser vor uns geteilt hätte und die schöne, fischschwänzige Taubernixe Melusine sich gezeigt hätte.
Melusine – welch ein Name, weich und melodisch, ganz zur Tauberlandschaft passend, nicht listig wie ihre Schwester, die Loreley vom Rhein, die ihre Opfer erst betört, um sie dann auf ewig in ihr nasses Reich zu ziehen, sondern anschmiegsam und sanftmütig.
Wohl nicht grundlos findet man ihr Bild kunstvoll in manches Fachwerkgebälk im Taubertal eingeschnitzt, sogar am schönen Rathaus von Grünsfeld wurde sie verewigt, in der Sage, dem Gedankengut des Tales lebt sie fort. Alle möglichen Variationen ihrer Märchengeschichte haben wir schon gehört und gelesen, aber am schönsten, finde ich, hat sie mein verehrter Freund, der Altmeister fränkischer Geschichte und Geschichten, der Schriftsteller G. Harro Schaeff-Scheefen in seinem Buch „Liebesfahrt im Taubergrund“ beschrieben:

„In dem Schloß Gamburg, der trutzigen Feste auf dem steilen Berg in der Tauberschleife, hauste vor Zeiten ein Graf, der, ein leidenschaftlicher Jäger und Fischer, tagelang nicht nach Hause kam, sondern in Wald und Flur umherschweifte.
An einem schönen Sommerabend lag er an der Tauber und fischte. Da hörte er hinter sich ein Rauschen, und wie er sich umsah, bemerkte er ein Grasmädchen von so großer Schönheit und besonderem Liebreiz, daß er davon ganz betroffen war. Das Mädchen ging nach der nahen Mühle zu und der Graf folgte ihm. Der Müller, den er nach dem schönen Mädchen fragte, erzählte, vor einigen Wochen

sei es zu ihm gekommen und in Dienst getreten. Dabei habe die neue Magd jedoch zur Bedingung gemacht, daß sie vom Abend des Donnerstag ab bis zum Samstagmorgen frei von jeder Pflicht bei ihm sei, denn nach einem Gelübde müsse sie diese Zeit im Walde verbringen. Der Müller war darauf eingegangen und hatte es nicht zu bereuen, denn die Magd arbeitete für zwei.
Am kommenden Donnerstag lauerte der Graf im dichten Gebüsch aus das schöne Mädchen, an das er Tag und Nacht in großer Sehnsucht und Liebe denken mußte und darüber seine Frau auf der Burg vergaß. Das rätselvolle Mädchen kam und ging zum Fluß. Der Graf hatte nur einen kurzen Blick auf eine schwimmende Gestalt erhascht, dann war sie verschwunden, als hätte sie der Fluß verschluckt.
Immer wieder ging der Gamburger in den folgenden Wochen zur Mühle, um das von ihm heiß geliebte Mädchen zu sehen und zu sprechen. Sie dünkte ihm klug und gescheit, wich jedoch allen Fragen nach ihrer Herkunft aus. Das konnte er niemals von ihr erfahren und seine Neugierde wuchs, hinter das Geheimnis zu kommen.
An einem Donnerstag schlich der Gamburger wieder an das Ufer, um nach ihr auszuspähen. Der Abend kam, der Vollmond stieg über den Wald empor, da schritt sie durch das Gras zum Wasser und nachdem sie spähend umhergeschaut hatte, entkleidete sie sich, schlug ihr Gewand in die Schürze ein und versteckte alles in einem alten hohlen Weidenstamm. Dann stürzte sie sich ins Wasser und kam lange nicht mehr zum Vorschein, so daß dem Grafen schon angst und bange wurde und er sie ertrunken wähnte. Plötzlich jedoch sah er sie schwimmen, ein Bild von nie geschauter Schönheit kam näher. Eine Perlenkrone trug sie auf dem Haupte, ihre unvergleichlich harmonischen Glieder wiegten sich in den im Lichte des Mondes silbern glitzernden Fluten. Zu seinem Entsetzen bemerkte er jedoch, daß ihr Körper von der Hüfte abwärts sich in einen schuppigen Fischleib verwandelt hatte. Nach einiger Zeit tauchte sie unter und kam nicht mehr zum Vorschein. Der Graf erholte sich von seinem Schrecken über den Fischschwanz und meinte, da sie ihn ja nach Belieben ablegen könne, wäre es nicht so schlimm. Er ging über den Mühlsteg an das andere Ufer und von dort zurück zur Stelle, wo die Kleider der Wassermaid verborgen waren. Er wußte nämlich, daß die Holde in seiner Gewalt war, wenn er das Gewand in seinen Besitz brachte. Er nahm das Bündel an sich und ging wohlgemut von dannen, weil er seines Erfolges sicher war.
Die Sonne war noch nicht aufgegangen, als der Graf am folgenden Samstag an der Tauber die Rückkehr des Wassermädchens erwartete. Es wurde hell und der Tag begann. Da kam sie durch das taunasse Gras mit einem Leuchten im Gesicht gerade auf ihn zu, nur mit ihrer makellosen Schönheit bekleidet und sprach zu ihm: ‚Es bedarf nicht des Pfandes meiner Kleider für dich, um mich zu gewinnen. Ich gehöre dir längst an, denn wir lieben alle, die wie du den Wald und die Natur, das Licht und das rauschende Leben zu ihrem Dasein brauchen. Längst kannte ich dich und ich verdingte mich deshalb in die Mühle, damit du mich kennenlerntest. Ich bin bereit, dir alles zu schenken, was ich habe. Du sollst durch mich der Glück-

lichste der Menschen werden. Aber niemand darf unser Geheimnis erfahren. Würde es offenbar, müßte ich dich sogleich für immer verlassen.'
Entzückt umarmte der Graf das wunderbare Wesen, das ihn bat, an Stelle der Mühle ein neues Haus zu bauen, das so tief in den Boden reichen solle, wie es hoch sei. Durch die unterirdischen Gemächer, die mit dem Fluß verbunden sein müßten, könne sie dann immer zu ihm kommen oder gehen, wenn sie ihre Tage ganz im Wasser verbringen müsse.
Dem Müller kaufte der Graf die alte Mühle ab, ließ sie niederreißen und ein neues, prächtiges Haus errichten, wie es heute noch steht. Mit Hilfe der Wassergeister wuchs der Bau in kurzer Zeit, und als alles fertig war, richtete der Herr die oberen Gemächer für sich ein. Der Müller als Verwalter wohnte unten. Sich um nichts zu kümmern, was oben vorging, war ihm befohlen.
Das nun vereinte Liebespaar führte ein üppiges Leben, ganz seiner Liebe und dem Glücke hingegeben, Melusine sang ihm Lieder vor oder durchstreifte mit ihm das Land. Nur am Donnerstagabend verschwand sie in ihrem nassen Element und kehrte am Samstagmorgen wieder. Die Zeit ihrer Abwesenheit benützte der Graf dazu, nach seiner rechten Gattin zu sehen, die allein und traurig auf der Gamburg saß. Wohl raunte man im Lande von der seltsamen, lustigen Klausur des Herrn in Eulschirben, aber seiner Gattin wagte man nichts zu sagen.
Oft hatte der Müller zarten Gesang und klingendes Lachen einer Frau aus der Grafenstube gehört, niemals sie aber ankommen oder weggehen sehen. Eines Tages schlich er sich an die Stubentüre, horchte und glaubte die bekannte Stimme seines früheren Grasmädchens zu hören. Eines Freitags, da alles still und der Herr fort war, bohrte der Müller einige Löcher in die Türe und beobachtete am nächsten Tag eine Liebesszene zwischen seiner Magd und dem Grafen. Fast konnte er seine Augen nicht von dem Bild losreißen, das sich ihm bot. Erst nachdem er das Kreuz geschlagen hatte, wich die Verzauberung von ihm.
Er rannte nach Bronnbach in das Kloster zum Abt und erzählte ihm, was er gesehen und gehört hatte. Der Abt gab ihm einen geweihten Zettel mit einem heiligen Bannspruch mit und hieß ihn, diesen Zettel unter eine Stufe vor das Zimmer des Grafen legen, bevor die Nixe wieder komme. Das tat der Müller auch. Als der Abend nahte, vernahm man statt des Singens großes Wehklagen und Jammern aus der Grafenstube. Um Mitternacht war ein herzzerreißender Schrei und darauf ein schwerer Fall in die Tauber zu hören. Dann war alles zu Ende und die schöne Maid ward seitdem nicht mehr gesehen.
Der Graf verfiel in eine unstillbare Sehnsucht und zehrende Unruhe, denn die schöne Melusine kam nicht mehr zu ihm und blieb verschwunden. Tagelang starrte er in das grüne Wasser, aber das Glück kehrte nicht wieder. Nicht lange danach erlosch das Licht seines Lebens. Auf dem Sterbebette hatte er seiner Frau alles bekannt. Um die große Sünde ihres Gemahls zu sühnen, machte sie aus dem Schlößchen ein Kloster, in das sie sich mit einigen frommen Frauen zurückzog. Brausende Hochwasser der Tauber vertrieben jedoch bald die Nonnen. Aus dem Liebesnest der Melusine wurde wieder ein Mühle."

Altes Steinkreuz am Wegrand – niemand mehr kann heute die eingehauenen Zeichen deuten

Da statt des Vollmonds die Sonne am Himmel steht, und somit die Wahrscheinlichkeit, der schönen Flußbewohnerin zu begegnen, gleich Null ist, beschließen wir weiterzuwandern.

Über einen Holzsteg hinter der Eulschirbenmühle erreichen wir das andere Ufer, wandern durch die fruchtbare Talaue hinüber zum anderen Talhang. Vor uns flüchtet laut schimpfend eine Fasanenhenne ins schützende Stengelwerk eines Maisfeldes. Nachdem wir Straße und Bahnlinie überquert haben, folgen wir einem ausgefahrenen, schattigen Waldweg, der sich hinauf zur Talkante zieht. Doch schon nach einigen hundert Schritten erwartet uns eine weitere Überraschung. Vor uns, mitten auf dem Weg, liegt fein säuberlich aufgerollt eine schlafende Blindschleiche, die, obwohl sie wie eine Schlange aussieht, doch weit mehr mit der Eidechse verwandt ist. Da uns ihr Ruheplatz mitten im Weg doch recht gefährlich erscheint, wollen wir sie aufwecken und streichen sacht über den graubläulich-glänzenden, kühlen Schuppenleib. Sie ist aber noch sehr träge, entrollt sich ganz langsam und wir beschließen daher, sie weg vom Weg auf eine sonnenbeschienene Lichtung zu tragen. Durch die Wärme der um sie geschlossenen Hände wird sie gleich putzmunter und lebhaft und erinnert mich an meine Bubenzeit, als ich als neuestes Haustier einmal eine Blindschleiche in meinen unergründlichen Hosentaschen heimbrachte; ihr hatte es darin in der gleichmäßigen Wärme ganz gut gefallen, leider hatten meine Eltern für diesen neuen Hausgenossen wenig Verständnis und so mußte ich sie auf der Stelle wieder hinaus ins feindliche Leben, zurück zur Fundstelle, bringen. – Auch unsere Blindschleiche weiß anscheinend, daß wir harmlos sind, sie rollt sich an ihrem neuen Sonnenplatz sofort wieder zusammen, um ihren gestörten Morgenschlaf fortzusetzen.

Nachdem wir die Höhe schwitzend ereicht haben, liegt vor uns ein idealer, ebener Weg, der der Talkante folgt, teils beschattet, teils in der Sonne. Ein zarter Lufthauch streicht vom Tal herauf und bringt den Duft von Wasser, Erde, Gräsern und welkem Laub mit sich. Heerstraßen der Roten Waldameise kreuzen unseren Weg, kleine rote oder tiefblaue Früchte von Waldhimbeeren und Brombeeren laden links und rechts an den Waldrändern zum Naschen ein und eine Vielzahl von Vogelstimmen schwingt durch den sonnigen Morgen.

Aus dem Blätterdach am Wegrand leuchtet ein Kreuz aus rotem Sandstein mit eingehauenen, heute nicht mehr deutbaren Zeichen, an ein längst vergangenes Unglück, eine Bluttat, erinnernd. In dem dahinterliegenden Bauernholz lagert eine Menge von mehr oder weniger großen Sandsteinfindlingen und, wie wir bemerken, zeigen etliche davon Bearbeitungsspuren. Wir sind auf einen ehemaligen Werkplatz von Steinmetzen gestoßen. Nach und nach entdecken wir angefangene, mißlungene, halbfertige und fertigbehauene Quader, Kreuze und Mühlsteine. Um sich den schweren Transport der Steine zu sparen, hatte man sie an Ort und Stelle inmitten des Waldes bearbeitet, um später nur die fertigen, gelungenen Werkstücke abzutransportieren. Im Odenwald bei Lindenfels hatten wir früher im „Steinernen Meer" schon einmal einen derartigen Freilandwerkplatz entdeckt. Dort, jenseits des obergermanisch-rätischen Limes, einer 548 km

langen Grenzbefestigung, die sich östlich des Rheins und nördlich der Donau vom Neuwieder Becken bis fast nach Kelheim erstreckt, liegen in den Wäldern tonnenschwere und meterlange Rundsäulen aus dem roten Sandstein. Riesige Blöcke waren dort überall verstreut zu sehen, die durch eingehauene Lochreihen „perforiert“ waren. In die Löcher sollten nasse Holzkeile eingetrieben werden, um die Steine auf diese Weise durch den Ausdehnungsdruck zu spalten. Im Volksmund sind diese Steine längst legendenumrankt und werden als „Opferstein“, „Teufelskanzel“ usw. benannt. Die wechselnden Herrschaftsverhältnisse und Lebensumstände hatten seinerzeit die Weiterbearbeitung überflüssig gemacht.
Eine Viertelstunde weiter des Weges gelangen wir an einen seitlich abgestellten Wohnwagen. Lustiges Stimmengewirr dringt aus der geöffneten Türe, wir kommen zur richtigen Zeit, drinnen sitzt eine Runde Holzhauer gerade beim morgendlichen Vesper. Nach dem üblichen Woher und Wohin werden wir eingeladen, uns doch zu ihnen zu setzen. Es dauert nicht lange und schon sind wir bei dem aktuellen Allerweltsthema „Waldsterben“. „Doch, bei uns ist es auch schon zu spüren“, wird auf unsere Frage geantwortet. „Lamettasyndrom bei Nadelbäumen, Rotfäule, immer schwächer werdender Zuwachs und damit einhergehender verstärkter Borkenkäferbefall sind die Folgen der immer mehr zunehmenden Luftverschmutzung und Versäuerung der Böden.“ Wen wundert es, wenn man überlegt, daß allein in der Bundesrepublik Deutschland der durch den Regen aufgenommene Schwefel (nur einer der Schadstoffe) jährlich einen rund 500 km langen Güterzug, Waggon an Waggon, voll reinstem Schwefel füllen würde. Es gehört nicht viel Phantasie dazu, sich auszurechnen, daß dies der deutsche Wald nicht mehr lange aushält. Wir sind uns alle beim Abschied darüber einig, daß von unseren hohen Politikern statt hohler, großer Worte, endlich handfeste Taten zu erwarten wären, zumal man technisch durchaus in der Lage wäre, die Schadstoffbelastung drastisch zu verringern.
Sollte unser großer deutscher Dichter Johann Wolfgang von Goethe in seinem kleinen Gedicht unter dem Titel „Ein Gleiches“ wohl schon eine Vorahnung des Kommenden gehabt haben, wenn er schrieb:

Über allen Gipfeln ist Ruh –
In allen Wipfeln spürest Du
kaum einen Hauch. –
Die Vöglein schweigen im Walde,
warte nur balde
ruhest du auch.

Beim Verhalten unserer Politiker zeigt sich wohl das gestörte Verhältnis zur Natur, zur menschlichen Lebensgrundlage. Ein altes hohenlohisches Sprichwort heißt:

Die Angst hütet den Wald.

Und so war es auch in alten Zeiten, er war ein Bereich voller Unsicherheiten. Darum mied der Mensch nach Möglichkeit diesen Ort des Schreckens, der Ängste und Bedrohungen. In der Phantasie, genährt durch Wirklichkeit, machten Räuber die Wälder unsicher und notwendige Gänge durch diese wurden zum Abenteuer – Märchen und Geschichten tragen diese Überlieferung weiter.
Zugleich war der Wald immer Zufluchtsstätte der Menschen in Kriegszeiten, ein Hort der Verfolgten und der Einsiedler. Diese Einsamkeit wußten zu allen Zeiten bis zum heutigen Tage aber auch die Verliebten zu nutzen, um in geschützter Zweisamkeit sich selbst zu finden.
Seit dem Zeitalter der europäischen und hauptsächlich der deutschen Romantik wurde der Wald Thema der Lyrik und der volkstümlichen Poesie, seit etwa 100 Jahren tritt die wirtschaftliche Nutzung und seit neuerer Zeit der Erholungswert immer stärker in den Vordergrund. Wichtige Funktionen, über die man sich früher weiter keine Gedanken zu machen brauchte, da das Naturgleichgewicht noch intakt war, rücken heute in den Vordergrund. Endlich hat man erkannt, daß der Wald neben dem greifbaren wirtschaftlichen und ideellen Nutzen auch lebensnotwendige Funktionen hat, wie Grundwasserspeicherung, Luftreinigung, Klimaverbesserung und darüber hinaus Lebensraum für eine Unzahl Geschöpfe aus Flora und Fauna bietet, daß er eine fein abgewogene Lebensgemeinschaft darstellt, von der ganz nebenbei die Menschen mit den größten Nutzen haben.
In aller Einfachheit hat seinen Nutzen wohl am besten ein unbekannter serbischer Dichter unter der Überschrift „Der Wald spricht" zusammengefaßt. Dort heißt es:

Gehst du mit deiner Axt zu mir hin,
bedenke Mensch, was ich für dich bin:
Im Winter die Wärme in deinem Herd,
dein Zelt, wenn der Sommer die Gräser verzehrt,
der Dachstuhl, auf dein Haus gesetzt,
die Tür, durch die du gehst, eben jetzt,
der Tisch, an dem du dein Mahl einnimmst,
die Geige, die du zum Tanze stimmst.
Ich bin für deinen Schlaf das Bett,
ich bin deine Scheune, Brett um Brett,
Ich bin der Mast an deinem Schiff,
ich bin an deiner Axt der Griff –
und gehst du mit deiner Axt zu mir hin,
bedenke Mensch, was ich für dich bin.

Mineralöl, moderne Kunststoffe und Metalle haben heute manche der oben beschriebenen Funktionen abgelöst, und trotzdem brauchen wir und die folgenden Generationen den Wald unbedingt zum Überleben.
Noch können wir, Gott sei Dank, auf unserem Weiterweg das vertonte Gedicht von Joseph von Eichendorff singen:

Teilansicht vom Kloster Bronnbach

O Täler weit, o Höhen,
O schöner, grüner Wald,
Du meiner Lust und Wehen
Andächt'ger Aufenthalt!
Da draußen, stets betrogen,
Saust die geschäft'ge Welt,
Schlag noch einmal den Bogen
Um mich, du grünes Zelt!

Die Frage stellt sich: „Für wie lange noch?“

Unmerklich werden unsere Schritte schneller, der Weg führt jetzt talab. Von der rechten Hangseite eilt in einer Klinge zwischen den Bäumen ein schmales Bächlein der Tauber zu, umspült glucksend die Steine und läßt sich blitzend und plätschernd über die kleinen Felsstufen gleiten.
Vor uns lichten sich die Bäume, dahinter im Sonnenschein leuchten die roten Ziegeldächer mit den aufgesetzten Dachreitern von Kloster Bronnbach herüber – unser nächstes Wanderziel liegt fast greifbar vor uns.

Die Sage berichtet, daß drei Ritter auf der Suche nach einem geeigneten Platz für ein Kloster das damals noch wilde und unzugängliche untere Taubertal durchstreiften. Aus einer Waldlichtung inmitten der Urwälder und nahe des Flusses stiegen plötzlich drei weiße Lerchen singend in die Luft. Dies erkannten die Ritter als Zeichen Gottes, daß dort das neue Kloster errichtet werden sollte.

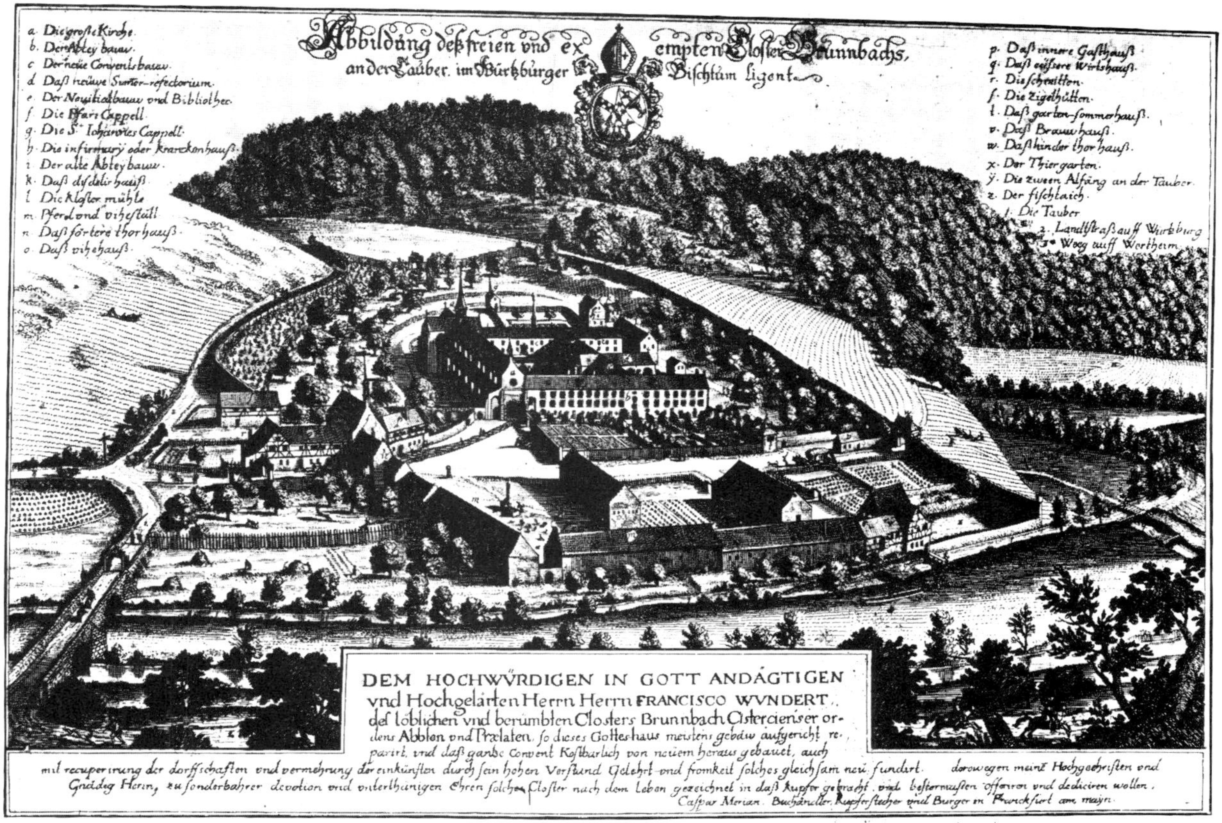

Der Kupferstich von Caspar Merian zeigt die ehemalige Gesamtanlage des Klosters

Die Klostergründung hört sich in der Geschichte weniger romantisch an. Demnach soll der kluge Abt Dieter von Maulbronn die günstige Gelegenheit genutzt haben, als allgemeine Begeisterung über die flammenden Kreuzzugspredigten des Bernhard von Clairvaux 1146 die Ritterschaft zu großzügigen Stiftungen veranlaßte. So kam es, daß die fränkischen Edelfreien Sigebod und Dragobod von Zimmern, Billing von Lindenfels, Erlebold von Kreusheim und Behringer von Gamburg ihre Burg über Bronnbach samt Zugehörigem dem Zisterzienserkloster schenkten, die hier ein Tochterkloster gründeten. Unter dem Abt Reinhard wurde die Besiedlung durch Konventualen der Zisterze Waldsassen im rauhen Fichtelgebirge begonnen, nach strengen Ordensregeln und nach ihrem Wahlspruch „ora et labora“ wurde gelebt und gearbeitet, es entstand ein verkleinertes Abbild der berühmten Abtei Maulbronn.

Aus der Blüte des Klosters unter Abt Franz Wundert (1670–1699) stammt ein Kupferstich von Caspar Merian, der aus der Vogelschau diese mauergeschützte

„Welt im Kleinen" zeigt. Das Klosterareal beinhaltete neben den Konventgebäuden alles, was erforderlich war, von den landwirtschaftlichen Gebäuden über Mühle, Schmiede, Ziegelhütte bis zum Krankenhaus und Wirtshaus fehlte nichts, sogar ein „Thiergarten" ist auf dem Kupferstich zu sehen.
Vor Bronnbach treten wir aus dem Wald und überqueren die Straße. Gegen die Tauber hin liegen schon die ersten Wirtschaftsgebäude des Klosters. An der Mauer, die die Straße säumt, steht ein Denkmal aus rotem Sandstein, auf dem ein netter Bub, ein „Prinzle", dargestellt ist – er verunglückte an dieser Stelle einst tödlich; das Denkmal ist ein weiteres Meisterwerk der Künstlerfamilie Buscher.
Vor der Klosterkirche angekommen, sind wir dort mutterseelenallein, die Kirche ist verschlossen, niemand ist zu sehen. Da es im Schatten der großen Kastanien schön kühl ist und die breiten Sandsteinstufen, die zum Kirchenportal emporführen, uns geradezu zum Sitzen einladen, beschließen wir, erstmal zu warten. Zu unserer Rechten zieht sich der Klostergarten hin. Zwischen alten Bäumen, kunstvollen Sandsteinbalustraden und Figuren steht ein Brunnen mit muschelartigen, übereinandergestaffelten Schalen, dahinter eine Orangerie, ein Glashaus aus der 2. Hälfte des 18. Jahrhunderts. Charakteristisch für diese Zeit wurde die Südwand schräggeneigt und darüber der Sims, der Sonnenfang, weit vorgewölbt, um die warme Luftschicht vor den Glasscheiben zu halten. Der Sonnenfang trägt ein mächtiges Freskogemälde von 1774, es zeigt keine große Kunst, doch soll es sich dabei um das größte Freiluftgemälde nördlich der Alpen handeln. Weit schöner finden wir das Licht- und Schattenspiel in dem schon recht natürlichen Garten und das Farbenfeuerwerk von Rosen, Malven, Rittersporn und weißen Lilien inmitten all des Grüns.
Unsere Blicke werden abgelenkt von einer „Blüte" ganz anderer Art. Drüben, auf der Gegenseite vor dem heute fürstlichen Palais, wird vermutlich der jüngste Sproß des Hauses, ein echtes „Prinzle", zur Ausfahrt in den fürstlichen Kinderwagen gepackt, und zwar von einer äußerst hübschen Kinderschwester. Wir sind uns einig, so etwa muß die schöne Melusine ausgesehen haben – vielleicht hat sie in heutiger Zeit, da Müllersmägde nicht mehr gebraucht werden, die Arbeitsstelle gewechselt. Wir zwei hätten jedenfalls gerne mit dem kleinen Prinzen getauscht.
Inzwischen hat sich noch ein älteres Ehepaar wartend eingefunden, von weitem schon ganz klar als Amerikaner erkennbar, da wohl kaum ein Europäer so prächtig großkarierte Hosen tragen wird. In unserem schönsten Restschulenglisch vertrösten wir sie, daß schon irgendwann einmal jemand kommen wird, um uns durch das Kloster zu führen. In der Zwischenzeit wenden wir uns dem hinter uns aufragenden Eingangsportal und der Baugeschichte der Klosterkirche zu. Gegründet wurde das Kloster 1151, begütert durch den umliegenden Landadel, dessen bevorzugte Grablege es durch die folgenden Jahrhunderte wurde. Die Einweihung der Kirche erfolgte 1222.
Dem Geist der Stauferzeit entsprechend, errichtete man ein dreischiffiges Langhaus. Das Querhaus ist nur wenig breiter als die Seitenschiffe. An den rechteckigen Chorraum schließt sich eine halbrunde Mittelapsis mit stark verkürzten

Ein weiteres Meisterwerk der Künstlerfamilie Buscher an der Straße vor Bronnbach

Nebenkapellen an. Wir können durch ein verschlossenes Gitter ins Innere blicken und trotz der kulissenartig gestaffelten Barockaltäre zu beiden Seiten des Hauptschiffes die klar durchgliederte Bausubstanz erkennen.
Die Pfeiler-Säulen-Basilika mit ihren vier Jochen zu beiden Seiten hat nicht – wie eigentlich in romanischen Kirchen üblich – eine Flachdecke, sondern zeigt eine spitze Einwölbung der Decke. Vermutlich hat man den Gedanken dazu aus Burgund oder der Provence übernommen, ein Ansatz gotischer Architektur, wie er hundert Jahre später in den Strebepfeilern und Rippengewölben Auge und Herz nach oben lenkte.
Vieles der heutigen, meist barocken Innenausstattung, müssen wir uns wegdenken, um uns die damalige gewollte Schlichtheit in den Anfängen nach der Grundidee der Zisterzienser vorstellen zu können.
Hinter uns klappern Schlüssel, wir hören zufriedenes Stimmengemurmel von der inzwischen auf acht Personen angewachsenen Besuchergruppe. Wir räumen unseren Gitterplatz, die Türe öffnet sich und der hohe, lichte und angenehm kühle Kirchenraum nimmt uns auf.
Es ist unmöglich, jedes Detail der reichen Innenausstattung eingehend zu besichtigen, wir müssen uns auf das Wesentliche beschränken.
Die schweren Barockaltäre zu beiden Seiten des Mittelschiffes sowie der Hochaltar der Apsis entstanden fast alle zur gleichen Zeit, zu Beginn des 18. Jahrhunderts.
Unter dem Hochaltar befindet sich noch der einfache romanische Altartisch. Die Bilder in den Barockaltären malte der Würzburger Oswald Onghers, der, wie eine Inschrift am Altar Johannes des Täufers ausweist, bei der Arbeit an diesem Blatt am 24. Dezember 1706 gestorben ist.
Die älteren, noch vorhandenen Stücke der früheren Ausstattung müssen wir an unauffälligeren Stellen suchen. Zwei kleinere Altäre aus dem zart schwarz gemaserten Forchtenberger Alabaster stehen in der inneren nördlichen und der südlichen äußeren Nebenkapelle. Bei dem Magdalenenaltar, der noch recht dem klassizistischen Stil verhaftet ist, handelt es sich um eine gute Arbeit des Forchtenberger Meisters Michael Kern (sein Hauptwerk, die „Bettlade" – das Freigrab – des Grafen Ludwig von Löwenstein und seiner Gemahlin steht in der Kirche von Wertheim). Der Bernhardaltar wird seinem Schwiegersohn Philipp Preuß zugesprochen.
Der ehemalige Hauptaltar, der Heiligkreuzaltar, steht heute an der Nordwand des Querschiffes. Bei der geschnitzten Kreuzigungsgruppe vor gemaltem Hintergrund handelt es sich um eine recht gute Arbeit. Begonnen wurde der Altar unter Abt Mammel und unter seinem Nachfolger, der 1670 gewählt wurde, vollendet; unterhalb der Bildnische sieht man die Wappen beider Äbte. Als Meister wird der Miltenberger Bildhauer Zacharias genannt, der dieses Werk wohl als Ersatz des im 30jährigen Krieg zerstörten Altars schuf. Das dafür von Onghers gemalte Altarblatt, die Himmelfahrt Marias, befindet sich im heutigen barocken Hochaltar.

In der Kirche sowie im Kreuzgang sind eine Vielzahl von Grabplatten aus mehreren Jahrhunderten angebracht. Die älteste, die wir entdecken, stammt aus dem Jahre 1288. Sie regen geradezu an, die stilistische Entwicklung von Grabdenkmalen zu studieren. Daß sie auch aus der Geschichte des Klosters berichten, sei an einigen Beispielen gezeigt.

Eine Grabplatte an der Westwand des nördlichen Querschiffes erregt unsere besondere Aufmerksamkeit, weniger wegen der Umschrift, die aussagt: *„1373 am 14. August starb Eberhard Graf von Wertheim“*, als vielmehr durch das plastische Gesicht, das so gar nicht zu dem mehr linearen Stil passen will. Das merkwürdige Gesicht stammt von einer späteren Überarbeitung und wird auf Grund eines Briefes erklärt, in dem es heißt, daß der bilderstürmende kalvinistische Graf Friedrich von Wertheim 1631 unter anderem auch *„seiner lieben vettern nasen abgeschlagen, heßlich verderbt undt deformiert habe“*.
Am Pfeiler neben der Kanzel steht ein über 2 m hohes Grabmal, das in hervorragender Arbeit einen edlen Ritter in Rüstung zeigt, es handelt sich um den 1428 verstorbenen Peter von Stettenberg, der seinen Sitz auf der Gamburg hatte. 1410 ist er als Amtmann in Wertheim bezeugt. Am Pfeiler gegenüber der Kanzel finden wir das Grabmal seines Sohnes Petrus von Stettenberg, der 1441 starb.
Eine weitere Grabplatte an der Nordwand im nördlichen Seitenschiff zeigt einen Abt mit Stab und offenem Buch. Die Umschrift lautet: *„1563 am 23. März starb der ehrwürdige Herr Johann Pleytner Abt des Klosters Bronnbach“*.
Er war der älteste der drei Mönche, die beim Übertritt Abt Leussers zum neuen Glauben am alten festhielten, er wurde Pfarrer in Königshofen. Der Fürstbischof von Würzburg, der sich des verlassenen Klosters annahm, machte ihn 1558 zum Abt. 1559 führte er ihn mit bewaffnetem Beistand in sein Amt und Kloster ein, mit ihm kamen auch seine beiden Konventbrüder zurück. Zu dritt lebten sie wieder nach den alten Klosterregeln.
Eine ganz ähnliche Grabplatte im nördlichen Querschiff an der Ostwand berichtet von dem 1637 verstorbenen Abt Johannes Feilzer, dessen Regierungszeit äußerst unruhig war. Er eroberte 1628 mit Würzburger Hilfe dem Kloster die Dörfer Ebenheid, Kupprichtshausen, Nassig, Reicholzheim und Dörlesberg, doch, bevor es zu größeren Verwicklungen kam, fielen 1631/1632 die Schweden ein, die kräftig plünderten. Diese günstige Stunde benutzte der Graf von Wertheim, um das Kloster wieder in seinen Besitz zu bringen.
Bei den Ausschreitungen und Verwüstungen hat der vorhin beschriebene Graf Eberhard wahrscheinlich seine Nase verloren.
Der Abt Feilzer mußte fliehen und kam erst 1636 nach dem Sieg der Kaiserlichen in der Schlacht bei Nördlingen zurück. An den beiden Chorpfeilern finden wir noch die meisterlich gearbeiteten Grabplatten der Äbte Franz Wundert, der 1699 starb und Valentin Mammels, der ihn nur um ein Jahr überlebte – sie hatten das Kloster zu einer neuen Blüte geführt.
Doch auch das Schicksal eines Exkönigs sollte sich hier in der Weltabgeschieden-

Reiche Barockausstattung der Klosterkirche von Bronnbach

heit des Tales erfüllen. Drei schmucklose, rötliche Grabplatten vor dem Chorgitter im Boden tragen den Namen Braganza.
Miguel Don Maria Evarist, in Lissabon am 26. Oktober 1802 geboren, der dritte Sohn König Johanns VI. von Portugal, war von seinem Bruder Don Pedro, König von Brasilien, 1828 als Regent in Portugal eingesetzt worden. Es genügte ihm nicht, er erzwang sich Krone und Alleinherrschaft über Portugal, jedoch nur für sechs Jahre. 1834 mußte er das Land verlassen und heiratete im Exil die Prinzessin Adelheid von Löwenstein-Wertheim. Seit 1856 lebte er dann zurückgezogen im Abtsbau des Klosters Bronnbach. Dort starb der portugiesische Exkönig am 14. November 1866 und ruht nun mit seinen zwei Söhnen in der Stille des Taubertales.
Das künstlerisch Wertvollste aber, was die Klosterkirche birgt, ist das geschnitzte Chorgestühl, das 1778 unter Abt Ambrosius Balbus errichtet wurde. Als Schöpfer wird der Laienbruder Aschauer genannt, der anscheinend die Klosterschreinerei leitete und dem das im Westchor des Mainzer Doms stehende Gestühl als Vorbild diente. Das Ganze wirkt äußerst schwungvoll und elegant, uns fiel jedoch auf, daß am Innern der vorderen Brüstung zu Füßen der darin Sitzenden eine hölzerne Rinne angebracht ist, wie um nasse Regenschirme darin abzustellen. Sie hatte allerdings einen anderen Zweck, mit Sand gefüllt diente sie als Spucknapf. Wenn man bedenkt, daß die kühlen Klosterräume, die häufigen Gebete in der kalten Kirche und die damals weit verbreitete Tuberkulose alles andere als gesundheits-

Steinernes Zeugnis vergangener Klosterwelt – der Kreuzgang

fördernd waren, so versteht man auch, daß viele der Mönche kaum über dreißig Jahre alt wurden.
Unsere sehr nette Fremdenführerin holt uns Nachzügler ab, komplimentiert uns hinaus in den weniger kühlen Kreuzgang zum übrigen Häufchen der Besucher. Ein wehmütiger Hauch vergangener Klosterwelt scheint noch durch das Kloster-Atrium und den Kreuzgang zu wehen, läßt uns unsere Schritte vorsichtiger, leiser auf die ausgetretenen Sandsteinplatten setzen, um durch den Hall nicht diesen Frieden zu stören. Ernst und fast mitleidig scheinen die Mönche, Äbte und ehemaligen Stifter des Klosters von ihren, in langen Reihen an der Innenseite des Kreuzgangs aufgestellten Grabplatten auf uns durcheilende Geschöpfe einer schnellebigen Zeit zu blicken. Sie mahnen in ihrer steingewordenen Geschichte

an die Vergänglichkeit, die nicht einmal vor dem Stein haltmacht, an dem ebenfalls der Zahn der Zeit sichtbar nagt.
Zwei Abschnitte deutscher Bau- und Kunstgeschichte treffen hier aufeinander. Während der älteste Teil, der Ostflügel (um 1235) reiche spätromanische Bauornamentik an Säulen und kleeblattartigen Bögen zum Innenhof hin aufweist, ist der Nordflügel (um 1280–1300) weniger reich gestaltet, zeigt jedoch in ebenfalls neun Jochen das gleiche Kreuzrippengewölbe. Auffallend sind hier besonders die zum Teil recht originellen Tier- und Menschenplastiken an den Konsolen und, daß beim Ostflügel die Fenstergewände eingearbeitete Eckfalze für eine Verglasung haben, was auf eine der frühesten Ausführungen eines verglasten Kreuzganges in Deutschland hinweist. Ganz den Formen der Gotik des 15. und 16. Jahrhunderts sind der West- und Südflügel verhaftet, die Öffnungen zum Innenhof zeigen zum Teil noch die eleganten Maßwerkfenster.
An den Ostflügel schließt sich der Kapitelsaal an, der durch ein romanisches Stufenportal, flankiert von zwei doppelbogigen Fenstern, vom Kreuzgang aus zu betreten ist. Vier mächtige, monolithe Muschelkalksäulen tragen die Kreuzgewölbe. Der ganze Saal strahlt die seiner sakralen Bestimmung angemessene Würde aus, zur Zeit der Renaissance suchte man die Strenge durch eine zeitgemäße Bemalung, die heute noch teilweise erhalten ist, aufzulockern. Unbedingt sollte man den ganzen Kreuzgang noch von dem zentralen Platz innerhalb des Gartenraumes auf sich wirken lassen und das spitzbogige Portal im Ostflügel, das sich zum Klostergarten öffnet, genauer betrachten. In dem, das Portal umgebenden Friesmotiv aus diamantenen Palmettenstengeln haben wir ein rein französisches Ornament vor uns, das sich in Deutschland außer hier nur noch am Eingangsportal zum Pallas der Burg Krautheim nachweisen läßt.
Der uns umgebende Kreuzgang lenkt die Blicke nach oben zu den Klostergebäuden, den Dächern mit den Wasserspeiern, hinauf zum quadratischen Himmelsblau, zu dem wohl mancher Blick der hier weilenden Klosterbrüder in Hoffnung und Sehnsucht himmlischer und irdischer Art emporging. Still ist es heute im Klosterhof und Kreuzgang geworden, ihre damalige Welt ist vergangen – die Schönheit des Bauwerks ist geblieben.
Noch einmal werden wir von unserer Fremdenführerin in die Wirklichkeit zurückgeholt, diesmal höflichst aber nachdrücklich hinauskomplimentiert, da die nächste Gruppe bereits wartet. „Was für zwei Träumer waren doch heute bei den Touristen dabei“, mag sie gedacht haben.
Standhaft marschieren wir an der einstigen und heutigen Klosterschänke vorbei, um kurz darauf den Aufstieg zum Satzenberg in Angriff zu nehmen. Auf Anhieb schaffen wir in der glühenden Hitze nur die Hälfte und müssen auf halbem Weg an einer Weinbergmauer eine Verschnaufpause einlegen. Unter uns im Tal sehen wir die Klostergebäude, einen Mikrokosmos einstigen Klosterlebens, darüber, den Schafhof, eine einst ebenfalls klösterliche Domäne, früher Brunnenbach genannt, von dem das Kloster seinen Namen hat. An den Rebhängen unter- und oberhalb von uns kocht die Sonne die Süße und das Feuer in die Trauben. Gerade

beim Weinbau im unteren Taubertal leisteten die Klosterbrüder Pionierarbeit, der Wein aus den Klostergärten florierte auf dem freien Markt. In Wertheim, Miltenberg, Würzburg und sogar in Frankfurt hatte das Kloster eigene Sammel- und Umschlagplätze der erwirtschafteten Klostergüter. Damit wurden sie im hohen Mittelalter Geldgeber und Bankherren der oft kreditbedürftigen Adelsherren und konnten damit ihren Grundbesitz und ihren Einfluß mehren.
Den endgültigen Schlußstrich unter alles setzte, wie wir auf unserer Wanderung öfters erfahren mußten, auch hier der große Korse Napoleon, als das Kloster 1802/1803 säkularisiert wurde. Barbara Reuter nennt dies „das Opfer einer politisch-seelisch-geistigen Revolution“.
Nach dem restlichen, schweißtreibenden Aufstieg folgen wir ein Stück der Tal-

Ein weiteres Rätsel des Tauberlandes – das „Reicholzheimer Steinkreuznest“

kante, rechts von uns dehnt sich die Weite der abgeernteten, knochentrockenen Felder. Kurz vor *Reicholzheim,* das links unter uns obstbaumumstanden im Tal auftaucht, durchwandern wir einen Sattel, um kurz darauf zu einem weiteren ungelösten Rätsel des Tauberlandes, dem „Reicholzheimer Steinkreuznest" zu gelangen.

In einer aufgeschichteten Steinmauer, die den Feldweg zur Talkante hin begrenzt, sind vierzehn in der Größe unterschiedliche Steinkreuze eingelassen. Vier der Steinkreuze tragen keinerlei Zeichen, auf zwei Kreuzen ist ein Dolchmesser, je einmal ein Speer, ein Hammer und ein Klüpfel, in die anderen sind Schwerter eingemeißelt. Links von der Mauer, unter einem alten Apfelbaum, steht ein Bildstock, den der Bronnbacher Abteikoch Simon Wertheim 1722 gestiftet hat.

Während wir noch darüber diskutieren, ob wir einen Kreuzweg oder die Erinnerungsstätte eines Massenmordes vor uns haben, tuckert hinter uns auf dem Weg ein Schlepper mit einem Bauernpaar heran und hält. Nach der Begrüßung zeigt uns die Bäuerin einen Weidenkorb voll goldgelber, schönster Kartoffeln – wir freuen uns mit ihr, daß sie trotz der Trockenheit so gut geraten sind. Auf unsere Frage nach dem Ursprung der Steinkreuze kommt der Mann erst gar nicht zu Wort, im Geschichten erzählen sind eben die Frauen in ihrem Element.

Temperamentvoll und ausführlich erzählt sie uns, daß vor Hunderten von Jahren sieben Reicholzheimer Burschen eine ebenfalls von hier stammende Dorfschönheit zum Kirchweihtanz in einen Nachbarort auf der Hochfläche begleitet haben. Dort hat sie weiteren sieben Burschen derartig die Köpfe verdreht, daß es beim Tanz schon zu ersten Händeln kam. Die Reicholzheimer Jungmannen verließen beleidigt und frühzeitig den Tanzboden, beschlossen aber, hier an dieser Stelle dem Mädchen und ihren neuen Verehrern aufzulauern, wenn sie heimgebracht werde. Sie wollten den Rivalen einen gründlichen Denkzettel verpassen.

Alle vierzehn Burschen hatten dem Wein kräftig zugesprochen, und da man damals sowieso noch eine Hieb- und Stichwaffe bei sich trug, wenn man nachts über Land ging, wurde aus der anfänglich geplanten Keilerei mit den Fäusten eine blutige Messerstecherei. Ohnmächtig mußte die Schöne mit ansehen, wie sich die Burschen im Morgengrauen hier gegenseitig umbrachten, ihre verzweifelten Beschwichtigungsversuche stießen auf taube Ohren. Als die Morgensonne mit ihrem ersten rötlichen Licht den Kampfplatz beleuchtete, waren die meisten bereits tot, einige lagen in ihren letzten Zügen.

Mit ausgestrecktem Arm zeigt die Bäuerin auf ein kleineres, halb eingesunkenes Steinkreuz, das ein Stück neben dem talab führenden Fahrweg steht. „Bis dorthin", sagt sie, „soll das Blut den Hang hinabgelaufen sein und genau an der Stelle soll das Mädchen tot zusammengebrochen sein, als ihr das durch ihre Eitelkeit angerichtete Unglück voll zum Bewußtsein gekommen ist."

Bei ihrer schaurigen Erzählung hat unsere Bäuerin ganz blitzende Augen und rote Backen bekommen, während der ruhig gebliebene Bauer nur kopfschüttelnd sein Weib ansieht und vielsagend: „Ja, ja, die Weiber!" murmelt.

Ländliche Idylle in Reicholzheim

Wir bedanken uns bei den beiden, verabschieden uns von ihnen und schlendern hinter dem Schlepper her, hinunter nach Reicholzheim, um dort noch einen kurzen Rundgang zu machen.
Reicholzheim ist ebenfalls ein bekannter Weinbauort des Tauberlandes und, wie die Namensendung aussagt, schon eine sehr frühe Siedlung. Angenehm finden wir den Schatten zwischen den zum Teil weinumrankten Häusern und Scheunen, bewundern die großen, alten, hölzernen Weinpressen, die ausgedient haben und allenthalben in den Hinterhöfen und Gärten nur noch ein Dornröschendasein fristen. Wir unterhalten uns mit Bäuerinnen, die in ihren Gärten in der fruchtbaren Talaue fleißig „gärteln", bewundern ihre reichen Ernten, die u. a. Zwiebeln von der Größe kleiner Kürbisse enthalten.
Wieder wandern wir bergauf, vorbei an der Weingärtnergenossenschaft, die auf

Die Kapelle mit dem uralten Bildstock steht am Talrand hoch über Reicholzheim

ihrem Schild zur Weinprobe einlädt – ein verlockendes Angebot, das wir aber nicht annehmen wollen, um unser Wanderziel Wertheim nicht zu gefährden. Wir nehmen uns aber die Zeit, in die danebenstehende, große Pfarrkirche St. Georg noch kurz einen Blick hineinzuwerfen. Die 1673 erbaute Kirche hat eine gut ausgewogene, barocke Ausstattung, die bei der kleinen Gemeinde wahrscheinlich dem Wohlstand durch den Weinbau zu verdanken ist.

Zum dritten Mal steigen wir heute wieder schwitzend zur Talkante empor. Bei der hoch über dem Ort stehenden Kapelle aus rotem Sandstein legen wir eine kurze Verschnaufpause ein.
Mein Freund Ottmar setzt sich auf eine Steinbank im Schatten der Bäume, genießt die Aussicht hinab ins Tal, während ich mit der Enträtselung der Symbolik eines nahe dabei stehenden anscheinend uralten Bildstockes beschäftigt bin.
Plötzlich werde ich durch wildes Gestikulieren und Schreien von der Bank her gestört, doch als ich hinzueile, ist alles schon vorbei. Vor mir sitzt ein nach Luft ringendes Häuflein Elend, eine Wespe hat meinen Freund haargenau in die Schläfe gestochen. Hier zeigt sich wieder einmal, daß das Mitschleppen einer flachen Taschenflasche besten Kognaks unbedingt zum Wandergepäck gehört, und in solchen Situationen fast lebensrettend ist. Zuerst eine kräftige, hochprozentige Einreibung der Einstichstelle, den Rest tapfer hinuntergeschluckt und schon nach fünf Minuten löst sich die Atemverkrampfung, der Kreislauf funktioniert, Gott sei Dank, wieder normal.

Von Mauer und Friedhof umgeben – die Dorfkirche von Waldenhausen

Die nächste halbe Stunde unserer Wanderung verläuft recht schweigsam und schleppend. Wespenstich und Alkohol machen Ottmar sichtlich zu schaffen, der Schweiß rinnt fast in Strömen.
Die angenehme Kühle eines Waldweges nimmt uns auf, mein Begleiter wird nach dieser Schwitzkur wieder zusehends munterer.
Links unter uns, in einem Bogen des von Bronnbach bis Wertheim stark ausgeprägten Talmäanders, hervorgerufen durch den härteren Buntsandstein, liegt eine der jüngsten Ansiedlungen des Tales *Waldenhausen*. Dieser einst grundherrliche Weiler hat bis heute weitgehend sein altes dörfliches Gesicht gewahrt. Auf dem flachen Hang, dem Gleithang – auf der Innenseite der Flußkrümmung wurden Wiesen und Äcker angelegt –, ducken sich die Häuser um die kleine Kirche. Ihr Chorturm, der mittelalterliche Fresken enthält, hat in späterer Teit einen hübschen Fachwerkaufbau erhalten, der heute verputzt ist.
Mauerumgeben zieht sich um die Kirche der Friedhof. An der Ostseite des Turmes sind alte Grabplatten angebracht. Eine stammt aus romanischer Zeit und zeigt einen ruhenden Ritter, eine weitere von 1520 ist in der Ausführung sehr schlicht gehalten: ein stilisierter Kelch im Mittelteil wird von einem umlaufenden Schriftband eingerahmt. Die dritte Grabplatte ist von 1715 und mit einem pausbäckigen Engelkopf sowie einem Mühlradwappen verziert – sie erinnert an einen ehemaligen Müller von Waldenhausen.
In Erstaunen und Nachdenken versetzt hat uns ein an der Friedhofsmauer gelegenes altes Grab mit reichem Blumenschmuck. Auf der Inschriftentafel ist der

Name eines russischen Gefangenen, der hier in Waldenhausen 1918 gestorben und begraben ist, zu lesen. Was für ein Schicksal und welche Erinnerungen sind wohl mit ihm und dem Grab verbunden, daß es heute noch so gepflegt wird? Hier haben wir wohl noch ein Stückchen Menschlichkeit, das über Zeit und Grenzen hinweg reicht, vor uns.
Die dem Dorf gegenüberliegenden Steilhänge waren früher Weinberge, die sich durch den Hang ziehen, wie aus den roten Sandsteinmauern ersichtlich ist. Nach ihrer Auflassung wurden sie mit Obstbäumen bepflanzt, aber auch diese scheinen kaum noch genutzt zu werden, die aufgemalte Nummerierung der Bäume ist schon ganz verblaßt. Schon lange scheint kein „Obstverstrich", der Verkauf der Baumerträge an den Meistbietenden, mehr stattgefunden zu haben. Es ist hier, wie bei uns auf der Hohenloher Ebene, daß der einst sehr geschätzte Most anderen Getränken weichen mußte.
Noch etwas mußte mit dem Weinbau weichen, der sogenannte „Schälwald"; junge Eichen waren damals als Rebpfähle hoch geschätzt, die beim Abschälen anfallende Eichenrinde, die Lohe, war unentbehrliches Hilfsmittel der einst zahlreichen Gerber in Wertheim, aber auch hier hat die Chemie die Natur abgelöst.
Noch einmal haben wir nach Verlassen des kühleren Waldweges ein Stück über freies, abgeerntetes Feld zu wandern. Unbarmherzig brennt die Sonne herab, läßt uns nochmals, wie schon so oft in dieser Wanderwoche, „im eigenen Saft garen".

Von rechts blicken die Dächer des Haidhofes herüber, aber vor uns verspricht der Waldstreifen, der sich auf der Bergnase zwischen Tauber und Main hinzieht, wieder Schatten und Erholung, das Ziel der sechstägigen Wanderung ist in greifbare Nähe gerückt.
Vor dem Erreichen des Waldes taucht links vor uns über der Tauber die „Skyline" Wertheims auf, eine Reihe moderner Hochhäuser, die eigentlich nicht so recht in die Landschaft passen wollen, bei gründlicher Überlegung aber doch ihre Berechtigung haben. Würde man die Vielzahl der Wohnungen auf den Platzbedarf von Einfamilienhäusern umsetzen, gäbe es ja eine riesige verbaute Landfläche.
Der Wald, ein reiner Kiefernbestand, nimmt uns in seinen Schatten auf, lautlos werden unsere Schritte durch den dicken Nadelbelag auf dem Boden. Tief atmen wir die würzige Luft ein, noch nie hatten wir einen derartig intensiven Nadelduft gerochen, wenn man die Augen schließt, könnte man glauben, in einem Kiefernnadelbad zu sitzen – die dünnen Schweißbächlein, die uns über Brust und Rücken rinnen, tragen wesentlich zu diesem Gefühl bei.
Vor uns im sich lichtenden Wald taucht helleres Laubwerk auf mit Mauerstücken dahinter. Wir haben das obere Bollwerk erreicht, das die Burg von Wertheim gegen die Berg- oder Angriffsseite hin vor Überraschungen schützte. Taktisch genial ist die Stelle des Burgbaus gewählt, künstlich wurde zwischen oberem Bollwerk und der eigentlichen Burg noch ein tiefer Graben ausgehoben. Sollten also wider Erwarten die äußeren Bollwerke vom Feind eingenommen werden, so wäre als nächstes Hindernis noch die Schlucht zu überwinden gewesen.

Wir umgehen die Burganlage westlich auf der Tauberseite. Durch die Hirschtore gelangen wir über den alten Burgweg zum Haupttor. Das nahe Ziel und die zahlreichen Touristen beflügeln unseren Gang. Im Laufschritt nehmen wir die emporführenden Treppen, stürmen geradezu an den eben erst ihren fahrbaren Untersätzen entstiegenen, in schönstem Sonntagsstaat mit Stöckelschuhen oder Sandalen bekleideten Urlaubern vorbei, die erschrocken zur Seite weichen und uns kopfschüttelnd nachblicken.

Im bewirtschafteten Burghof entledigen wir uns unserer Lasten, geben sie der freundlichen Kastellanin und Wirtin in Verwahrung und erhalten gegen einen kleinen Obulus von ihr den Schlüssel zum obersten Teil der Burg, dem Aufgang zum Bergfried.

Quietschend dreht sich der Schlüssel im Schloß, knarrend öffnet sich die Holzlattentüre. Nach kurzem Aufstieg ist der Eingang zum Bergfried erreicht, polternd stolpern wir die Holztreppen empor, die einzige Inneneinrichtung des mächtigen, hohlen Bergfrieds.

Nach düsterer Kunstbeleuchtung im Innern empfängt uns im Ausstieg gleißendes Sonnenlicht und ein sanfter Lufthauch, der die aufgezogene Fahne müde schlenkern läßt.

Überwältigend schön ist die Aussicht, läßt uns eine ganze Weile nur staunend schauen.

Zu unseren Füßen, zwischen dem verschiedenen Grün der Bäume, sehen wir die Mauern, Dächer, Türme und mächtigen Mauerruinen der Burg, die unwillkürlich an das Heidelberger Schloß erinnern, davor, eine „Etage" tiefer, eingekeilt zwischen Tauber und Main, Kirchtürme, Türme, Dächer und Gassen der Stadt Wertheim. Hinter dem hochaufragenden Spitzen Turm liegt das Ziel unserer Wanderung, wo sich die Tauber mit dem weit mächtigeren Herren, dem Main, vermählt. Silbernes Bugwasser hinter sich lassend, ziehen weit vor uns zwei Schleppkähne ihre vergängliche, glitzernde Spur in den, das Lichtblau des Himmels spiegelnden breiten Fluß. Dahinter staffeln sich die grünen Hügel des Spessarts, ehemaliges Domizil des Schinderhannes.

Wie lange ist es eigentlich schon her, daß ich hier oben das letzte Mal gestanden bin? Schon recht weit muß ich in Gedanken an der Reihe der vergangenen Jahre zurückwandern. Es müßte am Anfang der 50er Jahre gewesen sein, als uns unser erster größerer Schulausflug nach Wertheim führte. Langsam tauchen aus dem Dunkel der Erinnerung wieder alte Bilder und Erlebnisse auf. Schon in Weikersheim, wo wir zuvor das Schloß besichtigt hatten, mußte unser Busfahrer am Marktbrunnen die Außenwände des Busses von unserem zuvor daheim eingenommenen Frühstück – Weißbrot und Malzkaffee – reinigen. Wir waren ja so lange Busfahrten überhaupt nicht gewohnt, uns wurde durch das „Geschottel" fürchterlich schlecht, aber zum Glück konnte man bei den alten Omnibussen noch jedes Fenster herunterdrehen.

Ein Blick von hier, dem Bergfried der Wertheimer Burg, ließ uns damals ganz aufgeregt werden, und rote Ohren bekommen. Einmal wegen der unsere Phantasie

Blick vom Bergfried über die Dächer von Wertheim zum Main

Taubertal bei Wertheim

ungemein beflügelnden Burgruine, waren doch die Ritterspiele unter uns Buben äußerst beliebt, nur fehlte uns dazu daheim eine derartig prächtige Kulisse. Zum anderen wegen des mächtig breiten Maines, auf dem richtige Schiffe fuhren, kannten wir bis dahin doch nur unseren schmalen Dorfbach, auf dem wir nur kleine, aus Rinde geschnitzte Schifflein hinabschwimmen ließen. – Und dann war da noch die angekündigte Schiffahrt auf dem Main, wenn das nur gut geht! Schwimmen konnte von uns 10jährigen Buben und Mädels damals noch niemand. Nun, es ging alles prächtig, wild durcheinanderschnatternd genossen wir mit einem gewissen Hochgefühl die Schiffahrt, machten dabei Pläne, wohin wir noch alles später einmal fahren wollten, ein erster Ton von Fernweh klang vielleicht dabei an. Die Zeit und das Schicksal haben die damals von unserem Lehrer kaum noch

zu bändigende Schulklasse in alle Winde zerstreut, recht zusammengeschmolzen ist das Häufchen der im Heimatort Verbliebenen.
Auch mein Freund Ottmar war die ganze Zeit in den Ausblick versunken. Für ihn als Wahl-Hohenloher war dies der erste Besuch der Stadt zwischen Tauber und Main.

Etwas störend, als Fremdkörper in der Landschaft, spannt sich zwischen Main und der Stadt die neue Autobrücke über die Tauber, zum andern war sie aber auch notwendig, entlastet sie doch die Innenstadt von dem immer mehr zunehmenden Autoverkehr.
Weit in die Vergangenheit reicht die Geschichte von Burg und Stadt Wertheim zurück, ja, ihre Ur-Anfänge verlieren sich gar im dunklen Schleier der Geschichte. Die älteste Siedlung lag jenseits des Mains im heutigen Kreuzwertheim. Dort hatte man sie im Zuge der fränkischen Landnahme im 7. Jahrhundert auf dem hochwasserfreien Ufer erbaut. 1009 wurde ihr schon das Marktrecht durch den deutschen König Heinrich II. verliehen.
Um die Mitte des 12. Jahrhunderts begann ein Hochadelsgeschlecht, das sich Grafen von Wertheim nannte, mit dem Bau dieser Höhenburg auf dem strategisch günstigen Bergsporn über dem Zusammenfluß von Main und Tauber. Der davorliegende Schuttkegel, der von beiden Flüssen aufgeschwemmt wurde, bot sich zur Anlage einer Siedlung, der Stadt, geradezu an, links und rechts als natürlichen Schutz die Flüsse, dahinter und darüber wachte die Burg.
Als erster Graf von Wertheim wird ein Wolfram I. genannt (1097–1140). Unter ihm dürfte mit dem Burgbau begonnen worden sein. Sein Nachfolger Wolfram II. wird schon als Besitzer ansehnlicher „Allodial-Güter" genannt, dazu gehörten neben Stadt und Burg, Kreuzwertheim, sowie zahlreiche Lehensgüter in Würzburg, Eichstätt, Bamberg, Mainz und Fulda. Wolfram II. begleitete Kaiser Konrad III. auf einem Kreuzzug, außerdem gilt er als ein Mitbegründer des Klosters Bronnbach. Graf Gerhard (1158–1170), als nächster in der Wertheimer Grafenlinie, wird öfters in der Umgebung Kaiser Friedrich Rotbarts erwähnt. In der Zeit zwischen 1163–1260 fällt eine rege Bautätigkeit, die Burg wurde weiter befestigt, die Stadt mit Mauern, Türmen und Toren versehen, auch der markante „Spitze Turm" stammt aus dieser Bauperiode. Die regierenden Grafen jener Jahre waren Poppo I. (1163–1210), ebenfalls ein treuer Anhänger Friedrich Rotbarts, sowie Heinrich VI.
Poppo II. hatte die erste urkundlich erwähnte Fehde mit dem Bistum Würzburg 1233. Immer wieder gab es in den folgenden Jahrhunderten Streitigkeiten mit Würzburg, da Wertheim sozusagen als Puffer zwischen Würzburg und dem Bistum Mainz lag. Womöglich gaben diese Zwistigkeiten mit den Ausschlag, daß sich Wertheim sehr früh dem „neuen Glauben" anschloß und der damalige Graf ein großer Befürworter von Luthers Lehre wurde.
Graf Poppo IV. (1260–1281) regierte erst alleine, da er aber nur drei Töchter hatte, wird später als Mitregent Rudolph II. (1269–1306) genannt. Damals kam es zur

ersten Teilung, die Hälfte der Allodialgüter sowie die Lehensgüter fielen an die Töchter von Poppo IV.
Den nahen Beziehungen Rudolphs II. zu Kaiser Albrecht I. verdankte Wertheim seine Erhebung zur Stadt am 13. November 1306. Damit hatte es die gleichen Rechte wie Frankfurt. Dem Aufblühen von Grafschaft und Stadt stand nichts mehr im Wege, Jahrhunderte hindurch sorgte der Main als natürliche Wasserstraße für die guten wirtschaftlichen Verbindungen beider Städte und ließ Handwerk und Handel aufblühen. Wertheims Tuchmacher, Tuchscherer, Gerber und andere Handwerker konnten die damals schon berühmten Frankfurter Messen beliefern; Wertheimer Wein – unter diesem Sammelbegriff wurde auch der Tauberwein gehandelt – hatte einen guten Klang und wurde bis in die Niederlande verschickt. Unter Graf Eberhard (1355–1373) wurden der Grafschaft durch Kaiser Karl IV. 1363 und 1368 zwei Mainzölle, die Freiung des Vaitshofes und das Münzrecht verliehen.

J. B. Klob schrieb noch 1816 in seinem „Historisch-statistisch-topographischen Lexikon von dem Großherzogtum Baden“:

Der wichtigste Nahrungszweig der Stadt entsteht aus dem Weinhandel, durch welchen jährlich beträchtliche Summen gezogen werden. Schon seit langer Zeit ist der hießige Wein, als einer der vorzüglichsten Weine Deutschlands, in gutem Ruf gestanden, und selbst an den Tafeln der Großen getrunken worden.

Kein Wunder, wenn da auch der deutsche Dichterfürst J. W. von Goethe nachweislich mehrmals von hier Wein bezogen hat.
Über all dem Schauen, Nachdenken und Erzählen von vergangenen Zeiten ist bei uns beiden der gegenwärtige Durst nicht kleiner geworden. Wir steigen aus dieser etwas luftigeren, sonnenumglänzten Höhe hinab, um uns im Schatten des Burghofes an einem wohlverdienten, kühlen Trunk zu laben.
Dreierlei war es wohl, was die Burg zu dieser großartigen Ruine verwandelt hat. Einmal war es im Jahre 1619 eine gewaltige Explosion im Turm des Löwensteiner Baues; dort hatte sich damals eine unachtsame Magd auf ihrem Strohlager zur Ruhe gelegt, ohne vorher die Kerze gelöscht zu haben. Das Stroh entzündete sich und ließ das nebenan gelagerte Schießpulver explodieren. Die Geschichtsschreibung berichtet nicht, was aus der Magd geworden ist, wahrscheinlich bemerkte sie den großen Knall gar nicht mehr; der Bau wurde bis zur Hälfte vernichtet.
Das zweite zerstörende Ereignis kam, als auch dieses Gebiet vom 30jährigen Krieg erfaßt wurde. 1631 wurde Wertheim von den Schweden besetzt, selbst König Gustav Adolf wohnte einen Tag im Herrenhaus am Schloßberg. 1634, nach der Schlacht bei Nördlingen, rückten die siegreichen kaiserlichen Truppen vor die Stadt, stellten ihre Batterien „hinter dem Haag“ auf und schossen die inzwischen wieder aufgebaute Burg in Trümmer.
Die dritte Zerstörung geschah dann in der Zeit, als danach die Burgruine sich selber überlassen war und zu einem willkommenen „Steinbruch schon behaue-

ner Steine“ wurde. Was Pulver und Kanonen noch nicht fertig gebracht hatten, schafften die damaligen „Häuslesbauer“. Aber es ist trotzdem noch grandios, was von der Burg bis heute übrig geblieben ist. Sehenswerte Details sind noch zu bewundern, seien es die zierlichen Steinmetzarbeiten des Altans, die durch spätromanische Fenster ausgezeichnete Giebelfront der sogenannten Kapelle oder das im anstoßenden Pallas angebrachte Renaissanceportal, das die Jahreszahl 1562 trägt und mit den Wappen des Grafen Ludwig von Stolberg und seiner Gemahlin, einer Gräfin von Wied, geschmückt ist.

Zum letztenmal auf unserer sechstägigen Wanderung schultern wir die Rucksäcke und steigen hinab zum Kirchplatz, einem weiteren bau- und kunstgeschichtlichen Höhepunkt Wertheims.
Als wir von oben herkommen, zieht zunächst die zur Rechten stehende Kilianskapelle, besonders durch das reiche Maßwerk des Umgangs, der mit den Ahnenwappen des Stifters Graf Johann III. geschmückt ist, unsere Blicke auf sich.
Erbaut im Jahre 1472 gilt die dem Patron des Weinbaus Kilian geweihte Kapelle als eine der schönsten Doppelkapellen gotischen Stils in ganz Deutschland.
Das Untergeschoß diente zur Zeit, als sich noch der Friedhof um die Stiftskirche ausbreitete, als Beinhaus *(ossarium)*. 1604 wurde die Kapelle zur Lateinschule umgebaut. Später barg ihr Inneres das sehenswerte Wertheimer Heimatmuseum. Der untere Stock wurde auch zur Beisetzung der Chorherren verwendet, die seit 1383 die hohe Geistlichkeit der Grafschaft Wertheim bildeten. Erwähnenswert ist hier neben den alten Grabplatten das herrliche Netzgewölbe, das auf sechs schlanken, achteckigen Säulen ruht. Von den zwölf schönen Konsolen tragen vier ein Spruchband, zusammengelesen ergibt es die Inschrift:

„Ach got, hilf uns an disen Enden, das wi den baw in deinem nome moegen vol prengen.“

Im darüber befindlichen Kapellenraum, dem späteren „Lyceum“ und ehemaligen Heimatmuseum, überraschte uns beim damaligen Schulausflug, die Vielzahl der zusammengetragenen Stücke. Beherrscht wurde der Raum von dem schönen Sebastiansaltar aus der Kirche von Lindelbach. Totenschilde der Wertheimer Grafen sowie das ergänzte Hochgrab des Grafen Johannes I., das in der Stiftskirche der „Bettlade“ weichen mußte, erinnerten an die Vergänglichkeit. Noch drastischer zeigte es das Richtschwert, das aus dem bei Nassig liegenden ehemaligen Scharfrichterhof stammt. Die fein ziselierte Schneide trägt auf einer Seite die Inschrift:

„Wan Dem Armen Sünder wirdt abgesprochen das Leben, So wirdt er mir unter meine hand gegeben.“

Auf der Gegenseite heißt es:

„Hüthe Dich und thu kein Böses nicht, So komst thu auch nicht ins Gericht.“

Eingangsportal zur „Hofhaltung" die unter anderem auch das „Heimatmuseum" beherbergt

Manchem, der mit dem Richtschwert Bekanntschaft machen mußte, wird die kleine aufgestellte Gerichtsglocke, die vermutlich von 1306 stammt, zu seinem letzten irdischen Weg geläutet haben. Doch meist erklangen sie zu festlichen, freudigeren Ereignissen wie auch die von „Meister Hermann" gegossene große Glocke. Dazu paßten dann die meisterlich geschnitzten Weinfässer vom Kloster Bronnbach sowie die zinnernen Weinkannen, die dort ebenfalls zu bewundern waren. Aber auch Münz- und Siegelstempel, Zunftgeräte, Gemälde – darunter eines von Ludwig Richter – Merianstiche und Stadtansichten gehörten neben einem romanischen Holzkruzifix und einem wohl aus der Riemenschneiderschule stammenden Christuskopf aus grauem Sandstein zu den sehenswerten Ausstellungsstükken. Neben der Vielzahl der damals alltäglich gebrauchten Gegenstände sei noch

Gotische Vorhalle und Erker an der Stiftskirche

auf die zierlichen Goldwaagen und auf ein Kerbholz hingewiesen, das uns an den alten Spruch „der hat einiges auf dem Kerbholz" erinnerte.
Nach der Außenbesichtigung der Kapelle sollte man sich den an der Brüstung angebrachten „Wertheimer Affen", ein gotisches Symbol für Sinneslust, noch betrachten. Er schaut in den Spiegel und kratzt sich seine verlängerte Rückenseite. Schlitzohren wollen in ihm den Ur-Wertheimer erkennen, „der vorne voller Hochmut in den Spiegel schaut – und hinten vor lauter Armut nichts machen kann!"
Aber das müßte dann schon endlos lange her sein, wir konnten von Armut nichts entdecken und, wie uns gesagt wurde, lautet der wahre, alte Spruch liebevoll und heimatverbunden:

„Närchens uff der ganze Erde, ist es schönner als in Werde!"

Heute sind diese Museumsschätze im neuen Heimatmuseum, das sich in der „Hofhaltung" an der Mühlenstraße 26 befindet, zu bewundern. Hier befand sich einst der alte „Bronnbacher Klosterhof", der aufwendig im Geist der Zeit zwischen 1646 und 1663 als Wohnschloß der jüngeren fürstlichen Linie Löwenstein – Wertheim umgebaut wurde.
Städtische Sanierungsmaßnahmen seit 1972 haben den Gebäudekomplex gleich einer dreifachen Nutzung zugeführt:
Der linke Flügel birgt das heutige *Heimatmuseum* der Stadt. Museumstechnisch gut gelöst bietet die Ausstellung der Exponate, zum Teil in Glasvitrinen, dem Besucher einen Einblick in die Geschichte von Wertheim, wobei auch besonderen Wert auf die Schiffer- und Fischerzunft gelegt wurde.
Rechts des prächtigen Eingangsportals von 1749, dessen schmiedeeisernes Tor ein gekröntes „L" zeigt, befindet sich das *Staatsarchiv* und anschließend ist heute ein *Gasthaus* etabliert, dessen besonderer Reiz darin besteht, daß sich die Gäste bei schönem Wetter unter den großen Bäumen, inmitten des Hofes stärken und laben können.
Doch zurück zum Platz vor der Kilianskapelle, deren Straßenseite von einem Herrschaftshaus mit Turm und Erker abgerundet wird.
Wir wenden uns der gegenüberliegenden Stiftskirche zu. An die Stelle einer ehemals romanischen Kirche wurde die gotische, dreischiffige Pfeilerbasilika von Graf Johann I. erbaut. Eine ca. 150 cm hohe, sorgfältig gearbeitete Steintafel über dem nördlichen kleinen Seitenportal der Stiftskirche – übrigens die älteste deutschsprachige Inschrift unseres Gebietes –, gibt uns davon Kunde. Sie zeigt das Wertheim-Breuberger Wappen und berichtet in der Umschrift:

„Anno domini 1384 an Sant Johannes Tage des Täufers haben wir Johannes Grave zu Wertheim angehabe dies newe Werke in ere Gotes."

Das Äußere der Kirche entspricht dem schlichten Innern, umsomehr fällt die elegante gotische Vorhalle am Eingang auf und gleich daneben der kleine Chorerker, beide bilden zusammen einen Glanzpunkt deutscher, gotischer Architektur.

Blick in den Chor der Wertheimer Stiftskirche

Stifterdenkmal des Grafen Johann von Wertheim mit seinen beiden Frauen (14. Jahrhundert)

Der kleine Chor ist als dreiseitige Laterne ausgebildet, die auf einem aus zwei Absätzen sich zierlich aus der Wand herauskragenden Unterbau ruht. Die drei Seiten sind in große Maßwerkfenster aufgelöst, zwischen denen nur schmale Eckpfosten geblieben sind. Gekrönt wird der Erker von einem geschweiften, durchbrochenen Steinhelm mit Krabben und Kreuzblume. Drollige Ungetüme halten sich auf den schrägen Fensterbänken. Zierlicher Bogenfries unten und Maßwerkfries oben, in den sich die Eselsrücken der Fenster hineinschieben, runden das Bild ab. Wie die Inschrift aussagt und das Wappen zeigt, das am unteren Konsolstein angebracht ist, gestiftet wurde es im Jahre 1450 von dem Aschaffenburger Canonicus Heinrich von Mümlingen.

Betritt man das Innere der Kirche, so wird der Blick unwillkürlich vom Chor, der Fürstengruft, angezogen. Grabmäler aus vier Jahrhunderten füllen dicht gedrängt den Chor. Bei aller Demut vor Gott drückt sich hier doch der Wunsch des Nicht-Vergessen-Werdens aus, darüber hinaus zeugt ein prächtiges Grabmal von Ruhm und Reichtum der Dahingeschiedenen.

Auf der linken Seite sehen wir den Deckel der ehemaligen Tumba des Grafen Johann I., der in die Wand oberhalb einer Pforte eingemauert ist, Sein Hochgrab stand einst inmitten des Chores, bis es der „Bettlade“ (1618) weichen mußte. Genau in der Steifheit, die Eisenpanzer, Wehr und Waffen forderten, hat ihn der Steinmetz abgebildet, die lateinische Umschrift lautet zu deutsch:

1407 am Tage (23. Juni) *vor dem des Hl. Johannes des Täufers starb Johannes Graf in Wertheim.*

Künstlerisch weit wertvoller und lebendiger ist das daneben angebrachte Stifterdenkmal des gleichen Grafen mit seinen zwei Frauen. Aufbau und Ausdruck scheinen auf Einflüsse der Prager Schule (Ende 14. Jh.) hinzuweisen. Äußerst elegant und ganz im Kunstempfinden der Gotik hat der Künstler diese Gedenkplatte geschaffen. In der Mitte, etwas erhöht, steht der Graf auf einem Löwen, ihm zur Seite, auf liegenden Hunden stehend, seine beiden Frauen Margaretha von Rieneck und Uta von Teck, wie die darüber angebrachten Wappen uns zeigen. Es wird heute oft angenommen, daß die damaligen Künstler in der Darstellung von Schönheit geschmeichelt haben, im Falle der Rieneck glaube ich es kaum, hat doch auch Riemenschneider auf der Grabplatte von Dorothea von Rieneck in der Kirche von Grünsfeld ein ebenfalls so feines, edles Gesicht dargestellt. Wie ein Abglanz letzter Minnepoesie mutet uns diese Gruppe des Ehrenmals an.

Ganz anders, lange nicht so fein gegliedert, empfinden wir das überaus prächtige Isenburgsche Grabmal. Zweihundert Jahre liegen zwischen beiden, die Gotik ist vergangen, ein neuer Zeitgeist mit fast übertriebener Selbstdarstellung des Renaissance-Menschen steht vor uns.

Der Graf Georg von Isenburg, 1577 gestorben, zeigt sich darauf als herrisch und finster dreinblickender Regent im Prunkharnisch. Die neben ihm stehende, 1600 verstorbene Gräfin Barbara von Wertheim, in der Mode des letzten Drittels des

Grabmal der Gräfin Katharina von Stohlberg mit ihren beiden Männern

Den Chorraum beherrscht das von Michael Kern aus Forchtenberg 1612–1618 geschaffene „Alabaster-Monumentalwerk", die sogenannte „Bettlade"

16. Jahrhunderts gekleidet, trägt auf dem ihrem Gatten zugewandten Gesicht einen recht grämlichen Ausdruck, so, als wenn ihr Leben an seiner Seite nicht das reine Vergnügen gewesen wäre. Ansonsten hat der ausführende Meister in Aufbau und Komposition ein wahres Meisterwerk, das den Zeitgeist widerspiegelt, geschaffen. Oben im Grabmal, das dem Würzburger Meister Rodlein zugeschrieben wird, sehen wir in einer kreisrunden Kartusche ein Totentanzbild mit der Umschrift:

„QUOD TU ES EGO FUI QUOD EGO SUM TU ERIS"

zu deutsch:

„Was Du bist, bin ich gewesen, was ich bin, wirst Du sein."

Es ist unmöglich, alle vorhandenen Grabdenkmale zu beschreiben, und so soll nur auf die wesentlichsten hingewiesen werden:
Zunächst gilt unser besonderes Augenmerk dem aus Andernacher Tuff prächtig von Meister Gerhard Wolff aus Mainz 1590/1591 gearbeiteten Grabmal der Gräfin Katharina von Stolberg mit ihren beiden Gemahlen. Hatten wir vorhin einen Herrn in der Mitte mit zwei Frauen, so begegnet uns hier eine Dame mit zwei Kindern inmitten ihrer beiden Männer, dem Grafen Michael III. von Wertheim, gest. 1556, und Graf Philipp von Eberstein, gest. 1589.
Graf Michael III. von Wertheim starb schon mit 27 Jahren, mit ihm erlosch das alte Grafengeschlecht. Von Johann Sander, Jurist aus Wertheim, stammen die meisterlichen Verse auf der Schiefertafel, die zu des Grafen Füße angebracht ist:

Wer umschwebt uns? Ein waltender Geist.
Wen kündet der Marmor? Wertheimer Grafengeschlechts letzten verheißenen Sproß.
Sein Charakter? Der Ahnherren wert.
Sein Alter? So blühend.
Mut? Der höchste. An Geist? Adelig.
Gestalt? Voller Reiz. Im Gemüte? Bescheiden.
In Haltung? Würdig. Der Rede? Meister.
Im Rate? Stets klug. Und die Gesinnung? So fromm.
Michael ist's! Sein Streben? Das Recht.
Sein Leitstern? Die Sitte. Ach, sein Tod? Allzu früh.
Frage nach weiterem nicht!

Weitere sehenswerte Grabmale sind das Alabastergrabmal für Graf Ludwig zu Stulberg-Königstein (gest. 1574) und seiner Gemahlin Walpurg, Gräfin von Wied (gest. 1578), sowie das von dem Schwäbisch Haller Meister Erhard Barg unter Mithilfe von Johann Robyn um 1590 aus rotem und weißem Sandstein geschaffene Grabmal für Graf Philipp Dietrich von Manderscheid, der 1530 in Padua verstorben war und dessen Asche hierher überführt wurde.
Als letztem Grabmal – und das ist wirklich nicht zu übersehen – wenden wir uns der „Bettlade“ zu, wie dieses im Volksmund genannt wird. Das „Alabaster-Monumentalwerk“, das für diesen Platz fast zu protzig wirkt, wurde laut der überlieferten Auftragsurkunde von dem Forchtenberger Meister Michael Kern zwischen 1614 und 1618 geschaffen. Unter einem von Pfeilern getragenen Baldachin sehen wir die liegenden Figuren des Grafen Ludwig II. von Löwenstein-Wertheim (gest. 1611) und seiner Gemahlin Anna, Gräfin von Stolberg (gest. 1599), auch im Tode noch ganz Hoheit und Würde zeigend. Was für ein gewaltiger Unterschied im Zeitgeschmack zeigt sich hier im Vergleich zu dem Kaisergrab Heinrichs und Kunigundes im Bamberger Dom, das im Übergang zwischen Gotik und Frührenaissance von Tilman Riemenschneider geschaffen wurde. Während beim Kaisergrab Zurückhaltung und Feinheit dominieren, herrschen bei der in der Zeit der auslaufenden Renaissance zum Barock geschaffenen „Bettlade“ Prunk und Sinnenfreude, selbst noch im Tod.

Vor der Kulisse stolzer Fachwerkbauten steht der Wertheimer „Engelsbrunnen“

Die Wertheimer Sage berichtet von einem „Familienweible“ der Fürsten von Löwenstein. Immer, wenn ein Todesfall in der fürstlichen Familie bevorstand, soll sich diese kleine, vornehm in Schwarz und Weiß gekleidete Frauengestalt den Wertheimer Bürgern gezeigt haben. Teils in der Kirche, teils auf den Straßen, durch die sich der Trauerzug später zu bewegen hatte, immer soll sie einige Spannen über dem Boden dahingeschwebt sein, um plötzlich zu verschwinden. Das erste Mal soll sie kurz vor dem 16. Februar 1816 erschienen sein, als Fürst Johann Karl starb, im Jahre darauf wieder, als die Prinzen Oskar und Achill vom Scharlach hinweggerafft wurden, die letzten Male wurde sie 1820 und 1824 gesehen.
Nach diesem Ausflug in die Wertheimer Grafengeschichte, deren Abglanz irdischer Macht und Herrlichkeit auch hier letztendlich nur im toten Stein und Erz den Menschen überdauert, empfängt uns vor der Kirche wieder die strahlende Nachmittagssonne, die keinen Unterschied zwischen klein und mächtig, zwischen arm und reich macht, sie scheint auf alle.
Bergab der Stadt zuwandernd, erreichen wir kurz darauf in der Gabelung dreier Gassen den Engelsbrunnen, der an diesem Samstagnachmittag förmlich von Fahrrädern aller Arten und den dazugehörenden Besitzern beiderlei Geschlechts belagert ist, anscheinend ein beliebter Treffpunkt der Wertheimer Jugend.
Mit Ach, jedoch ohne Krach, gelingt es uns zwischen Drahteseln und der lustig schnatterndern Schar die Brunneninschrift zu lesen. Wir erfahren, daß der Brunnen eine Stiftung des Rates der Stadt ist, der Entwurf von Baumeister Michael Matzer stammt und daß der ausführende Künstler Matthes Vogel hieß. Errichtet wurde der Brunnen im Jahre 1574, als die ersten öffentlichen Geldlotterien, die heute ja so beliebt sind, ihren Anfang nahmen.
Wir erfahren weiter, daß in diesem Jahr ein Malter Korn siebeneinhalb Gulden, ein Fuder Wein siebzig Gulden gegolten hat und lesen die Inschrift:

„Dieser Brun steht in Gottes Hant, zu den Engeln ist ers genannt.“

Auf dem Brunnenrand stehen vier Säulen, die an ihren Außenseiten den damaligen Schultheißen Schaff, den Künstler M. Vogel, eine Venus und den Ratsherren und Stadtbaumeister M. Matzer darstellen. Auf dem Schild, das Matzer hält, ist zu lesen:

Es ist ein Wort – das hat ein L
Wer es sieht, begehrt es schnell.
Wenn das L nicht darinnen ist,
Kein höher Schatz in der Welt ist.

Die Lösung ist einfach – Gold und Gott.

Über den Pfeilern sind sich kreuzende Steinbalken aufgelegt, die zwei Aufzugrollen tragen. Die auf den Balken stehenden Figuren stellen die Planeten und die ihnen zugehörigen Tierkreisbilder dar. Es sind Mars mit Widder = Krieg, Saturn mit Fischen = Arbeit und Gerechtigkeit, Venus mit Stier = Frauentugend aber gleichzeitig Laster und Merkur mit Jungfrau = Handel und Kunstsinn.

Links das um 1520 erbaute, schmalbrüstige Fachwerkhaus der Ritter von Zobel, rechts der Aufgang zum Wertheimer Rathaus

Als Krönung stehen auf halbkreisförmigen Muschelplatten zwei Engel, die das Wertheim-Breubergsche Wappen halten. Venus und Engel sind dem Künstler in den Formen schon recht barock gelungen, gewiß entsprechen sie heute nicht mehr dem Schönheitsideal der darunter versammelten Jugend.
Wir wenden uns der einstigen und heutigen bürgerlichen Verwaltung zu, dem Rathaus der Stadt.
Bei unserem Stadtrundgang ist uns schon aufgefallen, daß Wertheim ungeheuer reich an alten Inschriften ist, so auch hier in der Rathausgasse. Am steinernen Fries eines Hauses, in dessen Mitte zwei Totengerippe zu beiden Seiten einer Sanduhr gelagert sind, kann man auf der einen Seite lesen:

Alle Menschen die Ihr furuber gehett
Sehet wie es itzund umb uns stehett
Die wir Itzo sind Die werdt Ihr werden
Die Ihr Itzo sind Waren wir auff erden.

Die andere Seite lautet:

Gott ist wahrhafig und gantz gerecht
Allhie liegt der Herr und auch sein Knecht.
Du Weltt weiser Mensch tritt herbey
Sage mir welches der Herr oder Knecht sei.

Ein „Malerwinkel" Wertheims, das Kittsteintor mit der Burgruine im Hintergrund

Seit 1561/1562 befindet sich die Stadtverwaltung, das Rathaus, in den ehemaligen zwei mittelalterlichen Herrschaftshäusern, dem zur Straße vorspringenden „Vierherrenhof" und dem gegen den Berg zurückgesetzten „Klinkhartshof", geschmückt und verbunden durch einen Treppenturm. Man sagt voll Stolz, daß er als einziger Turm der Welt eine Doppelwendeltreppe mit zwei separaten Eingängen enthält. Da mußte man damals im Mittelalter, als die Gebäude noch zwei verschiedenen Familien gehörten, beim Nachhausekommen vom Dämmerschoppen verteufelt aufpassen, daß man am Turm den richtigen Eingang erwischte und nicht im verkehrten Schlafgemach aufkreuzte.
Eine im neugotischen Stil errichtete Treppe führt zum Rathaus empor, in dem 1631 König Gustav Adolf die Huldigung der Wertheimer Bürgerschaft entgegennahm.

Während wir uns dies noch vorzustellen versuchen, öffnet sich oben die Türe und wir werden Zeuge, wie sich der Standesbeamte von einem neu getrauten Paar verabschiedet. Es ist schon ein recht ungleiches Paar – ein gegenseitiger, vielsagender Blick zwischen uns beiden genügt, wir sind gleicher Meinung. Sie, Schminke, Rouge und Lack können nicht verbergen, daß sie wenigstens zehn Jahre älter als ihr Mann ist, lässig hält sie eine Zigarette zwischen den Fingern. Er, ein großer, starker, gemütlicher Typ, der sich sichtlich unwohl im Anzug, dem gestärkten Hemdkragen und der Krawatte fühlt, macht so gar keinen glücklichen Eindruck. Neugierig sehen wir zu, wie sie ihn zu einem bereitstehenden Auto abschleppt. – Uns ist klar, hier wurde einer geheiratet – wenn das nur gut geht!
Gegenüber dem Rathaus erhebt sich der herrliche Fachwerkbau zu den „Vier Gekrönten" aus der zweiten Hälfte des 16. Jahrhunderts. Er beherbergt die wissenschaftliche Abteilung des Historischen Vereins von Wertheim, u. a. eine Trachtensammlung. Die Kragsteine, die das Obergeschoß tragen, zeigen die nördlich der Alpen äußerst seltene Darstellung der vier mittelalterlichen Schutzheiligen der Steinmetzkunst.
Durch die Eichelgasse erreichen wir die „gute Stube" der Stadt, den Marktplatz, der an diesem Samstagnachmittag vor Leben sprüht. Dicht besetzt sind die Straßencafés von eislöffelnden und kuchenverzehrenden Einheimischen und Touristen. Promenierend und flanierend werden auf dem Platz die neuesten Sommerkleidchen, oft nur ein Hauch von Seide und Farbe, von den Schönheiten ausgeführt.
Dem ehemals weiter angelegten Marktplatz wurde wegen Platzmangel eine weitere Häuserzeile eingebaut und somit verengte er sich. Wie mit dem noch vorhandenen Platz gegeizt wurde, zeigt das schmalbrüstige um 1520 erbaute Fachwerkhaus der Ritter von Zobel. An ihm, wie auch sonst allenthalben in der Stadt, sind mit Jahreszahlen versehene Hochwassermarken angebracht. Während Rothenburg am Oberlauf der Tauber früher immer mit Wassermangel zu kämpfen hatte, hat Wertheim speziell zur Zeit der Schneeschmelze, wenn Main und Tauber gleichzeitig Hochwasser führen, mit dem Gegenteil sein Kreuz. Dann verwandelt

sich der Marktplatz und der untere Stadtteil in ein Klein-Venedig, die Straßen werden zu Bootskanälen.
Das bisher verheerendste Hochwasser, das selbst Häuser zum Einsturz brachte und Brücken mitriß, war die „Michaeliflut 1732“. Die bekannte Michaeli-Messe wurde danach den Wertheimern als Entschädigung und Hilfe zur Behebung der Hochwasserverwüstungen gestiftet.
In der engen Kapellengasse, die wir durch den Torbogen zwischen Zobel'schem Haus und dem ebenfalls sehenswerten Hahn'schem Fachwerkbau betreten, befindet sich die Marienkapelle, die 1447 anstelle der zerstörten jüdischen Synagoge errichtet wurde.
Im fast spitzen Winkel zur Kapellengasse, Richtung Burg, verläuft die Münzgasse, die ebenfalls zwei sehenswerte Gebäude aus dem 15. Jahrhundert zeigt. Zum einen, das mit reichen Inschriften und Schnitzereien ausgestattete Fachwerkhaus des ehemaligen Schultheißen Peter Heußlein und zum anderen das danebenstehende Gebäude mit Staffelgiebel, das der einstigen herrschaftlichen Münzstätte bis ins späte 18. Jahrhundert als Unterkunft diente.
Ein weiterer Staffelgiebel, den wir mit dem Einbiegen in die Friedleinsgasse erblicken, gehört zum „Baunachshof“, der 1577 durch den reichen Weinhändler Lorenz Baunach umgebaut wurde und dessen kleiner Hof in Richtung Marktplatz von einer herrlichen, holzgeschnitzten Rokokotüre abgeschlossen wird.
Wir überqueren die parallel zur Tauber verlaufende Straße und wandern über den Taubersteg, um von der anderen Seite den Blick auf das Wertheimer „Plönlein“, das Kittsteintor, zu genießen.
Gewiß wird diese romantische Ansicht, im Hintergrund Burgruine und Turm der Stiftskirche, davor Kittsteintor mit Turm und Gebäuden und als Vordergrund die von Nachen und Booten befahrene Tauber nicht weniger fotografiert und gemalt als in Rothenburg die Partie am Plönlein. Auch Otto Moderson verewigte diesen „Malerwinkel“ mit Farbe und Pinsel.
Im links der Tauber gelegenen Stadtteil gibt es auch heute noch verträumte Gassen und malerische Winkel zu entdecken, obwohl dem Eisenbahnbau damals eine ganze Reihe alter Häuser zum Opfer fiel.
Einen Abstecher wert ist allemal der gegen den Berg hin gelegene Friedhof mit seiner Unzahl gut erhaltener Grabmale aus mehreren Jahrhunderten.
Leider reicht uns die Zeit nicht mehr dazu, unser nächstes Ziel ist das Wertheimer Glasmuseum in der Mühlstraße. Es geht auf die Initiative und Stiftung des 1978 verstorbenen Dr. Hans Löber zurück.
Nachdem wir in der Kühle des „Foyers“ bei einer netten älteren Dame unser Eintrittsgeld bezahlt haben und die Rucksäcke bei ihr deponieren durften, können wir unseren Rundgang beginnen und uns intensiv mit der Geschichte des Glases vertraut machen.
Den akustischen Rahmen bildet dazu ein unwahrscheinlich rein klingendes elektronisches Glockenspiel aus Glasröhren. In den Wandvitrinen nehmen uns sofort die ausgestellten Stücke wie Thermometer aus der galiläischen Zeit um 1650,

Ein kostbares Diatret-Glas aus dem Wertheimer Glasmuseum

Leuchter aus Glasröhren und ganz besonders die „Neuschöpfung" eines sogenannten „Diatret-Bechers" gefangen.
Diatret-Gläser sind ohne Übertreibung die kostbarsten Gläser, die uns aus römischer Zeit überliefert wurden und deren Herstellung mit den damaligen Werkzeugen sicher viele Monate dauerte und auch heute noch weitgehend ein Geheimnis ist. Das schönste Diatret-Glas, das je gefunden wurde, kam 1960 in Köln ans Tageslicht und befindet sich heute unter den Schätzen des Römisch-Germanischen Museums.

Der hier im Museum ausgestellte rekonstruierte Becher des frühen 4. Jahrhunderts, der nur einen einheitlich grünen Überfang zeigt, ist auch heute eine Meisterleistung. Trotz elektrischer Schleif- und Poliergeräte brauchte J. Welzel aus Hadamar fast ein ganzes Jahr, um dieses Stück herzustellen. Das feine, erhöhte, andersfarbige, gläserne Gitterwerk ist mit dem Becher nur durch eine Vielzahl millimeterhoher, dünner Glasstäbchen verbunden.
Im rückwärtigen Teil des unteren Stockes ist an diesem Nachmittag ein junger Glasbläser an seinem dort eingerichteten Arbeitstisch bei seiner künstlerischen Arbeit, belagert von faszinierten Besuchern, die schon vor uns anwesend waren. Spielerisch leicht scheint es, wie er das verschiedenfarbige Glas mit seiner Glasmacherpfeife über der zischenden Gasflamme erhitzt, durch Blasen und Drehen formt, mit Haken und Zangen andersfarbige Glasfäden darauf aufzieht und sie phantasievoll verschmelzen läßt. Nachdem Stiel und Fuß mit sicheren Bewegungen angesetzt und der abgeschlagene Rand verschliffen ist, gesellt sich das langstielige Südweinglas zur Reihe der bereits fertigen und leuchtet mit diesen durch die einfallenden Sonnenstrahlen in allen Regenbogenfarben um die Wette.
Eine seitlich neben dem Arbeitstisch angebrachte Schauwand zeigt neben alten Darstellungen der Glasmacherkunst die wichtigsten Werkzeuge dazu, wie Glasmacherpfeifen und Holzmodel, in die hinein die noch flüssige Glasmasse geblasen wurde.
Aber was ist eigentlich Glas, dieser universelle Werkstoff, der gleichzeitig künstlerisch wie wirtschaftlich in so breiter Palette zu gestalten und zu nutzen ist? Das Lexikon nennt es einfach: eine einheitliche, amorphe Masse, die durch Erstarrung einer Schmelze entsteht, ohne daß Kristalle sich bilden.
Der Hauptrohstoff des Glases ist Quarz, bzw. quarzhaltiger Sand. Der Chemiker würde SiO2 sagen, daneben werden für die Schmelze Feldspat, Soda oder Pottasche als Flußmittel, sowie nach Art der späteren Bestimmung weitere Zusätze verwendet. Die Farbe wird durch Zugabe verschiedener Metallverbindungen erreicht.
Das älteste Glasrezept, das bekannt ist, stammt aus der Tontafelbibliothek des Assyrerkönigs Assurbanibal (668–626 v. Chr.).
Funde aus dem Niltal reichen jedoch bis ins 14. Jahrhundert v. Chr., aus dem Zweistromland sogar bis ins 17. Jahrhundert v. Chr. Vermutet wird jedoch, daß die Ur-Anfänge der Glasherstellung noch älter sind und aus dem Sinai stammen.

Nördlich der Alpen stammen die Funde von Glasperlen und gläsernen Armreifen aus der späteren Hallstatt- und Latènezeit.
Aber Glas ist keine Erfindung des menschlichen Geistes, der Mensch hat nur wieder einmal das seit undenklichen Zeiten in der Natur bereits Vorhandene erkannt und dann erst, allerdings mit Erfolg und Phantasie kopiert und genutzt. So sind die in vorgeschichtlichen Zeiten von den damaligen Menschen benutzten Werkzeuge, wie Messer und Schaber, aus Silix oder Feuerstein, aus dem gleichen Rohstoff. Reiner und schöner sind die im natürlichen Druckofen durch Jahrmillionen entstandenen kostbaren, bunten Gläser der Erde, die Edelsteine wie Diamant, Rubin, Smaragd usw., die in Urzeiten rein kultischen Zwecken dienten. Und aus Obsidian, einer verfestigten, glasartigen Lavaschmelze, waren auch die fast schwarzen Opfermesser der Azteken, die noch zu Anfang des 16. Jahrhunderts ihren Opfern damit bei lebendigem Leib das Herz aus der Brust schnitten.
Wenden wir uns nach diesem kurzen, geschichtlichen Rückblick den oberen Stockwerken des Museums zu; im Treppenhaus sehen wir einen aufgestellten Spessart-Spiegel aus Lohr um 1790, dessen Anschaffung damals noch ein gewaltiger Luxus war. Von diesem Luxus zeugte auch noch bis zur Mitte dieses Jahrhunderts die Sitte, daß in vielen alten Bauernhäusern bei uns auf der Hohenloher Ebene ein mehr oder weniger großer, gerahmter Spiegel an hervorragender Stelle in der sogenannten „guten Stube", z. B. über dem lederbezogenen Sofa, aufgehängt war.
Wir haben Glück, in den oberen Stockwerken sind nur wenig Besucher und so wird uns durch einen älteren, freundlichen Herren und eine charmante Dame eine exzellente Museumsführung zuteil, die zu einem Gang durch die Glasgeschichte Europas und der Mittelmeerländer wird.
Die ältesten Exponate aus dem Orient, aus Ägypten und dem Einflußgebiet der Römer in Deutschland sind zum Teil nur als Fragmente oder beschädigt erhalten, trotzdem läßt sich die damalige hervorragende Technik sowie der Formenreichtum mehr als nur ahnen. Die Freude des „Sich-schmückens", eines der ältesten Bedürfnisse der Menschheit, findet hier seinen Beleg in der Farbenpracht und dem Ideenreichtum der ausgestellten Perlen und Ketten aus rund drei Jahrtausenden.
Wir können die Schöpfungen in Feinheit, Eleganz und Farbe der Venezianischen Gläser aus dem 15. bis 17. Jahrhundert bewundern, welche die südliche, heitere Mentalität widerspiegeln. Der berühmteste Herstellungsort Murano, auf einer Insel vor Venedig gelegen, wurde eifersüchtig bewacht, damit die Werksgeheimnisse nicht ins Ausland gelangten.
Nördlich der Alpen wurden eigene Wege der Glasherstellung beschritten, hier dominierte im Hoch- und Spätmittelalter das einheitlich grüne Glas, das sogenannte Waldglas. Aber auch hier war dem Formenreichtum keine Grenzen gesetzt, wenn auch die gezeigten, mit Noppen und Glasfäden verzierten Gefäße nicht so elegant und dadurch schwerer wirkten. Phantasievoll sind dafür die Eigennamen, vom langen schlanken „Spechter" des 15. bis 17. Jahrhunderts

Den Formenreichtum des zerbrechlichen Werkstoffes Glas muß man selber erleben in den Räumen des Glasmuseums

reicht die Palette über den „Krautstrunk", das „Stangenglas", den „Daumenhumpen" des 16. Jahrhunderts bis hin zum „Bandwurmglas" von 1650. Scherzgläser wie die „Angster-Guttrolf", deren Hals nach einer besonderen Technik aus mehreren Röhren gefertigt wurde, sorgten für Heiterkeit, wenn der Trinker, der die Eigenart nicht kannte, sich besudelte.
Ein breites Ausstellungsgebiet, das bis hin zu den heute noch verwendeten Bocksbeuteln reicht, ist dem Spessartglas gewidmet, dieses Waldland beginnt ja vor den Toren Wertheims. Schon im Jahre 1406 kam es im Spessart zu einem genossenschaftlichen Zusammenschluß von 40 Glashütten, die Anfänge der Glasbläserei dürften hier aber schon um 1320 liegen. Das Schicksal dieser Glashütten war es, daß sie sehr viel Holz brauchten und somit dem Wald nachziehen mußten, und daß sie außerdem auf Gedeih und Verderb vom jeweiligen Landesherren und dem Auf und Ab der wirtschaftlichen Lage abhängig waren.
Dem reinen Schmuck- und Repräsentationsbedürfnis und damit auch unserem Kunstempfinden weit näher stehen die ausgestellten Stücke aus dem 18. Jahrhundert. Sie sind zum Teil bunt naiv bemalt, wie die Bauernbecher oder Apothekergefäße, oder dann die aus Thüringen, dem Bayerischen Wald oder aus Böhmen stammenden, zum Teil zweifarbigen, durch Schliff künstlerisch verzierten Gläser, Römer oder Pokale. Recht originell sind die Inschriften, wie z. B. auf einem aus dem 18. Jahrhundert von Süddeutschland stammenden Humpen, der eine zurückkehrende Kutsche zeigt. Dort heißt es:

„Ich habe meine Frau ins Bad geschickt, die Kranke, – sie haben hinten und forn geflückt, ich danke."

Eine neue große Blüte der Glasmacherkunst brachte noch einmal die Zeit des Jugendstils. Der Durchbruch dieser neuen Stilrichtung erfolgte 1884 auf der 8. Fachausstellung der Kunstindustrie in Paris. Mit den großen Namen wie Emile Gallé aus Nancy und F. Eugène Rousseau aus Paris sowie mit dem Londoner Louis C. Tiffany erfolgte eine Renaissance der Glasmacherkunst, bis mit zunehmender Industrialisierung der Handwerker von der Maschine verdrängt wurde und somit ein allgemeiner künstlerischer Verfall einsetzte. Daß es aber auch heute noch wahre Künstler gibt, zeigen die ausgestellten, zum Teil einfach zauberhaften Objekte internationaler Glasbläser. Reine Spielereien aus Glas, Kunstwerke „en miniature", sehen wir in einer separaten Vitrine, deren Inhalt auch noch das Herz Erwachsener höher schlagen läßt. Eine gläserne Dreimastbark, sowie Puppenmöbel aus glitzerndem Glas befinden sich dort neben zierlichen, bunten Glastieren, gläsernen Blumen, denen zur Natürlichkeit nur noch der Duft fehlt, und als Krönung steht dort aus der 1. Hälfte des 20. Jahrhunderts ein ca. 35 cm hoher Eichbaum aus Glas, in dessen zartem Geäst zwischen dem Laub 18 Vögel und ein Eichhörnchen sitzen, trotz der Winzigkeit in Form und Farbe so hervorragend gestaltet, daß sie sofort ohne Schwierigkeiten benannt werden können.
Eigentlich bräuchte man schon Tage, um die ausgestellten Schätze genau

betrachten zu können, aber da wir die Zeit nicht haben, möchte ich in diesem Stockwerk nur noch auf eine Kuriosität, einen gläsernen Degen, hinweisen.
Die Familienüberlieferung des Fürstenhauses Wertheim-Löwenstein berichtet, daß ein ähnlicher Glasdolch Christian von Löwenstein-Wertheim-Rochefort anläßlich eines Besuches in Venedig 1735 zum Verhängnis wurde. Ein gedungener Mörder hatte ihm dort einen gläsernen Dolch in die Brust gestochen, die Spitze blieb im Herzen stecken, brach ab, der Fürst mußte „am Glas sterben".
In der „Liebig-Stube" wird anschaulich die Entwicklung der Destillationstechnik gezeigt, neben Wertheimer Glaserzeugnissen, wie Fieberthermometern, elektrischen Meßgeräten aus Glas und technischen Thermometern, mit denen Temperaturen bis +1000 Grad Celsius und −200 Grad Celcius gemessen werden können.
Zum Auslöser des wirtschaftlichen Aufschwungs der Stadt Wertheim wurde das Glas, als sich nach 1945 die Einwohnerzahl der Stadt durch den Flüchtlingsstrom fast verdoppelte. Damals waren darunter auch eine Gruppe thüringischer Glasfachleute. Aus einem kleinen Neuanfang entwickelte sich die Glasindustrie bis heute zum wichtigsten Arbeitgeber der Region, die Beschäftigungszahl geht in die Tausende.
Werfen wir noch kurz einen Blick in das 2. Obergeschoß, das Produkte der einheimischen Glasindustrie zeigt. Von der Ampulle bis zu Isoliergefäßen, von Glasfaserkabeln, wo durch zwei Fasern 480 Telefongespräche zur gleichen Zeit geführt werden können, bis hin zur seidig schimmernden Tapete, zu Vorhängen und einem farbenprächtigen, seidig-weichen Wandbehang aus dem gleichen Material, (garantiert unentflammbar, wie uns mit einem Feuerzeug demonstriert wurde), reicht die Palette der ausgestellten Produkte.

Bei dieser Führung wird uns erst richtig klar, wie uns dieser unaufdringliche, meist friedliche Werkstoff Glas durch das ganze Leben ständig begleitet. Sei es als Kind in Form der benötigten Milchflasche, deren Form und Inhalt sich mit dem Lauf der Jahre ändert, im Haushalt als Gefäß, Fensterscheibe oder Glühbirne oder in der Medizin, wo das Glas wegen seiner leicht zu sterilisierenden Oberfläche vielseitig gebraucht wird bis hin zum Glasauge. Zur seelischen Erbauung und Freude erleben wir das Glas in den farbenprächtigen Fenstern der Gotteshäuser und als glitzernden Baumschmuck an Weihnachten. In der Optik vom Brillenglas bis hin zum Spiegelteleskop, von der Lupe bis zum Mikroskop, überall ist es anzutreffen, trägt es dazu bei, unser Wissen zu erweitern.
Durch neue Erkenntnisse bereichert, nehmen wir Abschied von unseren Museumsführern und versprechen, bald wiederzukommen.
Wir haben in den letzten Stunden unserer Taubertalwanderung mehr Zeit im Glasmuseum verbracht, als eigentlich eingeplant war und so heißt es nun, das letzte Stück entlang des Flusses zügig in Angriff zu nehmen.
Die gleich nebenan liegende ehemalige Fürstlich-Wertheim-Löwenstein-Rosenbergsche-Hofhaltung mit dem prächtigen Eingangsportal, die heute das Staats-

Die letzten hundert Meter der Tauber vor ihrer Mündung in den Main. Der Jachthafen der Stadt, vor der Kulisse alter Fischerhäuser und dem „Spitzen Turm“

archiv und das Historische Museum der Stadt beherbergt, beschließen wir ein andermal zu besichtigen.
Wir wenden uns durch die Rittergasse der parallel zur Tauber verlaufenden Lindenstraße zu und erreichen die Tauberbrücke. Schön ist die Aussicht auf die alten Fischerhäuser zur Rechten mit dem dahinter aufragenden Spitzen Turm. Früher war dieses letzte Stück vor der Mündung Liegeplatz für Frachtschiffe, heute wird es als Yachthafen genutzt und bei diesem herrlichen Wochenendwetter herrscht reger Bootsverkehr.
Überhaupt war die Fischer- und Schifferzunft hier einmal sehr mächtig. Noch anfangs des 19. Jahrhunderts zählte die Fischerzunft 70, die Schifferzunft 65 Mitglieder, dazu kamen noch drei Schiffsbauer.

Auf unserem Weiterweg entlang der Tauberstraße die rechts von einem Stück alter Stadtmauer begleitet wird, entdecken wir die an einem Haus ausgehängte Tageszeitung.
Nachdem wir seit einer Woche, ohne es sehr zu vermissen, nichts erfahren haben, was sich in der großen, weiten Welt zugetragen hat, überfliegen wir die an und für sich unwichtigen Schlagzeilen, da sie sich in Kürze sowieso wieder widersprechen werden. Unser Blick bleibt hängen an einem Abschnitt der Lokalpresse unter der Überschrift „Diebe montieren Bildstöcke ab". Danach wurden in letzter Zeit über zwei Dutzend der künstlerisch wertvollen, zur Eigenart der Landschaft gehörenden Bildstöcke aus dem 17. und 18. Jahrhundert gestohlen. Wir sind gerade vor dem 1200 erbauten Spitzen Turm angelangt und stellen fest, daß es ja der „schiefe Turm von Wertheim" ist. Wie es der Zufall will, werden wir Zeuge, daß das Auge des Gesetzes hier recht wach ist.
Ein Polizeifahrzeug stoppt einen großen chromblitzenden Mercedes, dessen „Hinterteil" verdächtig tief auf den Achsen sitzt. Höflich wird der südländisch wirkende Fahrer gebeten, den Kofferraum zu öffnen. Alles Gestikulieren, Schimpfen und Nichtverstehenwollen, auch seiner rassigen Begleiterin, hilft nichts, die Polizisten bleiben beharrlich. Neugierig geworden treten wir etwas näher hinzu, und als der Kofferraumdeckel schließlich doch geöffnet wird, sehen wir, daß irgend etwas Großes mit einem Teppich zugedeckt ist. Als der Südländer diesen endlich nach wiederholtem, nachdrücklichen Auffordern wegzieht, liegt da der fein gehauene, zentnerschwere Sandsteinkopf eines alten Bildstocks. Die einzigen nicht Erstaunten in unserer Runde sind anscheinend die Polizisten. Der Wagenbesitzer sowie seine Begleiterin, die plötzlich fließend deutsch sprechen, kommen aus dem Wundern nicht mehr heraus und beteuern ein über das andere Mal, nichts davon gewußt zu haben, irgendwer muß den Stein heimlich hineingelegt haben. Nun, es nutzt ihnen nichts, im Geleitzug müssen sie dem Polizeifahrzeug folgen, ein Bildstock ist wenigstens wieder gefunden. Sicher, sie werden ihre gerechte Strafe erhalten, aber auch hier werden nur die Kleinen bestraft, die Auftraggeber, die vor lauter Snobismus schon gar nicht mehr wissen, was für ausgefallene Antiquitäten sie in ihren Villen und Gärten aufstellen sollen und sich nun an Zeugnissen echter, alter Volksfrömmigkeit vergreifen, gehen leer aus.
Die letzten hundert Meter unter der Odenwaldbrücke hindurch bis zur Mainspitze sind vollends schnell zurückgelegt. Wir sind nicht ganz pünktlich, werden bereits erwartet und von unseren Lieben mit großem Hallo, wie nach einer Urwalddurchquerung, begrüßt. Gemeinsam legen wir die letzten Meter bis zur äußersten Mainspitze zurück, wo man sehen kann, wie sich das Tauberwasser mit dem des Mains vermählt – und ich muß sagen, wir sind mächtig stolz und glücklich, daß unser „Abenteuer Taubertalwanderung" einen so guten Verlauf und ein glückliches Ende gefunden hat.
Wenn schon die Angehörigen zu Empfang und Rückholung angereist sind, was liegt also näher, als mit dem Fahrgastschiff „Wertheim" noch eine kleine Rundfahrt als Belohnung zu machen. Wir haben Glück, wir erreichen gerade noch die

Glücklich am Ziel der sechstägigen Taubertal-Wanderung, auf der Landspitze zwischen Tauber und Main (links Ottmar Groß, rechts der Autor)

letzte Fahrt des Abends und bald darauf bewegt sich das Schiff mit uns tuckernd mainauf.
Während von allen Seiten Fragen auf uns einprasseln, so daß wir mit dem Antworten gar nicht mehr nachkommen, zieht zu unserer Rechten das Panorama der Stadt an uns vorbei mit dem alten Kran am Ufer, den Häusern und Türmen. Auf dem Bergfried der hoch darüber gelegenen Schloßruine, wo wir vor Stunden standen und herunterblickten, weht nun die Fahne lustiger im aufkommenden Abendwind. Schön ist es hier zu sitzen, im Schatten bei einem kühlen Trunk, während das Wasser an den Bordwänden entlanggluckst und plätschert. Aber eines habe ich noch zu erledigen, ich will noch den netten Besitzer und Kapitän der „Wertheim", Herrn Weid, begrüßen, den ich auf einer der früheren Schiffsfahrten einmal darüber aufgeklärt habe, wo die Tauber genau entspringt, der er doch einen Teil des Wassers unter seinem Bootskiel zu verdanken hat.
Nun, ein Schiffskapitän ist sehr leicht zu finden, er steht auf Fahrt immer hinter dem Steuerrad – die Freude des Wiedersehens ist beiderseitig.
Während wir so plaudern, zieht am rechten Mainufer Eichel mit seiner ummauer-

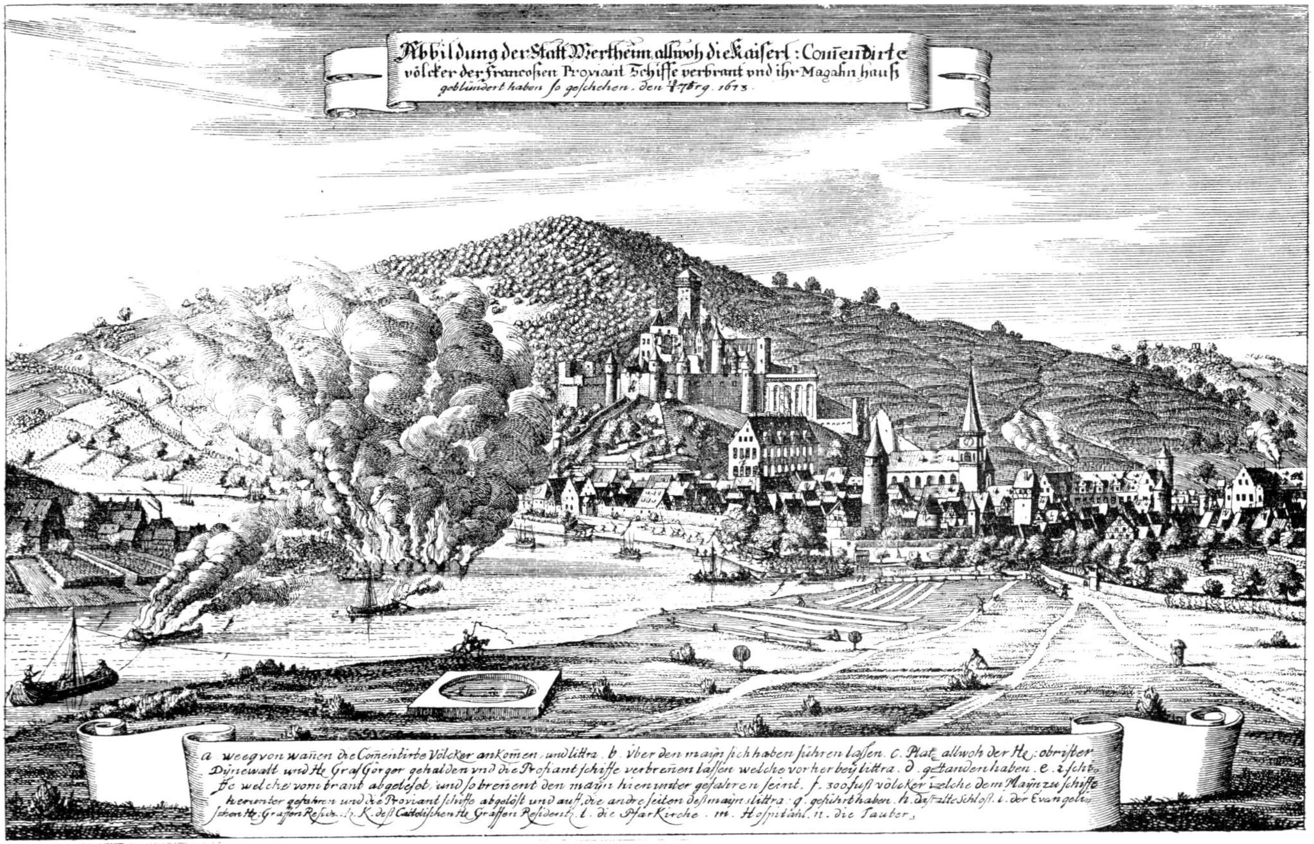

Alter Merian-Stich von Wertheim

ten romanischen Dorfkirche und Urphar vorbei, deren ebenfalls romanische Kirche aus dem 12. Jahrhundert stammt. Wegen ihrer uralten Fresken von 1295 und des Chorgestühls aus dem 14. Jahrhundert im Kirchenschiff wird sie zu den echten Sehenswürdigkeiten der Gegend gezählt.
Der Süßwasser-Kapitän erzählt mir, daß an den gegenüberliegenden Hängen von Eichel einst berühmte Weinlagen waren, aber der letzte Weinberg 1936 vollends verschwunden ist. Das Grün der Natur hat sich den ganzen Hang zurückerobert, die einstige Nutzung ist nur noch an dem Rot der ehemaligen Weinbergsmauern, die hie und da aus dem Bewuchs leuchten, zu erkennen.
Auf dem Bergsporn gegenüber Urphar, von einer engen Mainschleife umflossen, soll ehedem die Wettenburg gestanden haben. Die Sage berichtet von einer geizigen Gräfin, die darauf lebte. Sie soll sich mit dem Gedanken getragen haben, die

Mainschleife an ihrer engsten Stelle vom Hinterland abgraben zu lassen, nur damit kein Bettler mehr an das Burgtor klopfen könne. Auf die Spitze trieb sie ihren Frevel, wie die Sage weiter berichtet, bei einem großen Fest auf ihrer Burg. Damals soll sie vor den Augen ihrer Gäste einen kostbaren Ring von ihrem Finger gezogen und im weiten Bogen in den tief unten vorbeifließenden Main geschleudert haben. Dabei soll sie geschworen haben, sollte der Ring je wieder gefunden werden, wolle sie mit ihrer Burg versinken. Nun, dies sollte schneller geschehen, als ihr lieb war. Im Verlauf des rauschenden Festes wurden auch frische Mainfische serviert. Bei der Zubereitung eines Karpfens fand der Koch in dessen Bauch einen schönen Ring. Da er die Gräfin sehr fürchtete, getraute er sich nicht, das Kleinod zu behalten und legte den Ring dem fertig zubereiteten Fisch dekorativ ins Maul. Als die Gräfin den Ring erblickte, sprang sie fluchend auf und sogleich versank mit Donnergetöse das Schloß samt Festgesellschaft im Berg.
Nachdem das Schiff gedreht hat, fahren wir nun talabwärts. Der Main, die natürliche Lebensader der Landschaft, ist heute Grenzfluß zwischen Baden-Württemberg und Bayern. Die 1806 von Napoleon angeordnete Aufhebung der selbständigen Grafschaften hat damit schon immer Zusammengehöriges geteilt, die Menschen links und rechts des Mains gegenseitig zu „Ausländern" gemacht.
Rechts vor uns taucht das erst gegen Ende des 19. Jahrhunderts vollendete Schloß von Kreuzwertheim auf, auch ein Zeichen der Teilung. Während hier die evangelische Fürstenlinie wohnt, ist der Sitz der katholischen Linie in Bronnbach.
Wir fahren weiter mainab, tief im Wasser liegende Frachtkähne begegnen uns, deren Bugwellen die Ruder-, Segel- und Motorboote der vielen kleinen „Mainkapitäne" beängstigend auf und ab tanzen lassen.
Auf der linken Uferseite passieren wir das wunderbar gelegene Freibad und den Campingplatz der Stadt, überall herrscht freudig gelöste Wochenendstimmung. Dahinter taucht der Stadtteil Bestenheid mit seiner Glasindustrie auf, bevor unser Schiff abermals kehrt macht und wir nun den Anblick der Stadt mit der Taubermündung im Vordergrund betrachten können.
Vieles hat sich verändert, seit Merian seine Bilder in Kupfer gestochen und Ludwig Richter gerade diese Ansicht 1838 gemalt hat. Kein Treidelpfad führt mehr am Ufer entlang, von dem aus die Schiffe bergauf von Pferden gezogen wurden, und kein Holzfloß mit den Stämmen des Fichtelgebirges treibt lautlos, nur von den langen Stangen der Flößer gelenkt, talab, seit Staustufen eingebaut wurden.
Geblieben ist die beeindruckend große Harmonie von Landschaft, Flüssen und Stadt.
Unsere Wanderung, die in der strengen, ernsten Waldlandschaft der Keuperberge, des Oberlaufes der Tauber begann, endigt hier in der heiter fröhlichen Weinlandschaft der Mündung – für uns werden diese vergangenen sechs Tage, das „Abenteuer-Taubertalwanderung", zur unvergeßlichen Erinnerung werden.

Literaturverzeichnis

Alt, Franz, „Frieden ist möglich"
Baader, Emil, „Taubergrund und Maintal"
Bainton, Roland, „Martin Luther"
Bengel, Anita, „Ortsarchiv Wachbach I"
Bruhns, Leo, „Tilman Riemenschneider"
Diehm, Franz, „Geschichte der Stadt Mergentheim"
Ferris, Timothy, „Galaxien"
Gräter, Carlheinz, Tauberbischofsheim"
Gräter, Carlheinz, „Der Bauernkrieg in Franken"
Gräter, Carlheinz, „Mörike in Franken"
Heck, Karl, „Der Deutsche Ritterorden"
Heckmann, Oskar, „Romanische Achteckanlagen im Gebiet der mittleren Tauber"
Hilsenbeck, Bruno, „Was Er euch sagt, das tut" (Stuppacher Madonna)
Kröner, „Historische Stätten VI – Baden-Württemberg"
Langguth, Otto, Führer durch Wertheim/Main"
Lücking, Wolf, „Nachforschungen über Grünewald"
Metz, Friedrich, „Das Tauberland"
Mielke, H. P., „Katalog – Glasmuseum Wertheim"
Monrad, P., Besserer, G., „Unterwegs – Verborgene Schätze im Tauber-, Jagst- und Kochertal"
Müller-Karpe, „Geschichte der Steinzeit"
Reuter, Barbara, „Baugeschichte der Abtei Bronnbach"
Antoine de Saint-Exupéry, „Der kleine Prinz"
Schaeff-Scheefen, G. Harro, „Liebesfahrt im Taubergrund"
Schaeff-Scheefen, G., „Das bunte Tal"
Schreck, Karl, „600 Jahre Lauda"
Tetzlaff, Ingeborg, „Romanische Portale in Frankreich"
Wagner, Georg, „Erd- und Landschaftsgeschichte"
Weber, Elmar, „Geschichte der Stadt Grünsfeld"
„Archäologische Ausgrabungen in Baden-Württemberg" – Katalog 1983
Ausstellungskatalog des Mainfränkischen Museums Würzburg. – „Tilman Riemenschneider – Frühe Werke"
„Königshöfer Messe – 450 Jahre" (Festschrift mit Beiträgen von Dr. Elmar Weiß und Prof. Hugo Ott)

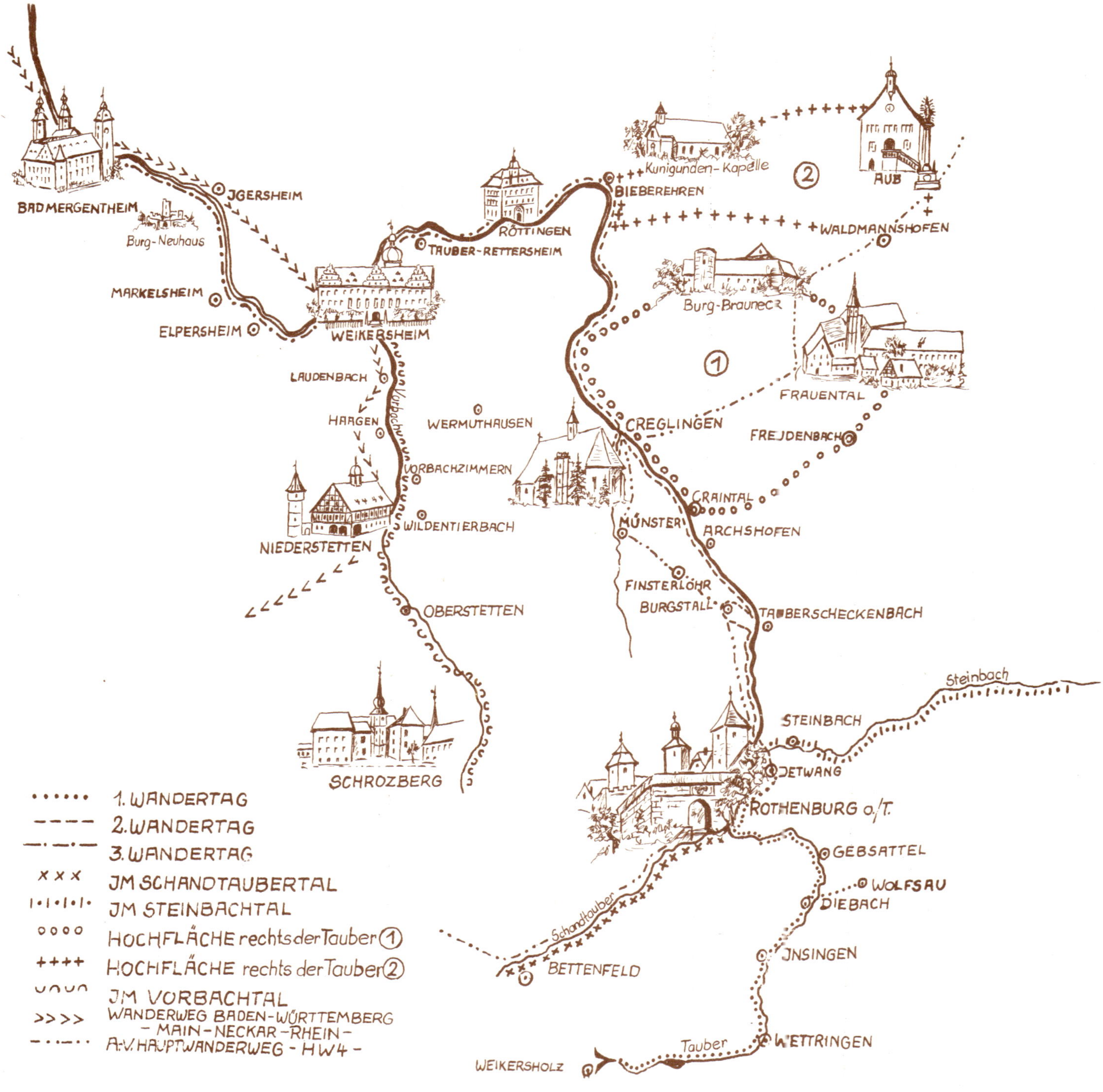

BAD MERGENTHEIM
Burg-Neuhaus
JGERSHEIM
MARKELSHEIM
ELPERSHEIM
WEIKERSHEIM
LAUDENBACH
HAAGEN
Vorbach
VORBACHZIMMERN
WILDENTIERBACH
NIEDERSTETTEN
OBERSTETTEN
SCHROZBERG
WERMUTHAUSEN
RÖTTINGEN
TAUBER-RETTERSHEIM
BIEBEREHREN
Kunigunden-Kapelle
AUB
WALDMANNSHOFEN
Burg-Brauneck
FRAUENTAL
CREGLINGEN
FREUDENBACH
CRAINTAL
MÜNSTER
ARCHSHOFEN
FINSTERLOHR
BURGSTALL
TAUBERSCHECKENBACH
Steinbach
STEINBACH
DETWANG
ROTHENBURG o./T.
GEBSATTEL
WOLFSAU
DIEBACH
Schandtauber
BETTENFELD
INSINGEN
WETTRINGEN
Tauber
WEIKERSHOLZ
1
2
1. WANDERTAG
2. WANDERTAG
3. WANDERTAG
JM SCHANDTAUBERTAL
JM STEINBACHTAL
HOCHFLÄCHE rechts der Tauber 1
HOCHFLÄCHE rechts der Tauber 2
JM VORBACHTAL
WANDERWEG BADEN-WÜRTTEMBERG
- MAIN-NECKAR-RHEIN -
A.V. HAUPTWANDERWEG - HW4 -